성령의 불로 불세례받는 법

강요셉 지음

이 책을 읽으면 성령의 불세례를 받게 될 것이요.

성령의 불로 불세례 받으면 심령이 변화 된다.
성령으로 불세례 받으면 영안이 열리기 시작한다.

불세례 받는 동시에 권능의 사람으로 변화된다.

성령

성령의 불로 불세례 받는 법

성령

들어가는 말

하나님은 성도들이 불같은 성령으로 불세례 받기를 원하십니다. 그런데 성도들의 의식은 성령의 불세례는 한번만 체험하면 되는 것으로 알고 있습니다. 또, 성령에 대하여 이론적으로 알면 성령의 세례를 받고, 성령으로 충만한 줄로 믿어버리는데 문제가 있습니다. 우리가 바르게 알아야 할 것은 성도는 육적이면서 영적인 존재입니다. 하나님이 영이시기 때문입니다. 영이신 하나님과 친밀하게 지내려면 성령으로 충만하여 영의 상태가 되어야 가능합니다. 영의 상태에 들어가려면 성령으로 충만해야 합니다. 항상 하나님과 친밀하게 지내야 되기 때문에 늘 성령으로 충만해야 합니다.

많은 성도들이 성령의 불세례를 체험하려고 합니다. 성령의 불세례를 체험하면 모든 것이 다 되는 줄 압니다. 제가 그동안 성령치유 사역을 하면서 나름대로 깨달은 것은 성령의 역사에 대한 바른 지식이 부족하다는 것입니다. 성도는 영적인 존재로서 누구보다도 성령에 대해서 바르게 알아야 하지만 실상은 그렇지 못합니다. 성령의 역사에 대해서 체계적으로 설명하며 가르쳐줄 사역자가 부족하기 때문입니다. 성도들은 영적인 것과 육적인 것을 바르게 분별할 줄 알아야 합니다.

그래야 하나님이 원하시는 영적인 상태에 들어갈 수가 있기 때문입니다. 이런 여러 가지 영적인 문제를 해소하기 위하여 이번에 "성령의 불로 불세례 받는 법"이라는 제목으로 책을 발간하게 되었습니다. 이 책에는 성령의 역사에 대해서 자세하게 설명하고 있습니다. 성령의 불세례를 어떻게 하면 체험할 수 있는지 상세하게 알려줍니다. 그리고 성령의 불로 불세례 받는 여러가지 비결이 수록되어 있습니다. 누구나 이 책을 읽으면 성령의 불로 불세례 받는 비결을 터득하여 하나님이 원하시는 영적인 상태에 들어갈 수 있을 것입니다. 이 책을 통하여 많은 성도들과 목회자가 성령의 불로 불세례를 받고, 항상 성령으로 충만한 생활을 할 수 있기를 소원합니다.

주후 2013년 11월 10일

충만한 교회 성전에서

저자 강요셉목사.

세부목차

3부 불같은 성령의 역사하심

1부 성령의 체험을 바르게 알자

1장 성령의 불로 불세례 후 체험하는 신비

(행4:28-31)"하나님의 권능과 뜻대로 이루려고 예정하신 그 것을 행하려고 이 성에 모였나이다. 주여 이제도 그들의 위협함을 굽어보시옵고 또 종들로 하여금 담대히 하나님의 말씀을 전하게 하여 주시오며, 손을 내밀어 병을 낫게 하시옵고 표적과 기사가 거룩한 종 예수의 이름으로 이루어지게 하옵소서 하더라. 빌기를 다하매 모인 곳이 진동하더니 무리가 다 성령이 충만하여 담대히 하나님의 말씀을 전하니라"

성령은 우리를 권능 있는 사람으로 다시 태어나게 합니다. 예수를 믿으면서도 능력이 없는 사람이 많습니다. 기도에도 능력이 없고 전도에도 능력이 없습니다. 신앙생활에 아무런 능력이 없습니다. 의식과 형식적인 예수를 믿지만 폭발적인 그러한 파워가 없습니다. 다이너마이트 같은 힘을 가지고 기도를 하고 아주 즐거운 신앙생활을 하고 남에게 예수를 척척 전도하는 것을 보면 부럽기가 한이 없습니다. "왜 나는 저렇게 되지 않을까?" 그것은 성령의 불로 불세례를 받지 않았기 때문인 것입니다. 예수를 믿으면 성령이 와 계시지만 간절히 성령의 불로 불세례를 받기 위해서 기도하면 성령으로 불세례를 받게 되는 것입니다. 성령의 불세례를 받고 충만의 체험을 하게 되면 권능이 임하시게 되는 것입니다. 신앙생활에 권능과 능력이 임해요. 그래서 신앙생활은 능력 있는 신앙생활을 할 수 있는 것입니다. 무능력한 이름만 믿는 신자가 아니라, 정말 그 생활 속에 하나님의 역사가 나타나는 그런 신앙생활을 할 수 있는 것입니다.

필자가 그간 성령 사역을 하면서 성령의 불로 불세례를 체험하게 한 성령의 임재 사건들이 있습니다. 성령의 불로 불세례를 받고 성령의 능력을 받아 하나님께 쓰임을 받기를 사모하는 분들에게 바르게 분별하여 성령의 불을 받게 하기 위하여 여기에 소개합니다.

1. 초기 성령 체험할 때 대표적인 현상

성령은 살아서 초자연적으로 역사하는 실체입니다. 성령은 성도를 장악할 때 살며시 역사하시지 않습니다. 반드시 육체적으로 느끼게 됩니다. 보편적으로 성령으로 장악이 되면서 세례가 임할 때 일어나는 현상은 이렇습니다. 성령의 불세례를 체험하기 위하여 성령이 역사하는 장소에서 찬양으로 마음을 열고, 성령으로 충만한 목회자의 말씀을 40-50분 듣고, 1시간 정도 찬양하고 기도를 하면 자신의 두 팔이 슬슬 움직여지기 시작을 합니다. 조금 지나면 팔이 아주 빠르게 빙빙빙 돌려지면서, 몸이 좌우 양옆으로 흔들립니다. 꿇어앉은 자신의 무릎 앞쪽이 진동과 함께 들려지면서, 약 30센티미터 정도 몸이 붕붕 뜨면서 입으로는 주여! 주여! 감사! 감사 합니다. 감사합니다. 하기도 합니다. 한번만 하는 것이 아니고 수십 차례 뛰기도 합니다.

일부 성도들은 이러한 첫 경험에서 너무 놀라고, 기이해서 기절하는 줄 알기도 합니다. 자신과 함께 은혜 받는 다른 분들은 이러한 성령의 기이한 역사로 자신이 은혜 받았다고 하구요. 자신은 붕붕 뜨면서 뛰고 있는데 구경하는 옆에 분들이 더 은혜를 받는다고 하시고 이렇게 경험할 때 자신의 의지는 어찌할 수 없는 것이 보통입니다. 그럴 때 자신의 두 손은 양 옆으로 좍 벌려져 있거나 위로 올려져있기도 합니다. 무릎은 꿇어 앉아있는 상태이구요. 상식적으로 생각할 때 도저히 이런 상태에서는 뛸 수 없는 일이지요. 나중에 집에서 문을 잠그고 찬양을 하고 기도를 하면서 그 상태로 뛰어 보려니 꼼짝도 안합니다.

이러한 현상이 나타나는 사람의 유형이 있습니다. 영적인 것을 사모하는 마음이 강하게 열려있는 사람입니다. 감성이 풍부하여 성령이 장악하기 쉬운 부드러운 심령입니다. 상처가 있고 영적으로 열려있는 사람입니다. 마음이 강하고 계산적인 사람은 이런 현상이 잘 나타나지 않습니다. 자신은 그렇지 않다고 할지라도 합리를 추구하고 영적인 현상을 논리적으로 이해하려고 하는 사람에게는 잘 나타나지 않습니다.

한번만이 아니고 간절히 찬양하고 기도하면 꼭 이러한 현상이 나타나는데 몇 회 정도 경험을 하기도 합니다. 계속 나타나는 것이 아니고 자신 안에 있는 상처들이 배출이 되면 될수록 이런 현상은 나타나지 않습니다. 성령이 자신을 완전하게 장악하면 점점 이런 현상이 나타나지 않습니다. 초기 성령이 장악할 때 자신 안에 있는 상처가 치유되면서 일어나는 현상이기 때문입니다. 이런 현상을 지극히 감사함으로 기쁨으로 이 모든 체험을 받아야 합니다. 자신의 나이 많은 것과는 아무 상관이 없는 것입니다. 하나님이 주시는 은혜에는 성별 나이 학력에 아무 제한이 없으십니다.

이러한 체험 이러한 상태는 초기 성령 충만함이요, 성령의 임재하심의 한 모습이랍니다. 이렇게 기도하다가 강렬한 성령의 임재로 붕붕 너무 자주 뛰는 것을 제한한다거나 절제해야 할 사안은 아닙니다. 성령이 역사하는 대로 따라가는 것이 좋습니다.

성령님이 자신의 전인격(영-혼-육)을 장악하기 위하여 임재하시면 그렇게 성령체험의 반응을 보이는 것이 당연한 것입니다. 많은 분들이 이야기하신 것처럼, 잘못된 것이라든지, 이단이라든지, 금해야할 사안이라든지, 그런 것과는 상관이 없는 아주 정상적인 오히려 권면할만한 성령의 초기 임재현상입니다(권면한다고 누구나 이처럼 그렇게 되는 것은 아니겠지만). 성령의 임하실 때의 몸의 영적 반응이니 염려하지 마시고 더욱 성령님이 이끄시는 대로 기도에 힘쓰시기를 바랍니다.

그러나 이런 현상이 일어나는 것만 관심을 가지면 안 됩니다. 성령의 역사가 자신을 장악하여 육에 역사하는 악한 기운을 기침이나 울음이나 토함을 통하여 배출해야 합니다. 자꾸 배출하면 할수록 상처가 치유되니 마음이 평안해지고, 기도가 깊어지고, 성경말씀의 비밀이 보이는 영안이 열리기도 합니다. 좌우지간 지속적으로 이런 현상이 일어나는 것은 권장할 만한 사안이 아닙니다. 초기에 일어나는 현상이기 때문입니다. 성령이 장악하여 치유되면 점점 빈도가 약해지다가 더 이상 나타나지 않는 것이 보통입니다. 성령의 역사를 체험하면 자신 안에 상처를 배출해야 합니다. 그래야 전인격이 성령으로 장악 되어 영적인 성도로 변합니다. 몸의 진동이나 떨림은 그 자체는 은사가 아니지만, 초기 성령체험의 대표적인 한 현상이라 말할 수 있겠지요. 그리고 몸의 진동이나 떨림이 있는 성령체험 중 은사를 받기도 하고 특정한 은사가 나타나기도 할 수 있으나, 은사자체는 아니지만, 은사의 전조(시작, 징후)현상이라 표현하는 것이 좋겠습니다.

그리고 이미 은사가 임한 뒤에도 성령이 임하실 때, 강렬한 성령체험이 동반될 때, 몸의 진동이나 떨림 현상이 계속 이어질 수 있습니다. 그러나 점점 강도가 약해지는 것이 보통입니다. 이유는 성령이 자신을 장악했기 때문에 진동이나 떨림은 약해지는 것입니다. 몸의 진동(떨림)은 은사 이전에도 있고, 은사를 받는 과정에도 자주 경험되고, 은사를 이미 받은 은사의 훈련과 성숙함이 이루어진 이후에도 있을 수가 있습니다. 정확히 말하자면 초기 성령님 임재하실 때 혹은 은사를 주실 때 일어나는 내 몸의 반응(체험)현상이랍니다. 내 몸에 진동(떨림)이 있으면 여러 가지 은사와 능력이 함께 임한답니다. 방언 체험할 때에도 성령님이 강하게 임재하시면 온 몸이 흔들리고 떨리고 지진이 날 때 물컵 속의 물방울이 진동하듯이 춤추듯, 붕붕 뜨듯, 좌우로 고무줄로 당기듯, 흔들립니다. 기도할 때에도 진동(떨림 현상)이 일어나지만, 예배나 찬양 기도하는 시간과 아무 상관없이 진동(떨림 현상)을 경험하는 이들도 많습니다. 이것은 기도할 때만이 아닌 지금도 성령님이 내주하시고 동행하신다는 확증이라고 이해하면 될 것입니다. 진동의 강도도 사람 따라, 믿음 따라, 성령 체험 따라 다 다릅니다. 떨림의 양상도 모두 다릅니다.

온 몸이 떨리기도 하고 몸의 일부분만 떨리기도 하고, 팔이나 어깨만 떨리기도 하고, 다리만 떨리기도 하고, 머리만 떨리기도 합니다. 어떨 때는 왼쪽의 몸의 기관만 떨리기도 하고, 그리고 신체부위의 떨림이 이동하기도 한답니다. 다 정상이고 지극히 좋은 것이고 하나님이 부어주시는 성령체험이랍니다.

대개 진동만 있지 않고 몸의 뜨거워짐, 거대한 자석에 붙들려 있는 느낌, 어마어마한 무게로 눌리는(아주 따뜻하게 기분 좋은 접붙인 것과 같은 느낌의 눌림)느낌, 머리의 뚜껑이 열려서 그 속으로 무언가 들어가고 나가는 광채를 느끼기도 합니다. 안수기도 받을 때, 축도를 받을 때에도 이와 같은 현상이 일어나기도 합니다. 운동을 심하게 했을 때 근육이 뻐근하고 결리는 것과 같은 통증도 수반될 때도 있답니다. 이는 성령님이 아주 강하게 임하셨을 때 내가 믿음이나 기도의 분량이 적어서 통증을 느끼기도 피곤함을 경험하기도 하는데 모두 정상적인 것이고 좋은 것입니다.

지각이 흔들리고 온 지구가 들썩거릴 것과 같은 환상체험이 오면서 꼭 콘크리트 바닥을 내 옆에서 거대한 굴착 기계로 파 들어갈 때 흔들림처럼 온 옴이 덜덜덜덜두두두두 떨리다가 형용하기 힘든 크고 웅장하며 강렬한 주님의 음성이 임하기도 한답니다. 이렇게 자신에게 주신 것은 은혜체험이요. 성령체험이요. 영적 만나주심(영적교제)이라고 할 수 있습니다. 성령이 자신에게 임재 하셨다는 것을 알게 하기 위해서 나타나는 현상입니다. 자신의 손이 바람개비처럼 빠르게 돌려지며 펄럭이듯 하실 수도 있습니다. 흡사 선풍기를 틀어놓은 것처럼 빙글빙글 돌며 온 몸이 붕붕 뜨듯 들리며 진동을 하실 것입니다.

그러나 이러한 현상이 일어났다고 다 된 것은 아니랍니다. 분명하게 초기 성령께서 자신을 장악할 때 나타나는 현상이니 자신을 성령으로 완전하게 장악되려고 의지적인 노력을 해야 합니다. 이런 현상에만 머무르면 영이 자라지 않고 보다 깊게 영이 열리지를 않습니다. 성령 사역을 전문으로 하는 사역자에게 가서서 내면을 말씀과 성령으로 정화하면 이런 현상이 더 이상 나타나지 않을 것입니다. 성령이 자신을 완전하게 장악하면 절대로 이런 현상이 나타나지 않습니다. 분명하게 초기 성령을 체험할 때 나타나는 현상이니 빨리 깨닫고 치유되어 초보를 면해야 할 것입니다.

이런 초기 성령을 체험한 분들은 더욱더 신령한 은사를 사모하시구요. 하나님의 나라와 의를 위하여, 하나님을 기쁘시게 하기 위하여, 존귀하게 쓰임받기를 감사함으로 구하시기를 바라며,

자신에게 임하는 은혜와 성령의 교통하심이 날마다 풍성하여져서 가족뿐 아니라, 많은 이웃과 섬기는 교회와 모든 성도의 가정에 이르기까지 넘쳐흘러서 주님께 칭찬받는 믿음이 되시기를 바랍니다. 이런 현상을 체험한 분도 분명하게 치유될 부분이 많으니 말씀과 성령으로 전문적인 성령치유를 하는 목회자를 만나 치유하여 하나님이 원하시는 영적인 상태가 되시기를 바랍니다. 그래야 하나님에게 귀하게 쓰임을 받게 됩니다.

2. 초기 성령체험 현상은 분별이 필요

성령이 성도를 장악하면 몸으로 느끼게 됩니다. 진동을 하기도 합니다. 손이 위로 올라가면서 흔들기도 합니다. 몸이 뒤 틀리기도 합니다. 허허허 하면서 웃음이 터지기도 합니다. 마치 전기에 감전된 것과 같이 손이 찌릿찌릿하기도 합니다. 땀을 흘리면서 악을 쓰기도 합니다. 손가락이 게발과 같이 오그라들면서 떨기도 합니다. 사지가 뒤틀리기도 합니다. 덩실덩실 춤을 추기도 합니다. 팔과 다리가 오그라들기도 합니다. 이상한 소리를 내기도 합니다.

저도 처음 성령사역을 할 때는 이런 현상을 느꼈다면 성령 세례를 받은 것이라고 믿었습니다. 성령사역을 십년이 넘은 지금에 와서 보니 참으로 위험천만한 성령의 역사가 교회에서 일어나고 있다는 것입니다. 이런 현상은 분명하게 분별되어야 할 현상입니다. 성령이 임재 하니 사람 속에 숨어있던 악한 영이 정체를 폭로할 때 일어나는 현상이라고 해도 틀리지 않습니다.

제가 얼마 전에 성령사역을 하면서 위와 같은 현상을 일으키는 성도를 안수 했습니다. 그랬더니 악한 영이 말로 표현할 수 없을 정도로 떠나갔습니다. 3일 동안 지속적으로 안수하니 위와 같은 영적현상이 일어나지 않았습니다. 일어나지 않을 뿐만 아니라, 본인의 마음이 너무 편안하고 기도가 술술 나온다고 간증을 했습니다. 그래서 본인에게 기도할 때 이런 현상이 일어난 것이 얼마나 되었느냐고 질문했습니다. 3년 정도 되었다는 것입니다. 3년 동안 귀신에게 속은 것입니다. 이 성도가 잘못된 것이 아닙니다. 이런 현상을 보고 양신역사라고 하면서 바로잡아줄 영적인 사역자가 없었다는 것입니다. 이 성도의 말에 의하면 3년 동안 성령의 역사가 있다는 곳은 안 가본 곳이 없을 정도로 다 다녀보았다는 것입니다. 그런데 어느 한곳에서도 바로 잡아주는 곳이 없었다는 것입니다.

이 성도가 하는 말이 성령의 역사가 있다는 곳에 가서 2박 3일 또는 3박 4일 은혜를 받고 오면 한 일주일은 충만하게 지낸답니다. 그런데 2주가 되면 슬슬 마음이 답답하고 기도가 잘되지 않아서, 또 다른 곳을 가게 되었다고 했습니다. 이 현상은 이렇게 설명할 수 있습니다. 성도는 영의 만족을 누려야 모든 것이 좋아집니다. 자기 나름대로 성령이 충만하다고는 하지만, 저와 같은 전문적인 성령사역을 하는 분들의 눈에는 이렇게 보입니다. 이 성도의 마음 안에 있는 성령의 역사가 밖으로 나타나지 않는 것입니다. 즉, 영의 통로가 막혔다는 것입니다. 성도는 마음 안에 있는 성령의 불과 성령의 생수가 심령에 부어져야 영의 만족을 누리는 것입니다. 그런데 영이 막혀서 심령에서 성령의 역사가 밖으로 나오지 못하니 은혜 받을 때는 괜찮은데 시간이 지나면 답답해지는 것입니다.

이 문제가 왜 생길까요. 첫째, 성령의 불을 밖에서 받는다는 잘못된 이론 때문입니다. 이는 뒷장에서 상세하게 설명을 합니다. 둘째, 성령의 불을 받으려고 밖에만 관심을 가지니 정작 자신의 심령에 관심을 갖지 않으니 영의 통로가 열릴 이유가 없는 것입니다. 셋째, 자신의 심령 상태에는 관심을 갖지 않고, 그저 보이는 면, 역사가 나타나는 것에만 관심을 가진 결과입니다.

지금 많은 교회와 성령사역을 하는 곳들이 모두 이렇습니다. 성령의 불을 밖에서 받으려고 능력이 있고 불이 있다는 강사에게만 관심을 가지기 때문입니다. 저도 초기 성령사역을 할 때와 성령의 능력(불)을 받으러 다닐 때 모두 이런 식이었습니다.

저는 다행하게도 내적치유를 하면서 내면에 관심이 많았기 때문에 쉽게 내면관리를 하다 보니까, 성령의 불은 자신의 영 안에 계신 성령으로부터 나와야 된다는 것을 알게 된 것입니다. 그래서 내면관리를 집중해서 하다 보니까, 앞의 성도와 같이 잘못된 성령의 역사를 분별하여 치유할 수가 있었습니다. 이런 분들이 우리교회 집회에 오면 먼저 기도 시간에 제가 안수를 일일이 하면서 성령의 역사가 성도의 마음 안에서 일어나도록 합니다.

조금만 지나면 강력한 성령의 역사가 일어나 속에서 더러운 상처와 귀신들이 떠나갑니다. 이렇게 2일만 하면 거의 모두 이해할 수 없는 성령의 역사가 정리됩니다. 점차 안정을 찾아 심령에서 불이 나오는 성도들로 바뀌게 됩니다. 기도는 성령으로 해야 합니다. 자신의 마음 안에 계신 성령의 역사가 밖으로 나오면서 치유도 되고, 귀신도 떠나가고, 자신의 안에 계신 성령으로부터 '레마'도 들리게 되는 것입니다.

귀신 축사하면 능력 있는 목사가 귀신을 불러내어 쫓아내는 줄로 알고 있습니다. 이것은 잘못 알고 있는 것입니다. 자기 안에 계신 성령의 역사가 밖으로 나오면서 귀신을 몰아내는 것입니다. 귀신은 전적으로 귀신의 영향을 받는 성도의 성령의 권능에 의하여 밀려나오도록 해야 합니다. 그래서 성령의 세례가 중요한 것입니다. 성령의 세례가 임해야 귀신을 축귀할 수 있기 때문입니다.

영적인 사역자는 어떻게 하면 피 사역자에게 성령의 역사가 강하게 일어나게 할 수 있는지 비결을 터득하고 행할 수 있는 사람이 진정 영적인 사역자입니다. 방법은 그리 어렵지 않습니다. 피사역자의 심령에서 성령의 역사가 일어나 밖으로 나오게 하면 되는 것입니다. 그런데 성령의 불을 밖에서 받는다고 인식하고 밖에만 관심을 가지고 있으니 영의 통로가 뚫리는데 시간이 많이 걸립니다. 성도들이 영의 만족을 누리지 못하고 방황을 합니다. 성령의 불을 밖에서 받으려고 관심을 밖에 두니 심령을 치유할 수가 없습니다. 심령치유가 되지 않으니 예수를 20년을 믿어도 변화되지 않는 것입니다. 구습은 반드시 성령의 역사가 일어나야 치유가 됩니다. 바른 성령의 역사를 알고, 바르게 기도하고, 성령을 체험하면 성도가 변하지 않으려고 해도 변화될 수밖에 없습니다. 이를 시정하여 해결해야 될 문제는 첫째, 성령의 불은 심령에서 나와야 합니다. 물론 처음에는 밖에서 역사하는 불을 받아야 합니다. 그러나 시간이 경과되면 자신 안에서 성령의 불이 나오도록 영성관리를 해야 합니다. 그래야 영이 자랍니다. 영은 생명의 말씀과 성령의 역사에 의하여 영이 깨어나고 자라게 됩니다. 둘째, 기도를 바르게 해야 합니다. 성령으로 심령에 관심을 두고 기도해야 합니다. 머리를 써서 아무리 장구한 말을 많이 한다고 해도 변화되지 않습니다. 왜냐하면 인간적인 3차원의 기도이기 때문입니다. 성령으로 기도하여 심령에서 초자연적인(5차원) 성령의 역사가 일어나야 변화되기 시작 합니다.

제가 지금까지 설명한 말을 오해해서 들을 수가 있어서 다시 한 번 말씀 드립니다. 성령님은 인격체이시지만 실제적인 어떤 능력과 에너지로써 충만하게 임하면 우리가 육체적으로도 어떤 느낌과 감각을 느끼게 됩니다. 일반적으로 불의 뜨거운 느낌, 전류가 흐르는 것과 같은 느낌, 몸이나 신체의 일부가 가벼워지는 부양감, 또는 반대로 무거워지는 것과 같은 느낌, 환한 빛이 비추어져 오는 것과 같은 느낌, 때로는 향기가 풍겨오는 것과 같은 느낌, 한없이 포근한 느낌, 시원한 느낌, 때로는 편안하여 졸리는 것과 같은 느낌 등 다양하게 느껴집니다.

　그러나 이와 같은 현상은 성령체험의 초기에 나타나는 현상입니다. 어느 정도 신앙이 자라고 영이 깨어나 성령이 자신을 장악하면 서서히 몸으로 느끼거나 볼 수 있는 가시적인 현상이 없어집니다. 왜 그럴까요? 성령이 자신을 완전하게 장악하여 성령님과 친밀하게 되니, 육체가 성령에게 장악당하여 성령과 하나가 되었기 때문입니다.

　제가 그동안 성령사역을 하면서 체험한 결과 성령의 체험현상은 항상 일어나는 것이 아닙니다. 성령으로 변하여 영이 자라면 자란 만큼씩 몸으로 느끼거나 볼 수 있는 가시적인 현상이 현저하게 줄어듭니다. 그래서 자신이 몸으로 느끼거나 볼 수 있는 가시적인 현상이 나타났다고 영적으로 다 된 것이 아니라는 것입니다. 이는 이 책을 읽고 있는 분이 말씀과 성령으로 깊은 영성을 개발하여 성령님과 인격적이고 친밀한 관계가 되면 이해할 수가 있습니다. 이는 성령님과 이런 관계가 된 것입니다. 성령이여! 임하소서. 하면 이미 성령님이 자신을 장악한 것으로 믿는 것입니다.

　이를 믿고 담대하게 성령님이 주신 레마를 가지고 사역을 하면 성령이 역사하여 주시는 관계이기 때문입니다. 한마디로 성령님과 주거니 받거니 하는 관계가 되었기 때문에 성령의 임재현상이 필요가 없는 것입니다. 너무 성령의 임재현상에 관심 갖지 마시고 말씀과 성령으로 변하여 성령님과 인격적인 관계가 되려고 노력해야 합니다. 성도들을 이렇게 지도해야 성도들의 믿음이 자라서 영의 자립을 하면 영적인 군사가 되어 하나님에게 쓰임을 받을 수가 있는 것입니다. 히브리서 저자는 5장 12절에서 이렇게 말합니다. "때가 오래 되었으므로 너희가 마땅히 선생이 되었을 터인데 너희가 다시 하나님의 말씀의 초보에 대하여 누구에게서 가르침을 받아야 할 처지이니 단단한 음식은 못 먹고 젖이나 먹어야할 자가 되었도다" 성도는 영이 자라야 합니다.

능력 있다는 목사님만 바라보고 성령의 불 받으려고 하는 무지한 성도들을 만들지 말아야 합니다. 스스로 자기에게 임재 하여 계신 성령님으로부터 불을 받고 레마를 받아 살아가는 성도를 만들어야 합니다. 다시 말하면 영적인 자립을 하는 성도를 만들어야 한다는 것입니다. 그래야 어디를 가더라도 자기 안에 계신 성령님과 친밀한 관계를 가지면서 자기가 위치해 있는 곳을 하나님의 나라로 만드는 하나님의 군사가 될 수 있는 것입니다.

3. 강한 진동의 현상

허리에서부터 얼굴까지 반신불수가 되어 12월 20일부터 다음해 4월 25일 충만한 교회에 오기 전까지 반신불수가 되어 거동을 못하며 집안에서 지내던 목사님의 이야기 입니다. 친한 친구 목사님들이 충만한 교회에 가면 치유가 된다는 말을 듣고 차에 실려 우리 교회 성령치유 집회에 참석하여 은혜를 받았던 이야기 입니다. 그런데 참석한 첫날부터 강한 성령의 불을 받고 온몸이 불덩어리가 되더니 몸이 뒤틀리기 시작했습니다. 악한 귀신들이 발작을 한 것입니다. 제가 "예수 이름으로 명하노니 허리를 잡고 있는 더러운 귀신은 떠나가라"하고 안수 기도를 할 때마다 수많은 귀신들이 발작을 하면서 떠나고 소리를 지르면서 떠나갔습니다.

목사님의 이야기입니다. "저는 이때까지 내가 허리디스크와 좌골 신경통으로 이렇게 거동을 못하게 되었지, 악한 영의 역사로 이렇게 되었다고는 꿈에도 생각을 하지 않고 병원치료만 하였습니다. 한마디로 영적인 무지한이었습니다. 성령님의 인도로 충만한 교회에 와서 성령의 불을 받고 아~ 이것이 영적으로 문제가 되어 발생한 것이구나! 체험적으로 인정을 했습니다.

저는 충만한 교회에 오기 전에 영적인 집회에 참석을 많이 했습니다. 심지어는 미국에 가서 빈야드 집회도 참석을 했습니다. 그때도 몸이 뒤틀리고 발작을 했습니다. 거기 있는 사역자들이 성령의 불을 받은 것이라고 했습니다. 저는 성령의 불을 받았기 때문에 저에게 악한 영이 역사한다는 것은 꿈에도 생각을 못했습니다. 저의 허리를 아프게 하는 것은 악한 영의 역사라고 인정을 하니 귀신이 떠나가고 치유되기 시작하다가 며칠 지나니 저 혼자도 걸을 수가 있었습니다.

강 목사님이 안수 기도를 하면 할수록 몸이 편안해졌습니다. 허리 아픈 것이 점점 없어졌습니다. 몸이 뒤틀리고 발작하는 것도 없어졌습니다. 정말 신기할 정도로 안정을 찾았습니다. 치유되고 능력을 받으니 심령이 읽어지는 지식의 말씀의 은사가 나타나고 안수 기도하면 강요섭 목사님 같이 성령의 역사가 강하게 나타납니다. 그래서 다시 목회를 시작하니 교회가 점점 부흥이 되었습니다. 몇 개월 다니면서 치유를 받으니 이제 몸도 완치가 되었습니다. 저를 치유하신 하나님에게 영광을 돌립니다.”

이렇게 안수를 받고 치유하면 진동하는 것이 현저하게 줄어듭니다. 이분도 몸이 뒤틀리고 발작하는 것이 없어졌습니다. 첫째 날과 둘째 날은 교회의 접의자를 다 차고 다닐 정도로 몸이 뒤틀리고 발작을 했습니다. 점차 치유되어 안정을 찾고 심령에서 성령의 불이 나오는 기도를 하니 목사님에게 역사하던 귀신들이 떠나간 것입니다. 이렇게 기도하고 안수하면 할수록 안정을 찾아야 바른 성령의 역사를 체험하는 것입니다. 우리 속지 맙시다.

이분도 외국 빈야드 집회에까지 참석했다는데 누구 하나 바로 알려줘서 치유해준 사역자가 없었다는 서글픈 사실입니다. 지금 외국이나 한국이나 성령의 역사에 대한 영적인 분별 수준들이 이렇습니다.

여기에서 한 가지 더 알아야 할 것은 일반적인 교회에서 열심히 신앙생활을 하면서 부흥회 때 성령을 체험한 분들입니다. 저에게 전화가 오는데 목사님 저는 3년 전 부흥회에서 성령체험을 했습니다. 그런데 기도가 안 됩니다. 왜 그런가요? 이런 분들은 모두 영이 막힌 것입니다. 한마디로 성령을 체험했을 때 심령을 정화시켜야 하는데 그렇지 못하여 상처와 악한 영의 역사가 심령에서 일어나 영이 막힌 것입니다. 이런 분들은 모두 성령의 임재

가운데 내면의 상처를 치유하면서 악한영의 역사를 몰아내야 합니다. 그래야 영의 통로가 열려 기도가 됩니다. 심령의 문제를 해결하지 않으면 성령으로 기도가 되지 않습니다.

　최초 성령을 체험하면 이런 현상이 나타날 수가 있습니다. 몸이 뻣뻣해집니다. 몸이 뜨겁거나 따뜻합니다. 몸이 시원해집니다. 바람이 느껴집니다. 몸에 전기가 감전된 것같이 찌릿찌릿합니다. 감동이 옵니다. 눈물이 납니다. 자꾸 뒤로 넘어지려고 합니다. 손에 힘이 주어집니다. 몸에 힘이 빠지기도 합니다. 기분 나쁘지 않는 소름이 끼칩니다. 향기가 납니다. 몸이 떨리거나 흔들립니다. 손발이 저리는 느낌을 받습니다. 몸이 떨리거나 흔들립니다. 근육이나 피부의 한 부위가 떨립니다. 호흡곤란을 느끼기도 합니다. 신체 부위가 커지는 느낌이 듭니다. 물을 먹는 것 같습니다. 잔잔하게 내려오는 것 같습니다. 기뻐집니다. 영적인 생각이 나면서 흥분됩니다. 소리가 질러집니다. 입으로 바람이 불어집니다. 자신은 낮아지고 하나님의 경외하심이 느껴집니다. 방언 찬양이 나오기도 합니다. 눈이 부셔 눈을 깜빡깜빡거립니다. 배가 묵직해지면서 힘이 들어갑니다. 술에 취한 것 같이 어지러움을 느낍니다. 잠이 오는 것 같이 졸음이 옵니다.

　성령을 초기에 체험하면 이와 같은 현상을 느끼고 체험합니다. 왜냐하면 성령께서 자신에게 역사하고 있다는 것을 알게 하기 위해서 일으키는 역사입니다. 성도가 체험과 믿음이 없어서 성령님이 자신에게 역사한다는 것을 잘 믿지 못하기 때문입니다.

성령님은 인격이시기 때문에 이렇게 알고 느끼게 역사하시는 것입니다. 그러나 차츰 성령의 깊은 임재에 장악이 되면 잔잔해지면서 몸으로 느끼는 가시적인 현상이 점차로 줄어듭니다. 점차로 줄어든다면 자신이 성령으로 장악이 되고 있는 증표입니다. 그러나 계속적으로 임재 체험 현상이 나타나면 문제가 있는 것입니다. 알고 대처하기를 바랍니다.

우리는 무슨 현상을 보고. 체험하는 것에 중점을 두지 말고, 자신이 예수님의 성품과 같이 변화되고 있는지에 관심을 두어야 합니다. 너무 나타나는 현상에 눈을 돌리면 영안이 열리지를 않습니다. 바른 성령의 역사가 일어나면 변화되지 말라고 해도 변화되게 되어 있습니다. 그리고 성령 사역을 하시는 분들은 영들을 분별하는 능력을 깊고 수준 높게 개발하여 성도들이 불필요한 고통을 당하지 않도록 지도할 수 있어야 합니다.

4. 몸이 비틀어지는 현상

안녕하세요. 요즘 목사님 책과 집회 참석으로 은혜를 많이 받고 있습니다. 배운 대로 방언 기도할 때 계속해서 입이 벌어지고 소리를 지르게 되고 몸이 비틀어지는 현상이 일어나는데 절제하면 곧 그칩니다. 절제하지 말고 그냥 놔두어야 하는지 절제하고 다시 기도해야 하는지를 잘 모르겠습니다.

안방에서 기도하는 저를 위해 거실에서 기도하는 아내도 저처럼 심하지 않지만 호흡기도 몇 번만 해도 입이 벌어지고 하품도 나고 속이 이글거린다고 합니다. 좋은 현상인지요. 귀신이 나가는 현상인지요? 꼭 회신 부탁드립니다. 심적으로 많이 부드러워졌고 인내심도 많이 강해진 것을 느끼게 됩니다. 교회에서 한 시간 이상 부부가 기도하고 퇴근하려고 합니다. 답변 부탁드립니다. 아직 영적으로 초보라서 모든 것이 궁금합니다. 큰 사역에 많은 열매 있기를 기도합니다.

답변합니다. 지금 나타나는 현상은 성령을 체험하고 일어나는 초기 현상입니다. 지속적으로 깊은 영의기도를 하여 심령 안의 상처를 몰아내야 합니다. 시간이 좀 걸릴 것입니다. 제가 집필한 책 중에 **"성령의 불로 충만 받는 법"**을 읽어보세요. 전문적인 성령치유를 하는 곳에 가셔서 어느 정도 말씀과 성령으로 정화가 되면 그런 현상이 점차 없어질 것입니다.

빨리 해결을 받으시려면 저희 교회에서 매주 토요일 실시되는 집중치유에 예약하여 치유를 받으시면 나타나는 현상이 없어질 것입니다. 지금 상태를 그냥 두면 더욱 강하게 묶일 수가 있으니 주의해야 합니다. 지속적으로 성령의 충만을 받아 심령에서 평안이 올라오고 영안이 열려서 성경 말씀 속에서 비밀이 깨달아 져야 합니다. 일어나는 현상만 가지고 너무나 예민하게 생각하지 마세요. 아직 갈 길이 멀었습니다. 영적인 원리들을 많이 깨달아서 지금 목사님 부부에게 일어나는 현상을 스스로 깨달아 알 수 있는 수준이 되어야 합니다.

5. 성령 불로 세례 받고 영물이 보이기도 한다.

초자연적인 성령의 역사를 체험하지 못한 사람은 성령의 역사를 이해하지 못합니다. 성령의 은사를 받지 못한 사람이 은사를 받은 사람을 이해하기는 대단히 어렵습니다. 왜냐하면 모든 은사는 육체의 범주를 벗어난 초자연적인 영역에서 비롯되어지기 때문입니다. 또한 영의세계는 사람이 생각할 수 있는 이상으로 광대하며 변화무쌍하고 신묘막측(神妙莫測)하기 때문입니다.

어느 여 목사님이 나에게 상담을 한 내용입니다. "내가 충만한 교회에 와서 치유를 받기 시작한지 한 3주가 지났을 때의 일입니다. 강력한 성령의 불세례를 체험한 어느 순간부터 눈앞에 나타나는 많은 괴이한 현상들이 보이는 것입니다. 심지어는 방송을 보고 있노라면 노래하며 춤을 추며 유행가를 부르는 사람들이 사람으로 보이지 않고 뱀 한 마리가 꼬부랑 되며 춤을 추고 있는 것으로 보입니다. 사람마다 성격이나 죄악의 형태를 보아 뱀들의 형태나 색도 각양각색입니다.

그리고 악마의 형상이 나타나는 사람도 가끔 보이기도 합니다. 개인적으로 ○○교단산하의 신실하신 목사님이 시무하시는 꽤 좋은 교회를 다녔습니다. 그런데 강대상 뒤에서 새까만 악마가 있는 것을 보았습니다. 그래서 저는 10여년 이상을 이 교회를 다녔는데 그렇게 기도가 잘되지 않고 답답했던 이유라고 생각을 했습니다. 저는 이러한 현상은 사람에게 들어가 있는 악의 영 곧 귀신의 실체라고 생각을 하는데 목사님 맞습니까?"

이렇게 질문을 하는 것이었습니다. 그래서 내가 이렇게 대답을 해주었습니다. "목사님이 보시는 이런 현상들은 성령의 강력한 임재로 순간 영이 육신적인 차원에서 열린 영안입니다." 그러면서 이렇게 당부를 했습니다. "보았다고, 보인다고, 자랑을 한다든지 본인에게 말을 하면 본인이 상처를 받게 됩니다. 그리고 목사님이 잘못된 사람으로 오해될 소지가 다분하게 있으니 입(말)을 조심해야 합니다. 왜냐하면 일반적인 성도는 초자연적인 성령의 역사를 이해할 수가 없기 때문입니다. 성령이 역사하는 영의 세계를 말로 이해할 수가 없는 현상이 대부분이기 때문입니다.

그리고 악한 것들이 목사님을 놀라게 하고, 혼란스럽게 하고, 괴롭히기 위하여 보여주는 것일 지도 모르는 일입니다. 그러니 주의하기를 바랍니다.

그리고 차차 말씀과 성령으로 치유되어 심령에서 영력이 강하게 나타나면 보이지 않을 것입니다. 이러한 현상들을 일부 목회자나 성도들이 투시라고 하기도 합니다. 그러나 실상은 그렇지 않고 지식의 말씀의 은사와 영들 분별함의 은사라고 할 수 있습니다. 그리고 은사의 기초적인 수준정도입니다. 앞으로 좀 더 말씀의 지식을 쌓고 성령으로 심령을 치유하면 더 강한 믿음으로 영안이 밝히 열릴 것입니다. 그러면서 여 목사님에게 좀 더 기다리며 더 말씀과 성령으로 치유를 받기를 바랍니다." 이렇게 조언을 했습니다. 그 당시 그 여 목사님은 눈에 그런 것이 보이니 다 된 줄로 착각했다는 것입니다.

상당히 자랑을 하고 싶은 충동이 강하게 일어났다고 합니다. 그러면서 이러는 것입니다. "목사님! 제가 목사님의 조언을 듣지 않았다면 아마 막 자랑하고 다녔을 것이라는 것입니다. 그래서 내가 그것이 바로 육신적으로 영안이 열린 증거입니다. 말씀이 심비에 새겨지고 영적으로 성숙되면 겸손해져서 그런 충동이 없어질 것입니다. 그러면서 목사님에게 더 말씀의 지식을 심비에 새기고 성령으로 충만해지고 심령에서 성령의 기름부음이 올라오면 영안이 심령으로 활짝 열어질 것입니다. 앞으로 영안이 말씀과 성령으로 열리면 생각 이상의 것들의 실체를 보며 알 수 있고 성령이 심령을 장악하니 자꾸 겸손해질 것입니다. 그리고 이 정도의 심령으로 영안이 열리면 축사의 능력도 같이 따라올 것입니다. 그리고 상대편에게서 더러운 영들이 보이는 것은 축사하여 주라고 보이는 것입니다. 눈에 보이는 영물을 축사를 해서 치유해주지 못하면 아예 말도하지 말고 보려고 하지도 말아야 합니다. 그래서 목사님에게 영안으로 영들을 보여주는 영분별의 은사는 결국 축사를 하라고 보여주는 것으로 알고 있어야 합니다." 이렇게 단단하게 영적인 당부를 했습니다. 그러던 목사님이, 어느 날 저에게 이렇게 말하는 것입니다. "충만한 교회에서 은혜를 받고 불같은 성령의 역사를 날마다 체험했습니다. 목사님으로부터 여러 가지 영적인 말씀을 듣고 영이 깨어나는 것을 알게 되었습니다. 이제 영적인 말씀과 성령의 역사로 제가 영적으로 성숙되어서 그러는지 최초에 보이던 것같이 영물들이 보이지도 않습니다. 이제 내적치유도 많이 되어 마음도 편안 해졌고요, 허리 디스크로 오래 고생했는데 목사님의 안수로 깨끗하게 치유되었고요. 내가 변하니 남편도 변하여 가정도 하나 되고 물질도 많이 풀렸습니다. 기도할 때 성령의 불같은 능력도 나타나 다른 성도를 안수 기도하면 역사도 일어납니다. 그리고 목사님이 알려준 대로 사람에게서 악한 것이 보이면 아 저 사람이 저 악한영의 영향으로 저렇게 고생하고 있구나하고 본인에게 이해가 가게 조언하여 축사도 해줍니다." 이러는 것입니다.

이로보아 우리는 영안이 열리는 단계가 있다는 것을 알아야 합니다. 그리하여 바른 분별력을 가지고 겸손하게 신앙생활을 해야 합니다. 모든 성도는 바르게 배우고, 바르게 알아, 바르게 사용해서 하나님의 축복의 도구가 되어야 합니다. 이렇게 육신적으로 열려서 보이는 괴이한 현상들을 분별없이 말을 하므로 정신이 나간 이상한 성도가 되기 안성맞춤이라는 것을 알기를 바랍니다. 영안에 대해서는 **"영안을 밝게 여는 비결"**을 읽어보시기를 바랍니다. 그래서 성도는 말씀과 성령으로 거듭나야 한다는 것입니다. 거듭나는 데는 시간이 걸리는 일입니다. 최초 성령의 불세례를 체험하면 이렇게 영물들이 보일 수가 있습니다. 사람은 영적인 존재이기 때문에 성령의 강력한 역사로 영물들이 보이기도 합니다. 자꾸 성령으로 체험하며 심령이 치유되면 더 이상 보이지 않는 것이 보통입니다. 실수하지 말아야 합니다.

2장 성령의 불로 불세례 받는 이유

(눅 4:18~19)"주의 성령이 내게 임하셨으니 이는 나를 보내
사 포로 된 자에게는 자유를, 눈 먼 자에게는 다시 보게 함을 전
파하며 눌린 자를 자유케 하고 하나님의 은혜의 해를 전파하게
하려 하심이라"

목회자나 성도 할 것 없이 성령의 불로 불세례 받기를 사모합
니다. 그런데 왜 성령의 불로 불세례를 받으려고 하느냐고 질문
하면 대답을 하지 못하는 분들이 있습니다. 당신은 무슨 이유로
성령의 불로 불세례를 받으려고 합니까? 성령의 불로 불세례를
받으려고 하는 이유를 확실하게 알고 불세례를 받으려고 해야
합니다. 성령의 불세례를 받았다고 교우들에게 자랑하기 위해서
가 아닙니다. 무슨 신령한 것을 보려고 불세례를 받는 것이 아닙
니다. 특별한 사람인 것같이 행세하기 위해서도 아닙니다. 귀신
을 쫓아내고 병을 고쳐서 유명해지려고 불세례를 받는 것이 아
닙니다. 성령의 불로 불세례를 받아야하는 이유는 하나님과 같
은 영성으로 변화하기 위해서입니다. 성령의 임재가운데 있으면
서 하나님의 음성을 듣고 순종하며 쓰임을 받기 위하여 불세례
를 받는 것입니다. 세상에 하나님의 나라를 건설하는 하나님의
군사가 되기 위해서 성령의 불세례를 받는 것입니다. 성령의 불
세례를 받는 목적을 확실하게 해야 합니다.

1. 하늘의 사람으로 변하기 위하여

하나님의 일을 하려면 하나님과 같은 영성이 되어야 합니다. 하늘의 사람으로 변해야 가능한 것입니다. 하늘의 사람으로 변하려니 불세례를 받는 것입니다. 성령의 불로 불세례를 받으면 하늘의 사람으로 변하기 때문입니다. 사도행전 2장 1-4절에 보면 "오순절 날이 이미 이르매 그들이 다 같이 한 곳에 모였더니, 홀연히 하늘로부터 급하고 강한 바람 같은 소리가 있어 그들이 앉은 온 집에 가득하며, 마치 불의 혀처럼 갈라지는 것들이 그들에게 보여 각 사람 위에 하나씩 임하여 있더니, 그들이 다 성령의 충만함을 받고 성령이 말하게 하심을 따라 다른 언어들로 말하기를 시작하니라."했습니다. 성령으로 불세례를 받으니 성령의 충만함을 받고 다른 언어(하늘의 언어)로 말을 했습니다. 성령으로 불세례를 받으니 하늘의 사람으로 변하여 하늘언어를 했다는 것입니다.

저는 십 년이 넘도록 성령치유 사역을 했습니다. 성령치유 사역을 하다가 보니 성령의 불세례를 받으면 그때부터 옛사람의 치유가 이루어지기 시작 했습니다. 성령의 역사로 옛사람이 영적으로 변한다는 말입니다. 성도를 하늘의 사람, 영적으로 변하는 것은 전적으로 성령의 역사로 이루어집니다. 저는 성령의 불세례를 이렇게 표현하기도 합니다. 성령의 불세례는 예수를 영접할 때 내주하신 성령께서 순간 폭발하여 전인격을 사로잡는 것이라고 하기도 합니다. 예수를 믿으면 성령이 내주하십니다. 즉시로 죽었던 영은 살아납니다. 그러나 육체는 성령으로 장악당하지 않은 상태입니다. 육체는 구습을 따르는 옛 사람이 그대로 있다는 말입니다. 그러므로 옛 사람에게 역사하던 세상신이 여전히 주인노릇을 하고 있다는 뜻도 됩니다. 하지만 성령으로 불세례를 받으면 성령께서 전인격을 사로잡으므로 옛 사람에게 역사하던 세상신이 떠나가기 시작을 하는 것입니다.

그래서 하나님은 성도들이 성령으로 불세례를 받아 영적으로 변하기를 소원하십니다. 성령으로 불세례를 받아야 전인격이 하나님을 따를 수 있기 때문입니다. 목회자나 성도나 할 것 없이 성령의 불 받기를 사모합니다. 그러나 성령의 세례를 받아야 성령의 불세례를 체험할 수가 있습니다. 저의 개인적인 견해로는 성령의 세례가 없이 성령의 불세례를 받을 수가 없습니다. 성령의 불세례를 받으려면 먼저 성령의 세례를 체험해야 합니다. 성령의 세례를 받으려면 세례를 받을 수 있는 영육의 상태가 되어야 합니다.

성령의 세례를 받으려면 먼저 마음을 열어야 합니다. 성령은 사람의 영 안에서 역사하십니다. 영은 사람의 마음 안에 있습니다. 그래서 마음을 열어야 영 안에 계신 성령이 역사하는 것입니다. 성령이 역사해야 사람이 영적인 상태가 되는 것입니다. 영적인 상태가 되어야 하나님과 교통할 수가 있는 것입니다. 그러므로 우리는 회개의 세례인 물세례로 만족하지 않고 다음은 성령의 세례를 받아야 합니다.

성령으로 세례 받을 때는 확실한 체험적인 경험이 있습니다. 성령으로 세례를 받을 때 성령이 예수 그리스도의 이름으로 임하므로 성령으로 불세례 받는 것은 체험으로 느낄 수 있습니다. 성령의 불세례를 받으면 하나님의 능력이 임합니다. 성령으로 불세례 받을 때 성령의 권능이 함께 임합니다. 권능은 그리스도인으로 하여금 하나님의 일을 행하는데 적합한 사람으로 준비되게 합니다. 성령 불세례는 하나님께서 우리를 예수 그리스도의 몸의 일부분으로 택하셔서 맡기신 지체로서의 임무를 효과적으로 수행하게 합니다.

2. 예수를 전도하는 증인으로 변하기 위해

사도행전 9장에 보면 사울(바울)의 성령 받은 사건이 기록되어 있습니다. 사울은 예루살렘에서 대제사장으로부터 허가를 받아서 시리아의 땅 다메섹으로 피난한 신자들을 모조리 잡아끌고 와서 감옥에 넣고 형벌하기 위해서 그는 군졸들을 데리고 시리아로 갔습니다. 다메섹으로 가는 길에서 바로 다메섹 성이 눈앞에 보입니다. 그런데 시리아의 햇볕은 마치 소나기처럼 쏟아진다고 했었습니다. 공기가 습기가 없고 맑기 때문에 소낙비처럼 햇살이 비춰 내려옵니다.

그런데 갑자기 대낮의 햇빛보다 더 밝은 빛이 하늘에서 비치므로 모든 사람들이 놀라서 땅에 엎드렸습니다. 사울도 말에서 떨어져서 땅에 엎드렸습니다. 그러자 하늘에서 소리가 났습니다. '사울아, 사울아 네가 왜 나를 핍박하느냐?' 그는 엎드려서 말했습니다.'주여, 뉘시오니까?' '나는 네가 핍박하는 예수라' 깜짝 놀랐습니다. 자기는 하나님 일한다고 해서 기독교회를 훼파하고 교인들을 죽였는데 바로 그 훼파하는 기독교회의 주인인 예수가 하나님이라는 것을 깨달았습니다.

그는 일어나 보니 눈이 보이지 않습니다. 사람들에게 끌려서 다메섹에 들어가서 사흘 낮, 사흘 밤을 금식하면서 회개하고 부르짖었습니다. 그러자 하나님의 영광이 임하시기 시작한 것입니다. 하나님께서 아나니아라는 사람에게 나타났습니다. 그리고 말씀하기를 '아나니아야, 사울이라는 사람에게 찾아가서 안수하여 보게 하고 성령으로 충만함 받게 하라'고 했었습니다. 아나니아가 말했습니다.'그 사람은 예루살렘에서도 많은 교인들을 죽이고 감옥에 가둬 놓고 교회를 훼파했습니다. 이 자리에도 예수 교인을 잡으러 왔는데요' '그렇지 않다. 그 사람은 내가 택한 그릇이다. 나를 위해서 많은 어려움을 당하게 될 것이다. 직가라하는 곳에 가서 사울을 찾아서 기도해 주어라'

그래서 아나니아가 사울에게 찾아와서 네가 길에서 올 때 만난 그 예수가 나를 보내서 왔다 하고, 사울에게 안수하고 사울에게 성령으로 충만하게 하자. 눈에서 비늘 같은 것이 떨어져서 눈이 보이게 되고 그는 성령으로 충만함 받습니다. 오순절 날 성령

의 세례를 받은 아나니아가 안수할 때 사울(바울)에게 성령의 세
례가 임한 것입니다. "아나니아가 떠나 그 집에 들어가서 그에게
안수하여 가로되 형제 사울아 주 곧 네가 오는 길에서 나타나시던
예수께서 나를 보내어 너로 다시 보게 하시고 성령으로 충만하게
하신다 하니 즉시 사울의 눈에서 비늘 같은 것이 벗어져 다시 보
게 된지라 일어나 세례를 받고 음식을 먹으매 강건하여지니라 사
울이 다메섹에 있는 제자들과 함께 며칠 있을 새 즉시로 각 회당
에서 예수의 하나님의 아들이심을 전파하니"(행 9:17-20).

　　바울은 그 때로부터 일어나서 기독교 역사상 최대의 사도가
되어서 천하에 복음이 전파되는데 가장 큰 기여를 한 분이 된 것
입니다. 바울은 성령의 세례를 받고 예수를 전도하는 증인이 된
것입니다. 바로 이는 성령으로 충만함 받고 난 다음부터 그의 생
애 속에 의심은 다 사라지고 믿음, 소망, 사랑이 충만해서 마지
막 로마에서 목이 베어질 때까지 복음을 증거한 것입니다.

　　성령으로 불세례를 받음은 하나님의 영으로 사로잡히는 것입
니다. 성령의 불세례는 성도의 마음을 그리스도에 대한 이해와
사랑과 신뢰로 가득 차게 하며, 성령이 삶의 주관자가 되게 하
며, 하나님의 자녀로서 하나님의 부름에 적합하도록 능력을 부
여합니다. 성령의 이끌림을 받아 예수를 전도하는 증인이 되는
것입니다. 전도는 성령의 불세례를 받은 성도가 하는 것입니다.

　　우리는 성령의 불세례를 받아야 하는 목적을 바르게 해야 합
니다. 많은 목회자나 성도들은 성령의 불세례만 받으면 다된 것

으로 생각을 합니다. 성령의 불세례를 받았으면 심령을 성령으로 정화하면서 치유해야 합니다. 지속적으로 치유하여 사고가 영적으로 변해야 합니다. 모든 문제나 사물을 볼 때 하나님의 눈과 입장에서 볼 수 있어야 합니다. 자신의 영육의 상태를 정확하게 보면서 고치려고 노력을 해야 합니다. 무엇보다도 자신을 정확하게 볼 줄 알아야 합니다. 하나님은 절대로 변하지 않은 사람을 사용하시지 않습니다. 또 모든 것을 자신이 하려고 하는 사람과 상관하시지 않습니다. 매사를 하나님에게 물어보아 하나님의 뜻에 따라 해결하는 사람을 통해서 이 땅에 하나님의 나라를 이루어 가십니다. 그러므로 자신이 한다는 생각이나 자신이 했다는 말은 아예 사용하지 않는 것이 좋습니다. 자신은 예수를 믿으면서 죽었고, 이제 내 안에 계신 성령하나님을 주인으로 삼고 살아가고 있다는 각오가 있어야 합니다. 무슨 문제를 만나든지 당황하거나 두려워하지 않고 안정한 심령이 되어 주인이신 성령하나님에게 문의하여 해결해야 합니다. 절대로 자신이 한다고 생각하면 하나님은 당신을 사용하는 것을 보류하실 것입니다. 그리고 문제를 해결할 수도 없을 것입니다.

애굽에서 이스라엘 민족을 이끌고 광야를 통과하는 모세를 생각해야 합니다. 모세는 크고 작은 모든 일을 하나님에게 물어서 해결을 했습니다. 당신도 매사를 하나님에게 질문하여 하나님의 말씀에 따라 수행하는 습관을 들여야 합니다. 그래야 하루라도 빨리 하나님의 신임을 받아 쓰임을 받을 수가 있을 것입니다.

3.하나님의 음성을 듣기 위해

하나님은 하나님의 말씀을 듣고 순종하는 성도를 으뜸이 되게 하십니다. 하나님은 지금도 살아서 역사하시는 분이기 때문입니다. 하나님에게 쓰임을 받으려면 음성을 듣고 순종하는 영성이 되어야 합니다. 마태복은 16장에 13절 이하에 보면 예수님이 제자들에게 자신이 누구인지 물어보는 사건이 나옵니다. "예수께서 빌립보 가이사랴 지방에 이르러 제자들에게 물어 이르시되 사람들이 인자를 누구라 하느냐, 이르되 더러는 세례 요한, 더러는 엘리야, 어떤 이는 예레미야나 선지자 중의 하나라 하나이다. 이르시되 너희는 나를 누구라 하느냐, 시몬 베드로가 대답하여 이르되 주는 그리스도시요 살아 계신 하나님의 아들이시니이다. 예수께서 대답하여 이르시되 바요나 시몬아 네가 복이 있도다. 이를 네게 알게 한 이는 혈육이 아니요 하늘에 계신 내 아버지시니라. 또 내가 네게 이르노니 너는 베드로라 내가 이 반석 위에 내 교회를 세우리니 음부의 권세가 이기지 못하리라. 내가 천국 열쇠를 네게 주리니 네가 땅에서 무엇이든지 매면 하늘에서도 매일 것이요, 네가 땅에서 무엇이든지 풀면 하늘에서도 풀리리라 하시고, 이에 제자들에게 경고하사 자기가 그리스도인 것을 아무에게도 이르지 말라 하시니라"

예수님은 사람의 소리나 소문을 듣고 말하는 성도에게는 관심이 없습니다. "사람들이 인자를 누구라 하느냐, 이르되 더러는 세례 요한, 더러는 엘리야, 어떤 이는 예레미야나 선지자 중의 하나라 하나이다." 하나님이 하시는 말씀을 직접 듣고 행하는 사람을 으뜸으로 대우하여 주십니다. "너희는 나를 누구라 하느냐" "시몬 베드로가 대답하여 이르되 주는 그리스도시요 살아 계신 하나님의 아들이시니이다. 예수께서 대답하여 이르시되 바요나 시몬아 네가 복이 있도다. 이를 네게 알게 한 이는 혈육이 아니요 하늘에 계신 내 아버지시니라." 하나님의 말씀을 듣고 말한 시몬을 칭찬하십니다. 그 자리에서 베드로, 즉 반석이라고 개명하여 줍니다. 그가 하나님의 말씀을 들을 수 있는 영성이 되었다는 것입니다. 즉, 베드로는 하나님의 말씀을 들으려고 집중했다는 것입니다. 우리도 베드로와 같이 하나님에게 집중하여 하나님의 말씀을 듣고 말씀대로 순종하는 성도가 되어야 합니다. 이런 영성이 되기 위하여 성령의 불세례를 받는 것입니다.

민수기 12장 1절이하에 보면 이런 사건이 나옵니다. "모세가 구스 여자를 취하였더니 그 구스 여자를 취하였으므로 미리암과 아론이 모세를 비방하니라. 그들이 이르되 여호와께서 모세와만 말씀하셨느냐 우리와도 말씀하지 아니하셨느냐 하매 여호와께서 이 말을 들으셨더라. 이 사람 모세는 온유함이 지면의 모든 사람보다 더하더라. 여호와께서 갑자기 모세와 아론과 미리암에게 이르시되 너희 세 사람은 회막으로 나아오라 하시니 그 세 사람이 나아가매, 여호와께서 구름 기둥 가운데로부터 강림하사 장막 문에 서시고 아론과 미리암을 부르시는지라 그 두 사람이 나아가매, 이르시되 내 말을 들으라. 너희 중에 선지자가 있으면 나 여호와가 환상으로 나를 그에게 알리기도 하고 꿈으로 그와 말하기도 하거니와 그(모세)와는 내가 대면하여 명백히 말하고 은밀한 말로 하지 아니하며, 그(모세)는 또 여호와의 형상을 보거늘 너희가 어찌하여 내 종 모세 비방하기를 두려워하지 아니하느냐. 여호와께서 그들을 향하여 진노하시고 떠나시매, 구름이 장막 위에서 떠나갔고 미리암은 나병에 걸려 눈과 같더라. 아론이 미리암을 본즉 나병에 걸렸는지라"

하나님이 모세를 비방하는 사람들을 향하여 진노하시면서 모세는 너희들과 다르다고 말씀을 하십니다. "그(모세)와는 내가 대면하여 명백히 말하고 은밀한 말로 하지 아니하며, 그는 또 여호와의 형상을 보거늘 너희가 어찌하여 내 종 모세 비방하기를 두려워하지 아니하느냐." 선지자라고 다 똑같은 선지자가 아니라는 것입니다. 하나님의 말씀을 대변하여 듣는 모세를 으뜸으로 대우하셨습니다. 하나님의 말씀을 직접 듣는 선지자가 으뜸이 된다는 것입니다. 하나님의 음성을 직접 들으려고 성령의 불세례도 받고 음성을 듣는 훈련도 하는 것입니다. 하나님은 살아서 역사하시는 생명의 하나님이시기 때문입니다.

하나님은 필요한 사람을 불러서 성령으로 훈련하십니다. 훈련하시고 하나님이 정한 수준에 도달하면 직접 이름을 지어주십니다. 아브람은 아브라함으로 개명하여 주셨습니다. 야곱은 이스라엘로 개명하여 주셨습니다. 하나님이 이름을 개명해준 사람은 직접 하나님과 대변하여 대화를 나누는 사람들입니다. 한마디로 순종을 잘하는 사람들입니다. 하나님이 그들의 인생을 책임져 주는 사람들입니다. 하나님은 어머니 뱃속에 있을 때 이름을 지어주는 경우도 있습니다. 아브라함의 아들, 이삭의 경우입니다. "하나님이 이르시되 아니라 네 아내 사라가 네게 아들을 낳으리니 너는 그 이름을 이삭이라 하라 내가 그와 내 언약을 세우리니 그의 후손에게 영원한 언약이 되리라"(창 17:19).

이삭은 하나님이 출생을 개입한 약속의 자녀였다는 것입니다. "내가 그와 내 언약을 세우리니 그의 후손에게 영원한 언약이 되리라" 이삭을 통해서 믿음의 후대를 이룬다는 것입니다. 한마디로 이삭은 영에 속한 사람입니다. 그래서 이삭의 생애는 아브라함과 야곱에 비해서 평탄한 생애를 보냅니다. 왜 그럴까요? 하나님의 마음에 합한 자이며, 하나님의 말씀에 순종을 잘했기 때문입니다. 우리 창세가 26장 1절부터 15절을 보겠습니다. "아브라함 때에 첫 흉년이 들었더니 그 땅에 또 흉년이 들매 이삭이 그랄로 가서 블레셋 왕 아비멜렉에게 이르렀더니, 여호와께서 이삭에게 나타나 이르시되 애굽으로 내려가지 말고 내가 네게 지시하는 땅에 거주하라. 이 땅에 거류하면 내가 너와 함께 있어 네게 복을 주고 내가 이 모든 땅을 너와 네 자손에게 주리라 내가 네 아버지 아브라함에게 맹세한 것을 이루어, 네 자손을 하늘의 별과 같이 번성하게 하며 이 모든 땅을 네 자손에게 주리니 네 자손으로 말미암아 천하 만민이 복을 받으리라. 이는 아브라함이 내 말을 순종하고 내 명령과 내 계명과 내 율례와 내 법도를 지켰음이라 하시니라. 이삭이 그랄에 거주하였더니"

이삭이 순종하니 백배로 거두게 하십니다. "이삭이 그 땅에서 농사하여 그 해에 백배나 얻었고 여호와께서 복을 주시므로 그 사람이 창대하고 왕성하여 마침내 거부가 되어"(창 26:12-13). 하나님은 약속의 자녀인 이삭을 보호하여 주었습니다. 그리고 그가 하는 일에 복을 주어서 거부가 되게 하셨습니다.

사람의 이름에는 영적인 비밀이 있습니다. 예수이름은 하나님께서 지어주신 이름입니다. 누가복음 1장 31절에 보면 "보라 네가 잉태하여 아들을 낳으리니 그 이름을 예수라 하라." '예수'는 히브리어 '여호수아'의 헬라어 음역으로 '여호와는 구원이시다.'라는 뜻입니다. 이 이름은 하나님께서 지어주신 이름입니다. 하나님이 예수를 지극히 높여 모든 이름 위에 뛰어난 이름을 주사, 하늘에 있는 자들과 땅에 있는 자들과 땅 아래에 있는 자들로 모든 무릎을 예수의 이름에 꿇게 하시고, 모든 입으로 예수 그리스도를 주라 시인하여 하나님 아버지께 영광을 돌리게 하셨기 때문입니다(빌2:9-11). 하나님의 마음에 들었다는 것입니다.

우리도 하나님과 친밀하게 지내면서 하나님의 말씀을 듣고 순종하려고 성령의 불세례를 받는 것입니다. 하나님의 마음에 합당하여 쓰임을 받으려고 불세례를 받으려고 하는 것입니다. 하나님은 아무리 머리가 좋고 힘이 장사라도 영성이 되지 않으면 사용하시지 않습니다. 영성이 깊어져서 하나님과 친밀하게 지

내면 대화하고 하나님의 말씀을 듣고 순종하는 사람을 으뜸으로 여기십니다.

우리가 하나님에게 쓰임을 받으려면 하나님의 음성(레마)을 들어야 합니다. 예수를 믿고 성령으로 거듭난 성도는 살아계신 하나님의 음성을 듣고 순종해야 합니다. 하나님은 하나님의 음성을 듣고 순종하는 사람을 통하여 이 땅에 하나님의 나라를 만들어 가십니다. 성도가 하나님에게 쓰임을 받으려면 하나님의 음성을 들을 수 있어야 합니다. 하나님의 음성을 들으려면 하나님과 같은 영적인 상태가 되어야 가능합니다. 하나님과 같은 영적인 상태는 성령으로 불세례를 받아야 가능해 집니다. 성령의 불세례를 받으면 그때부터 하나님이 원하시는 영적인 상태로 변하기 시작하기 때문입니다. 하나님은 하나님의 음성을 듣고 순종하는 사람을 최고로 인정하여 주십니다.

4.말씀의 비밀을 깨닫기 위해

하나님의 말씀은 베드로후서 1장 20절 이하에 보면 "먼저 알 것은 성경의 모든 예언은 사사로이 풀 것이 아니니, 예언은 언제든지 사람의 뜻으로 낸 것이 아니요 오직 성령의 감동하심을 받은 사람들이 하나님께 받아 말한 것이라"이라고 되어 있습니다. 하나님의 말씀을 기록한 저자들은 모두 성령의 감동하심을 받아 하나님께 받아 기록했다는 것입니다. 우리가 성경말씀을 깨달으려면 저자와 같은 영적인 상태가 되어야 가능한 것입니다. 영적인 상태가 되려면 먼저 성령으로 세례를 받아야 합니다. 성령의 불세례를 체험하면서 심령을 정화하여 옥토가 되어 주인인 성령하나님이 역사할 수 있는 심령상태가 되어야 합니다. 이렇게 영적인 상태가 되어야 성경말씀을 영으로 볼 수가 있습니다. 성경말씀을 영으로 보아야 하나님의 뜻과 영적인 비밀을 바르게 깨달을 수가 있습니다. 그래야 성경말씀 안에 있는 하나님의 진정한 뜻(비밀)을 깨달아 알 수가 있습니다.

성경말씀에는 예배드리는 법, 기도하는 법, 말씀 듣는 법, 말씀 전하는 법, 은혜 받는 법, 그리고 능력 받는 법, 가난을 청산하는 법, 치유 받는 법, 영적 전쟁하는 법 등등이 있습니다. 이 법을 달리 말하면 구약의 율법이며, 신약에서는 말씀이라 하고, 진리로 가는 길이라고도 하며, 영적 원리라고 합니다. 성령의 법은 성령이 역사하는 영적 원리요, 죄와 사망의 법은 죄와 사망이 역사하는 영적 원리를 의미합니다. 하나님은 하나님의 속성대로 역사하며 사단은 사단의 속성대로 역사합니다. 이러한 영적 원리들을 헤아려야 '생명의 말씀'이 보입니다. 제 경험으로는 성령으로 심령을 치유하여 정화가 되어 영적인 세계가 열려야 말씀의 비밀이 바르게 보입니다. 무조건 기도하거나 막연하게 영성 훈련하는 것이 아니라, 이 영적 원리를 헤아려서 예배드리고 기도하고 경건에 이르는 영성 훈련을 해야 합니다. 이 영적 원리를 알고 이를 쫓아 기도하고 이를 쫓아 말씀 전하고, 이를 쫓아 신앙 생활하는 것이 진리임을 알지 못하는 것을 맹인이라 합니다.

"어찌하여 내 말을 깨닫지 못하느냐 이는 내 말을 들을 줄
알지 못함이로다"(요8:43). "예수께서 대답하여 이르시되 너
희가 성경도, 하나님의 능력도 알지 못하는 고로 오해하였도
다"(마22:29)

성령의 불세례를 받고 영안을 열어 말씀 안에서 영적인 원리
를 발견하여 삶에 적용하시기를 바랍니다. 전정한 성도는 영안
으로 말씀을 보고 말씀 안에서 영적인 원리와 비밀을 보고 적용
하며 순종하는 성도입니다. 자신이 성경의 말씀대로 행하는 자
인가 아닌가 분별이 됩니다. 성경에 대한 해박한 지식을 소유하
고 성경을 가르친다고 해도 행함이 없는 자를 맹인이라 합니다.
믿는다 하면서도 믿음으로 살지 아니하는 자도 맹인입니다. 믿
음으로 살지 않는 것이 죄라는 것은 바로 영적 맹인이라는 것입
니다. 심령을 감찰하는 투시가 열리고 환상이 보이고 예언을 한
다 하더라도 성령으로 난 믿음으로 살지 않는 자는 맹인입니다.
말씀 많이 안다고 내가 영안이 열리고 다 되었다고 생각한다면
스스로 착각하는 것입니다. 날마다 자신의 부족을 깨닫고 성령
의 도우심을 구하는 성도가 진정한 영안이 열린 성도입니다. 그
리고 성령으로 심령에 말씀을 새기고 하나님의 음성을 듣고 순
종하며 행하는 성도를 하나님은 으뜸으로 여기십니다. 성령으

로 불세례를 받는 이유가 여기에 있습니다. 성령으로 불세례를 받으면 영이 깨어나기 시작을 하는 것입니다.

우리가 성령의 불세례를 받는 이유는 옛사람의 죄성을 치유하기 위해서입니다. 성령의 역사가 아니고는 치유가 되지 않기 때문입니다. 왜냐하면 상처나 질병의 뒤에는 영의 차원에 문제가 있기 때문입니다. 영의 차원의 문제가 해결이 되어야 육에 역사하는 문제들이 치유되기 시작을 합니다. 육에 역사하는 문제들이 치유되어야 영의 사람으로 변할 수 있습니다.

우리나라의 실태를 보면 치유를 상처나 치유하고 병을 고치는 것이 한정합니다. 그러나 치유는 육신에 속한 성도를 영에 속한 성도로 바꾸는 사역입니다. 성경에 보면 모든 의인들이 하나님이 원하시는 영적인 수준으로 바뀌는 훈련을 모두 통과 했다는 것을 알아야 합니다.

성령이 역사하는 교회시대를 살아가는 성도들도 반드시 성령의 불세례를 받아 성령의 인도를 받으면서 육체에 있는 죄악과 상처를 치유 받아야 영이신 하나님에게 쓰임을 받을 수 있다는 것입니다. 저는 개인적으로 예수를 믿고 교회에 들어온 성도들과 목회자는 모두 말씀과 성령으로 치유를 받아야 영적으로 변할 수 있다는 것입니다. 영적으로 변해야 하나님과 대화하며 친밀하게 지낼 수 있는 것입니다.

3장 성령을 알아야 성령의 불세례를 체험한다.

(요 16:7) "그러나 내가 너희에게 실상을 말하노니 내가 떠나가는 것이 너희에게 유익이라 내가 떠나가지 아니하면 보혜사가 너희에게로 오시지 아니할 것이요 가면 내가 그를 너희에게로 보내리니"

하나님은 예수를 믿는 성도가 성령을 알고 성령을 체험하고 성령과 인격적인 관계를 맺으면서 살아가기를 소원하고 계십니다. 무지하기만 하던 필자도 성령을 알고 성령을 체험하고 성령과 인격적인 관계를 맺으면서 많은 영적인 변화를 체험하고 기쁜 마음으로 목회를 하고 있습니다. 성령께서는 우리를 인도하실 때 밤같이 어둡고 캄캄한 시련을 당할 때면 낙심과 절망으로 얼어붙은 마음을 녹여주시고 훈훈하게 해 주셔서 믿음과 용기를 우리 마음 속에 부어주시고 앞길을 안내하시는 것입니다. 또 우리를 보호하시고 밝은 길로 인도하시며 대낮의 삶의 생존 경쟁에서 힘들고 지칠 때, 낙심할 때 우리를 위로해 주시고 상쾌하게 해주시고 쉬게 해주시고 기쁨과 소망을 주심으로 이 광야 같은 세상을 우리들이 승리로 살아가게 만들어 주시는 것입니다. 이스라엘 백성이 낮에는 구름기둥, 밤에는 불기둥이 없이는 절대로 광야를 통과할 수 없습니다. 그들은 광야에서 다 희생되고 죽었을 것입니다. 그처럼 오늘 우리가 예수 믿고 이 삭막한 세상에서 신앙생활 해나가려고 할 때 우리 속에 와 계신 성령이 구름기둥과 불기둥처럼 우리에게 희망과 용기와 능력과 위로와 평안을 주시지 아니하신다면 우리의 신앙생활은 결코 성공할 수가 없습니다.

1. 처음에는 하늘에서 성령이 강림하셨다.

이제는 그들은 고아와 같이 되었습니다. 내동댕이 쳐버리고 버림받은 처지에서 올 때 갈 때 없는 상황에서 성령오시기를 기다리는 것입니다. 예수님이 부활하사 40일 동안 여러 모습으로 나타나셔서 낙심한 제자들을 다 모으셔서 감람산에 오게 하시고 그곳에서 최대의 명령을 내리시고 그들이 보는 앞에서 하늘로 승천해 올라가셨습니다.

사도행전 1장 4~8절에 "사도와 같이 모이사 저희에게 분부하여 가라사대 예수살렘을 떠나지 말고 내게 들은 바 아버지의 약속하신 것을 기다리라 요한은 물로 세례를 베풀었으나 너희는 몇 날이 못되어 성령으로 세례를 받으리라 하셨느니라. 저희가 모였을 때에 예수께 묻자와 가로되 주께서 이스라엘 나라를 회복하심이 이때니이까 하니 가라사대 때와 기한은 아버지께서 자기의 권한에 두셨으니 너희의 알 바 아니요 오직 성령이 너희에게 임하시면 너희가 권능을 받고 예루살렘과 온 유대와 사마리아와 땅 끝까지 이르러 내 증인이 되리라 하시니라"고 주님께서 말씀을 하셨습니다. 이 말씀을 듣고 제자들은 예루살렘 마가 요한의 다락방에 모여서 120여명의 남-여 성도들이 열심히 한 열흘동안 성령이 오시기를 간절히 기도하였습니다. 그러자 오순절 날이 이르자 갑자기 하늘로서 강한 바람 같은 소리가 나며, 그들 방에 가득하더니 불의 혀같이 갈라지는 것이 각 사람 머리 위에 하나씩 임하였습니다. 그들이 곧 성령의 충만함을 받고 성령의 말하게 하심을 따라 다른 방언으로 말하기 시작했습니다. 그것이 바로 하나님의 성령께서 이 땅에 강림하신 날인 것입니다. 예수께서 부활하사 아버지 보좌 우편에 앉으시매 아버지께로부터 성령을 선물로 받아 제자들에게 부어주신 것입니다.

이래서 그만 성령이 오시고 성령을 받자마자 제자들에게 거대한 변화가 다가온 것입니다. 제자들은 갑자기 성령의 비추심을 통해서 예수님의 십자가 죽음과 부활이 인류구원의 하나님의 역사인 것을 깨닫게 된 것입니다. 그들은 예수 그리스도의 죽음이 비참한 실패라고 생각하고 그것이 그리스도 복음의 종말인줄 생각하였는데 성령이 와서 비추어주자 그리스도의 십자가의 죽으심과 부활은 바로 인류를 죄에서 구원하는 하나님의 위대한 계획이요, 하나님의 은사요, 하나님의 승리란 것을 깨닫게 된 것입니다.

그리고 예수님이 몸으로 죽었다가 몸으로 부활한 것을 그들이 보고 깨닫자마자 몸이 다시 살고 영원히 사는 것을 알게 되어서 인간은 죽어서 사라지는 것이 아니라 인간은 죽음으로써 다시 부활해서 영원히 산다는 확신을 얻게 된 것입니다.

그리고 하나님과 예수님의 살아계심을 몸으로 체험하고 뜨겁게 사랑하게 되었습니다. 하나님의 성령이 속에 들어와 계심으로 성령의 역사로 말미암아 야! 하나님은 살아계신다! 부활하신 예수님은 우리와 같이 계시는 것을 이제는 들어서 아는 것이 아니라, 몸으로 체험하고 그들은 뜨겁게 하나님과 예수님을 사랑하게 된 것입니다. 그러자 천국의 소망과 기쁨이 충만하게 되어서 이 세상에서 살아가는 인생의 삶은 일부분 같은 생활이나 주께서 예비한 영원한 영광스러운 천국이 확실한 것을 알게 되고 마음의 기쁨이 넘쳐흐른 것입니다. 그리고 겁과 두려움이 사라지고 강하고 담대한 믿음이 생겼습니다.

살면 전도요! 죽으면 천국이다! 두려울 것이 뭐냐? 강하고 담대한 마음이 생겼습니다. 그리고 전도의 열심이 마음을 폭발하여 그들은 일어나서 온 예루살렘을 복음으로 채우고 유대와 사마리아와 땅 끝까지 물밀듯이 그리스도의 복음으로 밀고 나가게 된 것입니다. 그리고 그들의 말과 행동에 하나님의 능력이 나타나서 귀신이 쫓겨나가고 병든 자가 고침을 받고, 하나님의 기적적인 역사가 나타난 것입니다. 당시 사회의 낮은 계층의 소수의 사람들이 일어나 인류와 세계 역사를 뒤바꾸어 놓는 위대한 역사를 베풀게 된 것입니다. 이것이 바로 성령께서 오셔서 그들 생애 속에 일어난 거대한 변화를 말하는 것입니다.

하나님의 성령께서 오늘 우리 가운데 와 계시는데 우리가 이 성령님을 인정하고 환영하고 모셔드리고 충만하면 여러분! 우리 예수 믿는 성도들의 생활 속에 옛날에 사도들이 체험한 이 거대한 변화가 우리에게 다가오게 되는 것입니다. 이렇기 때문에 잠자는 교회가 깨어 일어나고 잠자는 성도가 새로운 신앙의 불길을 얻기 위해서는 이와 같은 성령과의 만남, 성령의 체험이 반드시 있어야 되는 것입니다. 오늘날은 주님께서 새삼스럽게 성령을 하늘에서 부어 주실 필요가 없습니다. 성령은 오순절 날 이후 2000년 동안 우리 가운데 와 계신 것입니다. 우리가 예수님을 믿고 회개하고 깨닫기만 하면 성령은 바람같이 불같이 생수같이 우리에게 임하여서 역사해 주시는 것입니다.

2. 다음에는 성령의 불을 받은 사람을 통해 임하셨다.

사도행전 10장에는 고넬료 가정에 성령의 불이 임한 사건이 나옵니다. 고넬료는 이탈리아 사람이었습니다. 이탈리아의 육군 대위였었습니다. 그는 유대인이 아니었습니다. 그럼에도 불구하고 그는 구제를 많이 하고 하나님께 기도를 많이 했는데 오후 3시에 간절히 기도하니까 갑자기 천사가 그 앞에 나타났었습니다. '고넬료야!, 고넬료야!'하매 깜짝 놀라서 소스라쳐 쳐다보니까 '네 구제와 기도가 하늘에 상달되었다. 욥바에 사람을 보내서 베드로라는 사람을 청하라. 그가 구원에 대한 말을 해줄 것이다.'원래 고넬료는 그 식구들과 함께 기도를 많이 했었습니다.

그래서 베드로가 오기 전까지 온 친지들을 모아 놓고 간절히 기도하고 있는데 베드로가 와서 하나님의 말씀을 증거 합니다.

모세의 율법으로도 의롭다 함을 받지 못한 사람이 예수를 믿으면 그 피로 말미암아 죄 사함을 받고 의롭게 된다는 설교를 하자. 그 것을 믿고 그것을 믿자마자 성령이 하늘에서 임하신 것입니다. 그래서 고넬료와 그 가족들이 다 성령의 충만함을 받고 하나님을 높이며 방언을 말하고 역사가 일어났었습니다.

그러므로 성령이 역사하는 교회 시대는 성령을 받은 사람에게 찾아가 말씀을 듣고 안수 받을 때 성령을 받을 수 있습니다. 지금 은 혼자 기도할 때 하늘에서 성령의 불이 임하지 않습니다. 성령 세례를 받은 충만한 사람에게 말씀을 듣고 안수를 받을 때 성령의 불이 임합니다. 다시말해서 혼자 기도해서는 성령의 세례를 받을 수 없다는 것입니다. 처음은 성령 받은 사람을 통하여 성령의 불 을 받을 수가 있다는 말입니다.

그러나 계속 다른 사람을 통해서 성령의 불을 받으면 안 된다 는 것입니다. 자꾸 다른 사람을 의지하여 성령의 불을 받으려고 하면 영적자립을 할 수 없는 성도가 되기 때문입니다. 다른 사람 을 통하여 성령의 불을 받은 성도는 이제 자기 안에 있는 성령의 불을 밖으로 나오게 해야 합니다. 자기 안의 성령의 불이 나올 때 불세례가 나타나는 것입니다.

3. 성령이 우리를 도와주시는 일들

1) 성령은 지혜의 영이신 것입니다. 이사야11장 2절로 말한

것처럼 "여호와의 신 곧 지혜와 총명의 신이요 모략과 재능의 신이요 지식과 여호와를 경외하는 신이 그 위에 강림하시리니"라고 말한 것처럼 우리 속에 와 계신 성령은 지혜의 영이신 것입니다. 지혜란 뭡니까? 문제에 부딪쳤을 때 그 문제를 해결할 수 있는 능력을 말한 것입니다. 그렇기 때문에 이 세상의 생존경쟁은 바로 지혜의 경쟁입니다. 문제를 해결하고 해결하는 사람은 점점 앞으로 나아가고 문제에 부딪쳐서 전진하지 못하고 주저앉으면 이 사람은 패배하는 것입니다. 이런데 하나님의 성령께서는 지혜의 영으로 우리 속에 와 계십니다.

성경은 말하기를 너희가 누구든지 지혜가 부족하거든 꾸짖지 아니하시고 후히 주시는 하나님께 구하라 그리하면 주시리라고 말씀한 것입니다. 주님이 나를 믿는 백성은 머리가 되고 꼬리 되지 않고 위에 있고 아래 되지 않고, 남에게 꿔줄지라도 꾸지 않겠다는 것은 주님께서 우리에게 넘치는 지혜를 주시겠다는 것입니다. 이러므로 금을 구하지 말고 은을 구하지 말고 지혜를 구하라고 잠언에 말한 것처럼, 우리 속에 성령이 지혜의 영으로서 임재하여 계심으로 항상 성령님께 지혜를 구하십시오! 문제를 당했을 때 어떻게 문제를 해결할지 지혜를 구하십시오! 성령께서는 지혜의 영이십니다.

2) 성령은 총명의 영이십니다. 총명의 영이란 사물을 깨닫는 능력입니다. 마음이 아둔해서 사물을 깨닫지 못합니다. 무엇이 일어나는지 어떻게 되는지 어떻게 될지 모르고 암담하게 있을 때

가 많습니다. 요새는 총명이 없이는 생존경쟁에서 살아나갈 수가 없습니다. 온 세계의 역사를 통해서 또 경쟁을 통해서 무슨 일이 일어나는지 빨리 깨닫고 알아 대처해야 됩니다. 총명이 필요합니다. 이 총명은 바로 성령이 우리 속에 계셔서 총명의 영으로서 우리에게 깨달음을 주십니다. 빨리 사태를 깨닫고 거기에 대처하면 사고도 미연에 방지할 수 있고 또 새로운 세계를 열어갈 수 있는 것입니다. 총명은 얼마나 필요한지 모릅니다. 바로 성령이 총명의 영으로 우리 속에 들어와 계신 것입니다.

3) **성령은 모략의 영입니다.** 모략이라고 말하면 사람들은 잘못되게 해석하는데 나쁜 모략이 아니라 모사를 행해 주는 영이라는 것입니다. 성령께서는 일을 성공시키는 가르침을 주는 것이 바로 모략입니다. 어떻게 하면 원만한 가정을 가질 수 있는가? 어떻게 하면 좋은 부부관계를 가질 수 있는가? 어떻게 하면 자녀를 잘 기르는가? 어떻게 하면 사업을 잘 성공시킬 수 있는가? 어떻게 하면 이 일을 무사히 잘 해결할 수 있는가? 어떻게 하면 하나님을 기쁘시게 할 수 있는가? 이런 여러 가지 일에 모사를 주시는 것입니다. 성령은 그 카운슬링을 주십니다. 어려운 문제를 당하면 지혜로운 사람에게 카운슬링을 받으러가지 않습니까? 우리 속에 계신 성령이 바로 모략의 신이신 것입니다. 모사를 베풀어주십니다. 성령께 구하면 성령이 모사를 주십니다. 삶을 살아가다가 당하는 어려움을 성령님과 의논하시기를 바랍니다.

4) **성령은 재능의 영입니다.** 여러 가지 재능을 주셔서 능력 있

게 인생을 살게 합니다. 사람들 각자를 주님이 택하셔서 여러 사람의 성향에 따라서 특별한 재능을 주시고 특별한 능력을 주셔서 그 재능을 가지고 어떠한 사람은 노래를 잘하고, 어떠한 사람은 가르치기를 잘하고, 어떠한 사람은 설교를 잘하고, 또 어떠한 사람은 기계를 잘 만지고 주님께서 주를 믿는 사람에게 여러 가지 특별한 재능을 주셔서 이를 가지고서 우리 하나님께 봉사하고 인류에 봉사할 수 있도록 만들어 주는 영이신 것입니다.

5) 성령은 지식의 영입니다. 성령께서 우리가 모르는 사물에 대한 정보, 하나님의 말씀에 대한 지식을 가르쳐 주시며 성령께서 여러 가지 지식의 말씀을 얻게 해 주시는 것입니다. 성경을 읽을 때 말씀의 비밀을 깨닫게 해주시고, 사물에 대한 정보를 올바르게 깨닫게 해주시고, 이래서 무식한 자가 되지 않고 모든 것을 알고 깨달아 알 수 있게 도와주는 성령이신 것입니다. 우리가 문제가 있을 때 문제의 원인을 알게 하시는 것이 지식의 영입니다. 나도 모르게 나에게 와있는 문제를 알게 하시는 영입니다. 상담을 할 때 상담의 근본이 되는 문제의 원인을 알게 하여 해결하게 하시는 영입니다. 귀신을 축사할 때 레마로 역사하는 영입니다.

6) 성령은 하나님을 경외케 하는 영입니다. 마음속에 하나님을 두려워하게 되고 모시게 합니다. 항상 성령께서 하나님을 경외하라 하나님을 두려워 모셔라 하나님을 섬겨라 그래서 마음에 늘 경건함을 가지고 죄악을 두려워하고 하나님을 거역하는 것을 두려워하고 경건하게 하나님을 섬길 수 있도록 회개시키는 이런 역사

를 베푸는 영이신 것입니다.

7) 성령은 하나님과 예수님을 나타내는 영입니다. 성령은 하나님의 영으로서 하나님과 예수님을 나타내는 영입니다. 성령은 마치 거울과 같아서 우리가 거울을 들여다보면 거울이 보이지 않고 우리 얼굴이 보입니다. 우리가 성령을 들여다보면 성령은 보이지 않고 하나님 아버지와 예수님만 보이게 되는 것입니다. 이 성령께서 계시의 영으로서 우리 속에 들어와서 이런 역할을 하게 되기 때문에 이것을 알고 구하면 이대로 성령께서 역사하여 주는 것입니다.

8) 성령은 외적인 능력을 베풀어주시는 것입니다. 성령은 우리에게 치유의 은사를 주셔서 병을 고치게 하시고 기적을 행하시는 은사를 주셔서 기적을 나타내시고, 믿음을 주시는 은사를 주시고, 예언의 영은 하나님 안에 있는 말씀의 비밀을 증거 하는 은사를 주시고, 섬기게 하는 은사를 주어서 열심으로 능력 있게 섬기게 해 주시고, 가르치는 은사를 주어서 잘 가르치게 만들어 주시고, 또 권위 즉 위로하는 은사를 주어서 고통당하는 사람에게 가서 말로써 잘 위로할 수 있도록 그렇게 해 주시고, 구제하는 은사를 주어서 특별히 많은 재물을 모아 다른 사람들에게 구제할 수 있는 이런 은사도 주님이 베풀어주시고, 다스리는 은사를 주어서 행정력을 가지고 잘 다스리게 만들어 주시고, 또 긍휼을 베푸는 은사를 주어서 사람들을 불쌍히 여기고 그들을 도와서 고아와 과부를 잘 감싸주는 이러한 은사도 우리에게 주시는 것입니다.

그러므로 로마서12장 6~8절에"우리에게 주신 은혜대로 받은 은사가 각각 다르니 혹 예언이면 믿음의 분수대로, 혹 섬기는 일이면 섬기는 일로, 혹 가르치는 자면 가르치는 일로, 혹 권위하는 자면 권위하는 일로, 구제하는 자는 성실함으로, 다스리는 자는 부지런함으로, 긍휼을 베푸는 자는 즐거움으로 할 것이니라" 이와 같은 은사를 성령께서 각자에게 나누어주심으로 내게 어떠한 은사가 있는지를 살펴보고 성령의 은사를 받은 대로 열심을 다해서 충성스럽게 하나님을 섬겨야 되는 것입니다.

성령이 와 계신 사람에게는 여러 종류의 은사가 와 계신 것입니다. 자기의 힘으로 하면 안 됩니다. 자기에게 와 있는 그 은사를 사용해야 합니다. 남의 은사를 흉내 내서는 안 됩니다. 성령은 각자에게 적당한 은사를 주셨기 때문에 자기가 받은 은사를 생각하고 주님 성령께 기도해서 그 은사를 통해서 일하면 인간의 힘으로 상상할 수 없는 큰 역사가 일어나게 되는 것입니다.

4. 성령님과 매일 교통하면서 살아야 된다.

고린도후서 13장 13절에서"바울 선생은 축도하기를 주 예수 그리스도의 은혜와 하나님의 사랑과 성령의 교통하심이 너희 무리와 함께 있을지어다"라고 말한 것입니다. 천지를 지으신 하나님은 보좌에 앉아 계시고, 예수님은 아버지 보좌 우편에 앉아 계셔서 아버지 하나님과 예수님이 천지를 다스리고 계십니다. 성령은 지금 오셔서 2000년 전부터 교회 안에 와서 거하시고 세상에서 역사하시며 예수를 믿는 사람들의 속에 와서 지금 역사하고 계신 것입니다. 그러므로 성령은 2000년 전부터 지금까지 그 계시는 본부가 바로 교회요, 예수 믿는 사람의 마음인 것입니다. 아버지는 보좌에 계시고 예수님은 보좌 우편에 계시고 성령은 우리 속에 계십니다. 그러므로 성령을 통해서 아버지도 예수님도 우리와 함께 거하시게 되는 것입니다.

이러므로 성령님은 인격자이신 것입니다. 성령은 우리를 도우시는 역할을 하고 있기 때문에 인격자인 성령님을 인격자로서 모셔야 됩니다. 인격자는 멸시하고 무시하면 멀어지다가 소멸됩니다. 사람이 이 세상에 살면서 인격적인 무시를 당하면 그건 절대로 살 희망이 없습니다. 무시당하는 아내가 집에서 온전한 아내의 역할을 하지 아니하며 무시당하는 남편이 남편으로서의 역할을 할 수 있습니까? 사회에서도 사람이 사람대접을 받지 못하고 무시당하면 분노하고 대적하는 것입니다.

오늘날, 하나님의 성령이 우리가운데 이처럼 와 계셔도 우리가 성령님을 무시해 버리면 성령님이 소멸 당하게 되는 것입니다. 2000년 동안 성령은 교회에 계시고 우리 속에 계심으로 성령님을 무시하면 안 됩니다. 항상 성령님을 인정하고 환영하고 모셔드리고 의지해야만 되는 것입니다. 아침에 일어날 때 성령님 오늘도 저와 같이 계시오니 성령님을 인정합니다. 환영합니다. 모셔드리고 성령께 의지합니다. 성령님을 인정해야 됩니다. 사람은 자기를 인정해 주는 사람을 위해서 목숨을 버린다는 말이 있는 것입니다.

인정을 받을 때 신바람이 납니다. 그러므로 성령님도 인격자이심으로 성령님을 우리가 인정하고 모셔드릴 때 하나님의 성령은 기쁘게 우리 가운데 역사하사 우리를 도우셔서 예수님의 은혜를 받고 하나님의 사랑을 입도록 이끌어 주는 것입니다.

그리고 성령님과 참으로 친하게 교제해야 되는 것입니다. 왜? 성령님은 우리와 24시간 같이 계시고 성령님은 우리를 돕기 위해서 늘 같이 계십니다. 우리를 인도하시죠? 우리를 깨우치시지요? 우리를 격려하시죠? 위로하시죠? 가르쳐주시지요? 변호해 주시지요? 꾸짖어 주시지요? 정하게 해주시지요? 회개하게 해 주시지요? 이러므로 성령은 24시간 우리와 같이 계십니다. 그래서 우리를 이끌어서 예수님 품안에 안기게 하시고 하나님 아버지를 섬기도록 성령은 끊임없이 도와주시는 어린아이의 선생과 같이 우리와 같이 계시므로 우리는 항상 성령님을 마음속에 인정하고 환영하고 모셔드리고 의지해야 됩니다.

그리고 성령님께 늘 감사해야 되는 것입니다. 그리고 모든 일에 하나님의 성령과 범사에 의논해야 됩니다. 성령은 우리를 돕는 하나님이시기 때문에 돕는 자랑 의논하지 누구와 의논하는 것입니까? 그러므로 영육의 문제를 강요셉 목사에게 와서 의논하는 것처럼, 일하실 때 성령이여! 이런 일을 해도 됩니까? 성령이여, 이일을 어떻게 해야 되겠습니까? 도와주옵소서, 예수님의 뜻에 맞고 아버지의 사랑을 받을 수 있는 그 길로 이끌어 달라고 성령께 늘 도움을 구해야 되는 것입니다. 성령이 가정교사와 같이 우리와 같이 계시니 늘 어려운 문제가 있으면 성령님의 도우심을 우리가 구해야 되는 것입니다. 그러나 성령님은 절대로 당신 자신을 나타내지 않습니다.

성령님은 내가 성령이다! 나를 경외하라! 그런 말 절대 안합니다. 성령은 온전히 거울과 같습니다. 거울을 들여다보면 내가 거울이다 나를 봐라! 이렇게 말하는 거울은 없습니다. 어떤 거울을 들여다보아도 거울은 언제나 들여다보는 그 사람의 얼굴을 비추이지 자기를 나타내지 않습니다. 성령은 결코 자기를 나타내지 않습니다. 성령은 언제나 아버지 하나님을 나타내고 예수님만 나타내는 것입니다. 사람들 보고 내가 성령이니 내 말을 들어라! 이런 말하지 않습니다. 성령은 언제나 우리 아버지 하나님과 예수 그리스도의 이름으로 말씀하시고 당신 자신은 언제나 감추는 것입니다.

한 가정의 현명한 주부가 언제나 자녀들을 기를 때 아버지 중심으로 이것은 아버지의 뜻이다! 이것은 아버지 명령이다! 그러므로 이것을 잘해야 된다고 언제나 아버지를 나타내고 그래서 자녀들을 잘 도와서 가정을 원만하게 이끌어 나가는 현명한 주부와 같습니다. 현명하지 못한 주부는 아버지 대신에 내 말을 들어라! 네 아버지는 형편없는 사람이다! 내 뜻대로 살아라! 이래서 가정을 흩으러 버리는 사람들도 있는 것입니다. 성령은 언제나 아버지 하나님과 예수님에게 우리를 집중시키고 당신은 전적으로 감추어 버리고 마는 것입니다. 그러나 현명한 어머니를 우리가 존경하고 사랑하고 늘 같이 하는 것처럼 우리 성령님을 늘 우리는 인정하고 환영하고 모셔드리고 의지하고 성령께 감사하며 나갈 때 성령이 우리를 이끌어 주시는 것입니다.

그리고 성령은 예수를 믿자마자 곧장 우리 속에 와서 계십니다. 그때 성령은 바로 구원의 영으로서 우리 안에 와 계십니다. 우리가 믿자마자 우리에게 오시는 성령은 한 집안에 있는 우물물과 같습니다. 집안에 있는 우물물은 우리집안에 있으니 우리가 사용하고 마시는 것이지, 온 동네와 다 나눌 순 없지 않습니까?

그러므로 처음으로 나에게 오신 성령은 처음 받아쓰는 집안에 있는 우물물 같이 나 혼자서 성령과 동행하는 충분한 능력을 우리가 가지고 있습니다만, 성령의 충만함을 받으면, 성령세례 받으면 내 속에서 강물이 넘쳐 나오는 것입니다. 강물은 온 도시와 나누어 마실 수가 있는 것입니다. 그러므로 나 혼자 구원받았으나 성령세례 받으면 강물같이 넘쳐나는 성령의 능력으로 온 도시와, 온 촌락과, 다 나눌 수 있는 것입니다.

요한복음 7장 37절에"명절 끝 날 곧 큰 날에 예수께서 서서 외쳐 가라사대 누구든지 목마르거든 내게로 와서 마시라 나를 믿는 자는 성경에 이름과 같이 그 배에서 생수의 강이 흘러나리라 하시니"고 말씀하신 것입니다. 우리들이 예수님을 믿자마자 하나님께서 주시는 영이 바로 성령인 것입니다. 그러므로 누구든지 믿는 자는 성령을 이미 받은 사람인 것입니다.

그러나 성령을 받고 난 다음에도 더 간절히 기도해서 나만 성령 모시고 있지 말고 이 성령의 은혜를 온 천하에 나누기 위해서 성령충만함 받기 위해서 우리 기도해야 되는 것입니다. 성령세례 받기 위해서 기도드리는 것입니다.

그리고 성령은 인격자이기 때문에 성령님과 끊임없이 교통을 해야 되는 것입니다. 성령님과 함께 친하게 지내고 감사하고 함께 손잡고 지내며 모든 일을 성령과 함께 의논하고 성령님의 도우심을 받아서 우리는 아버지 하나님의 사랑과 예수 그리스도의 은혜 속에 들어가게 되는 것입니다. 그러므로 이렇게 하기 위해서는 우리가 굉장히 애를 쓰고 힘을 쓰고 노력을 해야 되는 것입니다. 예수님께서 친히 말씀하기를 내가 너희를 고아와 같이 버려놓지 않고 너희에게 오리라고 말씀하셨는데 이제 오늘날 성령 없이는 모두 다 고아와 같이 되어 버리고 마는 것입니다. 보혜사 없이는 고아가 됩니다. 처음 보혜사인 예수님 없이 구원받을 수 없는 것처럼 두 번째 오신 보혜사 성령 없이는 우리가 이 세상에서 성공적인 신앙생활을 할 수 없습니다.

그러나 성령으로 무장한 사람은 어떤 사람보다 위대한 능력을 힘입게 되는 것입니다. 이유는 하나님의 성령께서 우리에게 지혜의 영이 되시고 총명의 영이 되시고 모략의 영이 되시고 재능의 영이 되시고 지식의 영이 되시고 하나님을 경외케 하는 영이 되시고 하나님 아버지와 예수님을 계시하는 영이 되셔서 우리에게 도저히 세상 사람으로 감당할 수 없는 영원한 하늘에서 원천적인 능력을 우리에게 공급해 주시기 때문입니다.

4장 성령의 불세례가 임하는 여러형태

(행 19:2-7)"이르되 너희가 믿을 때에 성령을 받았느냐 이르되 아니라 우리는 성령이 계심도 듣지 못하였노라. 바울이 이르되 그러면 너희가 무슨 세례를 받았느냐 대답하되 요한의 세례니라. 바울이 이르되 요한이 회개의 세례를 베풀며 백성에게 말하되 내 뒤에 오시는 이를 믿으라 하였으니 이는 곧 예수라 하거늘, 그들이 듣고 주 예수의 이름으로 세례를 받으니, 바울이 그들에게 안수하매 성령이 그들에게 임하시므로 방언도 하고 예언도 하니 모두 열두 사람쯤 되니라"

성령의 불을 받아야 한다. 그곳에 가면 성령의 불을 받는다. 이렇게 성령의 불을 받는다고 표현을 많이 합니다. 그래서 성도들이 불을 받는 것으로 알고 있는 경우가 많습니다. 과연 성령의 불을 받는 것이 맞을까요? 아닙니다. 예수를 믿고 성령으로 거듭난 성도는 성령의 불이 나오는 것이 맞습니다. 지금 성령은 성도의 마음속에 계시기 때문입니다. 그럼 왜 성령의 불을 받는다고 할까요? 근원은 이것 때문입니다. 하나님의 자녀가 기도할 때 불로 응답을 하신 것을 성경 여러 곳에서 볼 수가 있습니다. 아브라함이 기도할 때 응답으로 햇불로 임하셨습니다."해가 져서 어두울 때에 연기 나는 화로가 보이며 타는 햇불이 쪼갠 고기 사이로 지나더라."(창15:17). 그리고 갈멜산에서 엘리야가 기도할 때 불로 임하셔서 응답을 했습니다. "여호와여 내게 응답하옵소서 내게 응답하옵소서 이 백성에게 주 여호와는 하나님이신 것과 주는 그들의 마음을 돌이키심을 알게 하옵소서 하매 이에 여호와의 불이 내려서 번제물과 나무와 돌과 흙을 태우고 또 도랑의 물을 핥은지라."(열상18:37-38). 호렙산 떨기나무에서 모세를 부르실 때도 불로 임재 하셨습니다. "여호와의 사자가 떨기나무 가운데로부터 나오는 불꽃 안에서 그에게 나타나시니라 그가 보니 떨기나무에 불이 붙었으나 그 떨기나무가 사라지지 아니하는지라. 이에 모세가 이르되 내가 돌이켜 가서 이 큰 광경을 보리라 떨기나무가 어찌하여 타지 아니하는고 하니 그 때에 여호와께서 그가 보려고 돌이켜 오는 것을 보신지라 하나님이 떨기나무 가운데서 그를 불러 이르시되 모세야 모세야 하시매 그가 이르되 내가 여기 있나이다. 하나님이 이르시되 이리로 가까이 오지 말라 네가 선 곳은 거룩한 땅이니 네 발에서 신을 벗으라."(출3:2-5). 솔로몬이 성전 건축을 마치고 낙성식에 기도할 때 불로 임하셨습니다. "솔로몬이 기도를 마치매 불이 하늘에서부터 내려와서 그 번제물과 제물들을 사르고 여호와의 영광이 그 성전에 가득하니."(대하7:1).

그리고 오순절 날 열흘 동안 일심으로 인내하며 기도하던 사람들에게 성령이 불의 혀같이 갈라지는 것이 온 사람위에 하나씩 임했다고 했습니다. "마치 불의 혀처럼 갈라지는 것들이 그들에게 보여 각 사람 위에 하나씩 임하여 있더니."(행2:3). 이렇게 우리가 기도할 때 불이 하늘로부터 임한다는 것은 하나님의 임재를 상징합니다. "그의 반석은 두려움으로 말미암아 물러가겠고 그의 고관들은 기호로 말미암아 놀라리라 이는 여호와의 말씀이라 여호와의 불은 시온에 있고 여호와의 풀무는 예루살렘에 있느니라."(사 31:9).

이스라엘 민족이 애굽에서 나와서 광야를 걸어갈 때 낮에는 구름기둥으로 밤에는 불기둥으로 이스라엘 민족을 인도하셨습니다. "여호와께서 그들 앞에서 가시며 낮에는 구름기둥으로 그들의 길을 인도하시고 밤에는 불기둥을 그들에게 비추사 낮이나 밤이나 진행하게 하시니."(출13:21). 그래서 우리가 기도할 때 불이 임하는 것은 하나님의 임재를 상징하는 것으로 우리의 기도를 들으시고 기도에 응답을 했다는 약속의 증거가 되는 것입니다.

그러나 앞에 말씀드린 모두는 구약시대에 일어난 일들입니다. 불이 임했다. 불이 태웠다. 이 말씀을 들은 성도들이 확인도 하지 않고 불은 하늘에서 임하는 것이다. 이렇게 믿고, 자아가 되어 지금 성령이 역사하는 교회시대에도 성령의 불이 임하는 것으로 알고 있는 것입니다. 성령이 역사하는 교회 시대의 성령의 불은 각자 성도 안에 있습니다. 성도 안에서 나오는 것입니다. 오순절 마가의 다락방에서 성령이 하늘로부터 임했습니다. 사도행전 2장 1-4절을 보겠습니다. "오순절 날이 이미 이르매 그들이 다 같이 한 곳에 모였더니, 홀연히 하늘로부터 급하고 강한 바람 같은 소리가 있어 그들이 앉은 온 집에 가득하며, 마치 불의 혀처럼 갈라지는 것들이 그들에게 보여 각 사람 위에 하나씩 임하여 있더니,

그들이 다 성령의 충만함을 받고 성령이 말하게 하심을 따라 다른 언어들로 말하기를 시작하니라."

이후로는 오순절 날 마가의 다락방에서 성령의 불을 받은 사람들이 기도할 때 임했습니다. 사도행전 4장 28-31절을 보겠습니다. "하나님의 권능과 뜻대로 이루려고 예정하신 그것을 행하려고 이 성에 모였나이다. 주여 이제도 그들의 위협함을 굽어보시옵고 또 종들로 하여금 담대히 하나님의 말씀을 전하게 하여 주시오며, 손을 내밀어 병을 낫게 하시옵고 표적과 기사가 거룩한 종 예수의 이름으로 이루어지게 하옵소서 하더라. 빌기를 다하매 모인 곳이 진동하더니 무리가 다 성령이 충만하여 담대히 하나님의 말씀을 전하니라"

오순절 날 성령의 세례를 받은 성도들이 뜨겁게 기도할 때 성령이 충만해졌다는 말입니다. 사도행전 9장에 보면 사울(바울)의 성령 받은 사건이 기록되어 있습니다. 사울은 예루살렘에서 대제사장으로부터 허가를 받아서 시리아의 땅 다메섹으로 피난간 신자들을 모조리 잡아끌고 와서 감옥에 넣고 형벌하기 위해서 그는 군졸들을 데리고 시리아로 갔습니다. 다메섹으로 가는 길에서 바로 다메섹 성이 눈앞에 보입니다. 그런데 시리아의 햇볕은 마치 소나기처럼 쏟아진다고 했었습니다. 공기가 습기가 없고 맑기 때문에 소낙비처럼 햇살이 비춰 내려옵니다.

그런데 갑자기 대낮의 햇빛보다 더 밝은 빛이 하늘에서 비치므로 모든 사람들이 놀라서 땅에 엎드렸습니다. 사울도 말에서 떨어져서 땅에 엎드렸습니다. 그러자 하늘에서 소리가 났습니다. '사울아, 사울아 네가 왜 나를 핍박하느냐?' 그는 엎드려서 말했습니다. '주여, 뉘시오니까?' '나는 네가 핍박하는 예수라' 깜짝 놀랐습니다. 자기는 하나님 일한다고 해서 기독교회를 훼파하고 교인들을 죽였는데 바로 그 훼파하는 기독교회의 주인인 예수가 하나님이라는 것을 깨달았습니다.

그는 일어나 보니 눈이 장님이 되었습니다. 사람들에게 끌려서 다메섹에 들어가서 사흘 낮, 사흘 밤을 금식하면서 회개하고 부르짖었습니다. 그러자 하나님의 영광이 임하시기 시작한 것입니다. 하나님께서 아나니아라는 사람에게 나타났습니다. 그리고 말씀하기를 '아나니아야, 사울이라는 사람에게 찾아가서 안수하여 보게 하고 성령으로 충만함 받게 하라'고 했었습니다. 아나니아가 말했습니다. '그 사람은 예루살렘에서도 많은 교인들을 죽이고 감옥에 가둬 놓고 교회를 훼파했습니다. 이 자리에도 예수교인을 잡으러 왔는데요' "그렇지 않다. 그 사람은 내가 택한 그릇이다. 나를 위해서 많은 어려움을 당하게 될 것이다. 직가라 하는 곳에 가서 사울을 찾아서 기도해 주어라'

그래서 아나니아가 사울에게 찾아와서 네가 길에서 올 때 만난 그 예수가 나를 보내서 왔다 하고, 사울에게 안수하고 사울에게 성령으로 충만하게 하자. 눈에서 비늘 같은 것이 떨어져서 눈이 보이게 되고 그는 성령으로 충만함 받습니다. 오순절 날 성령의 세례를 받은 아나니아가 안수할 때 사울(바울)에게 성령의 세례가 임한 것입니다. 바울은 그 때로부터 일어나서 기독교 역사상 최대의 사도가 되어서 천하에 복음이 전파되는데 가장 큰 기여를 한 분이 된 것입니다. 바로 이는 성령으로 충만함 받고 난 다음부터 그의 생애 속에 의심은 다 사라지고 믿음, 소망, 사랑이 충만해서 마지막 로마에서 목이 베어질 때까지 복음을 증거한 것입니다.

오늘날도 성령을 받은 사람에게 안수 받을 때 성령을 받을 수 있습니다. 지금은 혼자 기도할 때 하늘에서 성령의 불이 임하지 않습니다. 성령 받은 사람에게 안수를 받을 때 성령의 불이 임합니다. 한마디로 성령의 불을 처음은 받을 수가 있다는 말입니다. 그러나 계속 성령의 불을 받으면 안 됩니다. 영적자립을 할 수 없는 성도가 되기 때문입니다. 자기 안에 있는 성령의 불을 밖으로 나오게 해야 합니다. 자기 마음 안에 있는 불을 밖으로 나오게 하는 것이 성령의 세례입니다.

자신 안에 계신 성령이 순간 자신을 장악하는 것을 성령의 세례라고 합니다. 성령의 세례를 받은 후에는 성령의 불세례가 임하면서 자신을 완전하게 장악을 합니다. 그러므로 한번 성령세례 받았다고 다 된 것은 아니라는 것입니다. 성령의 충만이 계속 되어야합니다. 고로 성령의 세례를 받아야 우리가 정말 하나님이 살아계신 것을 체험하게 됩니다. 능력과 권세가 임하여서 우리의 모든 유혹을 물리치고 하나님의 위대한 일꾼이 될 수가 있는 것입니다.

사도행전 10장에는 고넬료 가정에 성령의 불이 임한 사건이 나옵니다. 고넬료는 이탈리아 사람이었습니다. 이탈리아의 육군대위였었습니다. 그는 유대인이 아니었습니다. 그럼에도 불구하고 그는 구제를 많이 하고 하나님께 기도를 많이 했는데 오후 3시에 간절히 기도하니까 갑자기 천사가 그 앞에 나타났었습니다. '고넬료야!, 고넬료야!' 하매 깜짝 놀라서 소스라쳐 쳐다보니까 '네 구제와 기도가 하늘에 상달되었다. 욥바에 사람을 보내서 베드로라는 사람을 청하라. 그가 구원에 대한 말을 해줄 것이다.' 원래 교넬료는 그 식구들과 함께 기도를 많이 했었습니다.

그래서 베드로가 오기 전까지 온 친지들을 모아 놓고 간절히 기도하고 있는데 베드로가 와서 하나님의 말씀을 증거 합니다. 모세의 율법으로도 의롭다 함을 받지 못한 사람이 예수를 믿으면 그 피로 말미암아 죄 사함을 받고 의롭게 된다는 설교를 하자. 그것을 믿고 그것을 믿자마자 성령이 임하신 것입니다. 그래서 고넬료와 그 가족들이 다 성령의 충만함을 받고 하나님을 높이며 방언을 말하는 역사가 일어났었습니다.

그 결과 고넬료 같은 이탈리아 사람이 군대 복무를 마치고 로마로 돌아가서 얼마나 열심히 전도했던지 주후 300년 만에 로마가 거꾸러져 예수를 믿고, 그 당시 온 구라파가 주 예수께로 돌아오게 된 것입니다. 고넬료와 같은 이러한 군인이 정말 성령의 충만함을 받고 하나님의 능력으로 로마의 고향 땅에 돌아가서 열심히 하나님의 능력을 전도했기 때문에 로마가 온통 예수를 믿고 나온 역사가 일어날 수 있었던 것입니다.

이러므로 아무리 종교를 가졌다고 해도 성령의 능력을 받지 아니하면 종교는 아무런 힘도 없습니다. 우리가 의식적인 형식적인 신앙을 아무리 가졌다고 해도 그것이 우리 자신과 다른 사람을 구원할 능력도 없는 것입니다. 이러므로 주께서는 예루살렘을 떠나지 말고 아버지의 약속하신 것을 기다리라. 요한은 물로 세례를 베풀었거니와 너희는 몇 날이 못되어 성령으로 세례를 받으리라고 말씀하신 것입니다.

그러므로 성령세례 받지 아니한 사람은 성령 받기를 간절히 사모해야 될 것입니다. 성령을 받으려면 성령을 받은 사람에게 말씀을 듣고 안수를 받아야 성령의 세례를 받을 수가 있습니다. 그러나 계속적으로 성령의 불을 받으려는 생각을 버려야 합니다. 성령으로 깊은 영의기도를 하여 자신의 영 안의 성령으로부터 성령의 불이 올라오게 해야 합니다.

사도행전 10장에는 에베소 교회의 성도들이 성령으로 세례를 받은 사건이 기록되어 있습니다. 에베소 교회는 아볼로라는 유명한 웅변을 잘하는 목사님의 설교로 세워진 교회입니다. 웅변을 통해서 사람들이 주님께로 나왔지만은 신앙의 힘이 희미합니다. 이렇게 성령의 체험 없는 신앙은 언제나 희미합니다. 그래서 에베소 교회의 교인들은 웅변만 듣고서 감동으로 나왔으나 기도에 힘이 없고 하나님을 바라는 신앙에 힘이 없었습니다.

바울이 와서 보니까 열두 명쯤 되는 사람이 살았다 하나 죽은 상태입니다. 그래서 바울이 물었습니다.'너희가 믿을 때에 성령을 받았느냐?''우리는 성령이 있음도 알지 못하노라'바울이 그들에게 그리스도를 전도하고 물로 세례를 베풀고 안수하고 기도해주었더니 성령을 받아 방언도 하고 예언도 하니 모두 열두 사람쯤 되었습니다.

그 결과 에베소에서 이 열두 사람이 성령을 받자 불길이 일어나기 시작한 것입니다. 하나님의 역사가 에베소 일대를 뒤흔들었습니다. 얼마 있지 아니하여 소아시아 전체가 그리스도의 복음을 듣게 되고 하나님의 영광이 하늘에 사무치게 된 것입니다. 이 사람들이 성령을 받자 그 열두 사람으로부터 시작해서 가장 큰 성령의 운동이 소아시아 일대에 일어나게 된 것입니다.

이렇게 볼 때에 성령이 역사하는 교회 시대인 지금은 성령을 받은 사람이 말씀을 전하고 기도할 때 임합니다. 이는 말씀을 전하는 사람의 심령에 임재 했던 성령이 나타난 것입니다. 성령은 먼저 성령세례를 받은 성도 안에 임재 하여 계십니다. 그리고 성령으로 세례 받은 성도들이 모인 장소에 임재 하여 계십니다. 성령으로 세례를 받은 목회자가 전하는 말씀 안에 임재 하여 계십니다. 그러므로 성령의 불은 성령으로 세례를 받은 성도의 마음속에서 나오는 것입니다. 그런데 아직도 많은 목회자나 성도가 성령의 불이 하늘에서 떨어지는 줄로 압니다. 저에게 질문을 많이 합니다. 목사님! 우리 교회에서는 성령의 불이 하늘에서 떨어진다는데, 왜 목사님은 성령 받은 성도의 심령에서 올라온다고 하십니까? 그래서 제가 잘 설명을 합니다. 지금 하나님은 예수를 영접한 성도의 마음 안에 계십니다. 예수님은 요한복음14장 20절에서

"그 날에는 내가 아버지 안에, 너희가 내 안에, 내가 너희 안에 있는 것을 너희가 알리라" 하셨습니다.

로마서8장 10-11절에서는 "또 그리스도께서 너희 안에 계시면 몸은 죄로 말미암아 죽은 것이나 영은 의로 말미암아 살아 있는 것이니라. 예수를 죽은 자 가운데서 살리신 이의 영이 너희 안에 거하시면 그리스도 예수를 죽은 자 가운데서 살리신 이가 너희 안에 거하시는 그의 영으로 말미암아 너희 죽을 몸도 살리시리라" 하셨고, 고린도전서 3장 16절에서는 "너희는 너희가 하나님의 성전인 것과 하나님의 성령이 너희 안에 계시는 것을 알지 못하느냐"했습니다. 빌립보서 2장 13절에서는 "너희 안에서 행하시는 이는 하나님이시니 자기의 기쁘신 뜻을 위하여 너희에게 소원을 두고 행하게 하시나니"라고 하십니다. 이렇게 볼 때에 분명히 성령의 불은 내 안에서 나오는 것이 맞습니다. 하나님이 성도의 마음 안에 계시기 때문입니다. 성령의 불이 자신 안에서 나오는 것을 인정하지 않으면 이런 현상이 나타납니다. 밖에서 역사하는 불만 받으려고 하기 때문에 영의통로가 뚫리지를 않습니다. 왜냐하면 밖에다가만 관심을 집중하기 때문입니다. 내 안에 관심을 가져야 자신이 보이는데 밖에다가 관심을 두니 자신이 보이지 않는 것입니다.

그래서 밖에다가 관심을 두니 영의통로가 열리지를 않습니다. 영의통로가 막혀있으니 항상 갈급합니다. 성도는 심령에서 은혜가 올라와야 영의 만족을 얻을 수가 있습니다. 밖에서 들리고 보이는 것을 가지고 은혜를 받으려고 하니 항상 심령이 갈급한 것입니다. 교회나 은혜의 장소에 가서 말씀을 듣고 예배를 드릴 때는 은혜를 받는 것 같습니다.

그러나 마치고 돌아서면 허전합니다. 기도를 할 때도 마찬가지입니다. 기도를 하면 마음이 편안해지는 것 같습니다. 조금 지나면 심령이 갑갑해집니다. 밖에서 역사하는 성령의 불을 받아서 몸은 뜨거운데 마음은 평안하지 못합니다. 마음이 평안하지 못하니 성품이 변하지 않습니다. 남이 하는 조그마한 소리에도 참아내지 못하여 혈기를 냅니다. 성령의 불이 마음에서 올라오지 않으니 육체에 역사하는 세상신이 역사하기 때문입니다.

좀처럼 심령이 변하지 않으니 그리스도인으로서 본을 보이지 못합니다. 세상 믿지 않는 사람들보다 더 악하고 혈기를 잘 냅니다. 이런 성도가 기도하는 것을 보면 거의 목에서 나오는 소리로 기도를 합니다. 기도할 때 나름대로 생각하기는 성령으로 충만하다고 생각하는데 절대로 그렇지 못합니다.

이런 성도가 밖에서 역사하는 성령의 불을 잘 받습니다. 밖에서 역사하는 불로 인하여 육체가 훈련되어 있기 때문입니다. 성령이 역사하면 뜨거움도 강합니다. 그러니 성령의 불을 받았다고 믿어버리는 것입니다. 마음속에서 불이 나오게 하지 않으니 육체에 역사하던 세상신이 떠나가지를 않습니다. 기도를 해도 세상신이 적응을 하여 같이 기도하면서 꼼짝도 하지 않습니다. 이런 분들이 모두가 이구동성으로 하는 말이 얼마 전에 어디에서 성령의 강한 불을 받았다고 합니다.

예를 든다면 이런 경우입니다. 제가 어느 기도원에 간적이 있습니다. 기도 시간이 되었습니다. 강단에서 집회를 인도하시는 목사님이 성령의 불을 받아라! 불! 불! 불! 하니까? 어느 여성이 욱욱하는 것입니다. 제가 물었습니다. 왜~ 그렇게 몸을 움츠리면서 욱욱합니까? 그랬더니 이렇게 대답을 합니다. 강사 목사님의 성령의 불이 강하기 때문에 자기에게 그런 현상이 나타난다는 것입니다. 이는 잘못 이해한 것입니다. 우리 안에 역사하는 성령의 불은 밖에서 역사하여 나에게 와서 느끼게 할 수도 있습니다. 그렇다고 욱욱하는 것은 아닙니다. 제가 지금까지 성령치유 사역을 하면서 욱욱하는 분들을 안수하여 영의통로를 뚫으면 속에서 말로 표현하기 힘들 정도로 더러운 것들이 나옵니다. 이 더러운 것들이 나가고 나면 절대로 욱욱하지 않고, 조용하고 평안하게 영으로 기도를 합니다. 얼굴이 평안하게 보일 정도로 평안해집니다. 욱욱하게 하는 것은 상처 뒤에 역사하는 악한 영들입니다. 이들이 떠나가고 나면 잠잠해 지면서 평안을 느끼고 영으로 깊은 기도를 합니다.

이렇게 성령의 불을 받는다고 하는 분들이 상처를 많이 가지고 있습니다. 자신의 속에서 떠나보내지 않고 받아들이기 때문입니다. 은혜의 장소에 가서 말씀 듣고 기도할 때는 충만한 것 같습니다. 3일만 지나면 갈급해 집니다. 혈기가 나고 괜히 짜증을 많이 냅니다. 심령의 영이 막혀있어서 일어나는 현상입니다. 이런 분들은 절대로 영의 만족을 누리지를 못합니다.

마음의 상처와 상처 뒤에 역사하는 세상신이 영을 압박하기 때문입니다. 치유를 받으려면 호흡을 깊게 들이쉬고 내쉬면서 배에서 나오는 소리로 주여! 주여! 주여! 를 한 5분만 하면 영의통로가 뚫리기 시작하는 것을 본인이 느끼게 됩니다. 성령의 임재를 지속적으로 받았기 때문에 영의통로를 뚫기가 쉽습니다. 그런데 보통 이런 분들이 자아가 강하여 주여! 주여! 주여! 하면서 기도를 하지 않습니다. 몸을 움츠리고 으으으 하면서 자신만 인정해주는 성령의 불을 받았다고 믿기 때문입니다.

자신이 성령의 불을 받는 방법을 터득하여 그대로 행동합니다. 이런 분은 좀처럼 변화되지 않습니다. 자아가 강하기 때문입니다. 제가 지금까지 십 년이 넘도록 성령 사역을 하면서 나름대로 체험한 결론에 의하면 영의통로를 뚫어야 되는 분들은 이렇습니다. 기도할 때나 안수를 받을 때 몸이 뜨거워지면서 경직이 되는 성도입니다. 기도를 하루라도 쉬면 마음이 갑갑하여 죽을 것 같다고 말하는 분입니다. 기도할 때 몸의 진동이 심하게 나타나는 성도입니다. 방언 기도할 때 몸이 뜨거워지면서 땀을 많이 흘리는 성도입니다. 안수를 받을 때 으으으 하면서 몸이 굳어지고 뜨거워지는 성도입니다. 일어서서 기도하다가 잘 넘어지는 성도입니다. 기도하다가 깜박깜박하면서 의식을 놓는 성도입니다. 기도할 때 뿐이고 돌아서면 갈급한 성도입니다. 다른 성도가 자신에게 조금이라도 거슬리는 말을 하면 분이 나와서 참지 못하는 성도입니다. 예배는 열심히 참석하고 기도는 많이 하는데 항상 심령이 갈급한 성도입니다. 나름대로 신앙생활은 잘한다고 생각하는데 몸이 이곳저곳 아픈 분입니다. 마음의 상처로 고생하는 분들입니다.

그리고 교회에서나 세상에서 사람들과 대화할 때 머리가 아프다던가. 속이 거북스러운 분들은 영의통로를 뚫어 속에서 불이 나오게 해야 합니다. 이런 분들은 자신의 마음속에서 불이 나오지 않아 영이 약하기 때문에 일어나는 현상입니다. 대화할 때 상대방의 나쁜 기운들이 자신에게 침투하기 때문에 영이 알아차리고 조심하라고 육이 느끼게 하는 것입니다. 이런 분들은 대화할 때 마음으로 호흡을 하여 성령의 역사를 일으켜야 합니다. 그래야 상대방의 나쁜 기운들이 타고 들어오지 못합니다. 대화를 한 후 호흡을 깊게 들이쉬고 내쉬면서 심령을 정화해야 합니다. 그렇지 않으면 나쁜 기운들이 자신 안에서 집을 지을 수도 있습니다. 경각심을 가져야 합니다.

이런 분들은 성령이 충만한 장소에 가서 은혜 받고 기도하면서 영의통로를 뚫어야 합니다. 호흡을 들이쉬고 내쉬면서 배에서 나오는 소리로 주여! 주여! 주여! 를 지속적으로 하면 기침이 나오면서 영의통로가 열립니다. 체험 있는 사역자의 도움을 받는 것이 빠릅니다. 사역자가 안수할 때 이렇게 하시기를 바랍니다. 피사역자의 머리에 한 손을 올리고, 다른 손은 등 뒤에 올립니다. 피사역자에게 지시를 합니다. 호흡을 들이쉬고 내쉬라고 말입니다. 최대한 방광이 있는 곳이 부풀어 오르도록 호흡을 깊게 들이쉬게 합니다. 호흡을 들이쉬고, 내쉬고 하면서 한 3분 동안 기다리면 웬만한 성도는 모두 영의통로가 뚫립니다. 영의통로가 뚫리면 더러운 것들이 나오므로 사전에 꼭 휴지를 준비해야 합니다. 말로 표현할 수 없도록 많은 오물들이 나옵니다. 피사역자의 마음 안에 있는 영으로부터 권능이 올라오니 더러운 것들이 밀려서 나오는 것입니다. 이렇게 몇 번만 하면 영의통로가 열려서 깊은 영의기도가 됩니다. 마음이 평안해집니다. 구습이 변합니다. 말로 표현 할 수 없는 평안이 올라옵니다. 우리는 성령의 불이 심령에서 올라오게 해야 합니다. 그래야 영적으로 변합니다. 영의 만족을 누리게 됩니다. 성령의 불이 심령에서 올라와야 예수님의 성품으로 변합니다. 영의통로가 뚫리니 영의 만족을 찾아 방황하지 않습니다.

　분명하게 성령의 불은 받는 것이 아닙니다. 자신의 영 안에서 성령의 불이 나오는 것입니다. 자신의 영 안에서 성령의 불이 나오도록 영성을 깊게 해야 합니다. 우리 예수를 믿고 성령으로 거듭난 성도는 바르게 알고 바르게 행해야 합니다. 명확한 근거도 없는 샤머니즘적인 용어에 속지 말고 바르게 체험하기 바랍니다.

　무엇이든지 받아들이지 말고 말씀으로 분별해 보는 습관을 들이시기를 바랍니다. 마귀는 어찌하든지 성도들을 속이려고 합니다. 그것도 하나님의 말씀과 성령의 역사를 교묘하게 위장하여 침투합니다. 분별력을 길러야 합니다. 성도는 하나님의 말씀과 바른 성령 체험을 하면 변하게 되어 있습니다. 무엇이든지 열매를 보시기를 바랍니다. 아무리 뜨거운 불을 받았다고 할지라도 구습이 변하지 않으면 분별의 대상입니다. 무엇인가 잘못된 것이 있다는 것입니다. 수준을 높이시기를 바랍니다.

5장 성령의 불세례를 받으면 느끼는 일

(행 11:15-16)"내가 말을 시작할 때에 성령이 저희에게 임하시기를 우리에게 하신 것과 같이 하는지라. 내가 주의 말씀에 요한은 물로 세례를 주었으나 너희는 성령으로 세례를 받으리라 하신 것이 생각났노라"

성령세례에 대한 여러 견해가 많아서 성도들이 혼동하는 경우가 있습니다. 그러나 하나님은 성령으로 세례를 받으리라(행 1:5). 말씀하십니다. 사도행전 2장 1-4절에 보면 "오순절 날이 이미 이르매 그들이 다 같이 한 곳에 모였더니, 홀연히 하늘로부터 급하고 강한 바람 같은 소리가 있어 그들이 앉은 온 집에 가득하며, 마치 불의 혀처럼 갈라지는 것들이 그들에게 보여 각 사람 위에 하나씩 임하여 있더니, 그들이 다 성령의 충만함을 받고 성령이 말하게 하심을 따라 다른 언어들로 말하기를 시작하니라."했습니다. 성령으로 세례를 받으니 성령의 충만함을 받고 다른 언어(하늘의 언어)로 말을 했습니다. 성령으로 세례를 받으니 하늘의 사람으로 변하여 하늘언어를 했다는 것입니다.

저는 십 년이 넘도록 성령치유 사역을 했습니다. 성령치유 사역을 하다가 보니 성령의 세례를 받으면 그때부터 치유가 이루어지기 시작 했습니다. 저는 성령의 세례를 이렇게 표현하기도 합니다. 성령의 세례는 예수를 영접할 때 내주하신 성령께서 순간 폭발하여 전인격을 사로잡는 것이라고 하기도 합니다. 예수를 믿으면 성령이 내주하십니다. 즉시로 죽었던 영은 살아납니다.

그러나 육체는 성령으로 장악당하지 않은 상태입니다. 육체는 구습을 따르는 옛 사람이 그대로 있다는 말입니다. 그러므로 옛 사람에게 역사하던 세상신이 여전히 주인노릇을 하고 있다는 뜻도 됩니다. 하지만 성령으로 세례를 받으면 성령께서 전인격을 사로잡으므로 옛 사람에게 역사하던 세상신이 떠나가기 시작을 하는 것입니다.

그래서 하나님은 성도들이 성령으로 세례를 받아 영적으로 변하기를 소원하십니다. 성령으로 세례를 받아야 전인격이 하나님을 따를 수 있기 때문입니다. 목회자나 성도나 할 것 없이 성령의 불 받기를 사모합니다. 그러나 성령의 세례를 받아야 성령의 불로 세례를 체험할 수가 있습니다. 저의 개인적인 견해로는 성령의 세례가 없이 성령의 불세례를 받을 수가 없습니다. 성령의 불세례를 받으려면 먼저 성령의 세례를 체험해야 합니다. 성령의 세례를 받으려면 세례를 받을 수 있는 영육의 상태가 되어야 합니다.

성령의 세례를 받으려면 먼저 마음을 열어야 합니다. 성령은 사람의 영 안에서 역사하십니다. 영은 사람의 마음 안에 있습니다. 그래서 마음을 열어야 영 안에 계신 성령이 역사하는 것입니다. 성령이 역사해야 사람이 영적인 상태가 되는 것입니다. 영적인 상태가 되어야 하나님과 교통할 수가 있는 것입니다. 그러므로 우리는 회개의 세례인 물세례로 만족하지 않고 다음은 성령의 세례를 받아야 합니다.

세례요한은 "나는 너희로 회개하게 하기 위하여 물로 세례를 베풀거니와 내 뒤에 오시는 이는 나보다 능력이 많으시니 나는 그의 신을 들기도 감당하지 못하겠노라 그는 성령과 불로 너희에게 세례를 베푸실 것이요"(마 3:11)라고 말씀한대로 물세례를 받기 이전이든지 이후든지 성령의 세례를 반드시 받아야 합니다.

어떤 성도들은 성령의 세례 받으면 물세례를 안 받아도 되느냐 묻는 사람이 있는데 그것은 잘못된 것입니다. 예수님께서도 세례요한에게 직접 물세례를 받았습니다. "이때에 예수께서 갈릴리로부터 요단강에 이르러 요한에게 세례를 받으려 하시니, 요한이 말려 이르되 내가 당신에게서 세례를 받아야 할 터인데 당신이 내게로 오시나이까, 예수께서 대답하여 이르시되 이제 허락하라 우리가 이와 같이 하여 모든 의를 이루는 것이 합당하니라 하시니 이에 요한이 허락하는지라"(마 3:13-15)고 했습니다.

세례를 행하므로 하나님께 의를 이루는 것임으로 성도는 물세례를 받아야 합니다. 그렇지만 물세례로 만족하지 말고 성령의 세례를 사모해야 합니다. 사모해야 성령으로 세례를 체험할 수가 있습니다. 물세례는 예수를 믿고, 구원 받은 사람 즉 중생한 사람의 표로 받는 것이라면 성령의 세례는 구원받은 사람이 하나님의 사역을 위해 권능을 받는 것입니다. 그래서 "성령이 너희에게 임하시면 권능을 받고 예루살렘과 유대와 사마리아 땅끝까지 이르러 내 증인이 되리라"(행 1:18)고 말씀하셨습니다.

우리는 전도의 사명이 있는데 전도하는데 필수적인 도구는 성령의 세례를 받는 것입니다. 성령의 권능으로 전도하는 것입니다. 성령의 권능 없이 전도할 수가 없습니다. 세상은 마귀에게 처해 있기 때문입니다. 마귀의 종 되어 있는 세상 사람을 전도 하는 것은 인간의 힘만으로는 한계가 있습니다. 반드시 성령의 권능으로 전도를 해야 합니다. 성령의 세례는 보편적으로 두 가지 견해가 있습니다. 첫째가 성령의 내주하심입니다. 두 번째가 예수를 믿고 특별한 체험을 하는 경우입니다. 제가 성령세례를 받아야 한다고 강조하는 것은 바로 두 번째 사건을 말하는 것입니다.

이는 사도 베드로께서는 예루살렘에 올라갔을 때, 고넬료가 믿게 된 사실을 말씀하면서 "내가 말을 시작할 때에 성령이 저희에게 임하시기를 우리에게 하신 것과 같이 하는지라. 내가 주의 말씀에 요한은 물로 세례를 주었으나 너희는 성령으로 세례를 받으리라 하신 것이 생각났노라"(행 11:15,16)고 하셨습니다. 이것은 자신이나 고넬료에게 있어서 성령의 세례가 최초성을 가지고 있음을 설명한 것이었습니다.

사도 바울께서"주의 이름을 불러 세례를 받고 너의 죄를 씻으라"(행 22:16)고 하신 말씀과 "주 예수 그리스도의 이름과 우리 하나님의 성령 안에서 씻음과 거룩함과 의롭다 하심을 얻었느니라"(고전 6:11)고 하신 말씀을 비교해 보면, 우리는 성령의 세례에 정결성이 있음을 봅니다. 또 사도 바울께서는 고전 12:13에서 "다 한 성령으로 세례를 받아 한 몸이 되었고, 또 다 한 성령을 마시게 하셨다"고 하심으로서, 성령 세례의 보편성에 대해 말씀했습니다. 우리는 성경에 성령의 세례는 받으라는 명령이 없는 사실과, 한 번 성령의 세례를 받았던 사람이 다시 받았던 예도 없었던 사실을 통해, 성령의 세례가 하나님의 주권성과 단회성을 가지고 있음을 알게 됩니다.

성령께서 하시는 사역 중에서 이러한 특성들을 가지고 있는 것은 오직 회심과 중생뿐입니다. 그러므로 우리는 성령의 세례란, 죄인을 회심시켜 중생케 하시는 성령의 사역을 의미한다고 보아야 합니다. 그래서 성령의 세례를 내가 지금까지 성령사역을 하면서 체험한 바를 요약해서 설명하면 이렇습니다. 물세례는 목사님들이 예수님의 위임을 받아 베풀고 있습니다. 그러나 성령의 세례는 그러한 인간 제도를 통해 주어지는 세례가 아닙니다. 성령의 세례는 영적인 세례입니다.

눈에 보이지 않는 신령한 질서를 따라 주어지는 은총의 세례입니다. 이 성령의 불세례는 인간 집례 자가 베풀 수 없습니다. 오직 하늘에 계신 예수님이 베풀어 주십니다. 살아계신 성령 하나님이 자신을 장악하여 죄악을 씻어내고 새사람으로 거듭나게 합니다. 그렇기 때문에 성령의 세례는 모든 성도에게 베풀어지지 않는 것입니다. 그러나 우리 예수님은 우리 모든 성도들이 이 성령의 세례를 받아 성령이 충만하여 기쁨이 넘치는 승리의 삶을 살길 원하십니다.

성령세례의 의미에 대해서는 교단마다 또 교회마다 또 개인에 따라서 달라지기 때문에 이것이 성령세례입니다 하고 말씀드리기는 조금 어려운 단어입니다. 일반적으로 성령세례는 두 가지 의미로 쓰인다고 봅니다.

첫째가 성령의 내주하심입니다. 우리가 예수님을 믿게 되면 성령께서 우리 안에 들어오셔서 우리와 함께 동행하시게 되는데 이것을 성령이 내주하심이라고 합니다. 또한 이것은 성령 세례입니다. 바로 우리가 예수님을 믿고 하나님의 자녀가 됨으로 말미암아 성령과 연합되는 것입니다. 성령으로 거듭난다는 뜻이 바로 우리가 예수님을 믿음으로 하나님의 자녀가 되는 사건을 의미하는 것입니다. 이런 경우 성령세례란 우리의 일생에 딱 한번 있는 단회적인 사건이 되는 것입니다.

두 번째가 우리가 예수님을 믿고 나서 특별한 경험을 하는 경우입니다. 성령의 특별한 역사로 말미암아 뼛 속까지 회개하는 경험도 하게 됩니다. 방언을 받게 되는 경우도 있고 성령과 친밀한 교제를 하게 되는 경우도 있습니다. 하늘의 권능을 받는 것입니다. 권능 있는 삶을 살아가는 계기가 됩니다. 이런 경험을 성령세례라고 칭하는 경우도 있습니다. 이런 경우 성령세례란 우리의 일생에 한번 체험할 수 있는 사건이 될 수 있습니다. 성령의 세례를 체험하고 나면 성령에 강하게 사로잡힐 때마다 성령의 역사를 체험하게 된다는 뜻입니다.

바울 사도가 한 번은 에베소 교회를 방문했습니다. 교인들에게 바울이 "너희가 믿을 때에 성령을 받았느냐 가로되 아니라 우리는 성령이 있음도 듣지 못하였노라 그러면 너희가 무슨 세례를 받았느냐 대답하되 요한의 세례로라"(행 19:2-3)고 했습니다. 이때에 "바울이 그들을 안수하매 성령이 그들에게 임하시므로 방언하고 예언도 하니 모두 열 두 사람쯤 되니라"(행 19:6)라고 해서 성령 세례의 필요성을 알게 된 것입니다.

하나님은 성령의 세례를 체험하게 하고 단련하여 하나님 마음에 합한 자를 하나님의 일에 사용하십니다. 베드로의 경우를 예로 들어봅니다. 고기를 잡는 어부였던 베드로가 예수님의 부르심으로 그물을 버리고 주님을 따랐습니다. 주님을 따라 다니면서 문둥이를 치유하고, 죽은 자를 살리고, 오병 이어의 기적을 일으키고, 귀신을 쫓아내는 이적과 기적을 보면서 3년 동안 주님을 따랐습니다. 베드로가 이렇게 주님의 능력을 인정하고 주님을 따르면서 3년 동안 훈련을 받았지만 믿었던 주님이 십자가에 죽게 되자 세 번씩이나 주님을 모른다고 부인한 겁쟁이입니다. 왜 그렇습니까? 성령으로 세례를 받지 못해서 그런 것 아니겠습니까? 성령의 세례를 체험하지 못하고 인도받지 못하니 아직 육신적인 믿음의 수준을 넘지 못한 증거입니다.

그러던 베드로가 마가의 다락방에서 120 문도와 함께 기도하다가 성령으로 세례를 받고 완전히 사람이 변했습니다. 육신적인 사람이 초자연적인 사람으로 변화되었습니다. 성령이 베드로를 장악한 것입니다. 그러자 성령의 언어를 합니다. 어떻게 변화되었습니까? 초자연적인 성령의 사람이 됩니다. 베드로는 오순절 마가의 다락방에서 완전히 변화되어 성령 충만한 사도로 능력의 삶을 보여 주기 시작하였습니다. 귀신이 떠나가고, 병자가 고쳐지고, 죽은자가 살아났습니다. 베드로가 전하는 말씀에 감동 받아 하루에 3천명이 예수님 믿고 구원받는 역사가 나타났던 것입니다. 놀라운 일이 아닐 수 없습니다. 우리도 성령의 세례를 체험하고 성령의 인도 하에 하나님의 훈련을 순종하므로 받으면 우리에게도 베드로와 같은 역사가 나타날 수 있다고 확신합니다. 영적으로 무지하던 저도 불같은 성령의 세례를 체험하고 변하여 성품이 유순하게 변하고 인내할 줄 아는 사람이 되었습니다. 기도가 깊어지고 성령의 인도에 순종하며 영안이 열려서 말씀을 볼 때 말씀 속에 있는 영적인 비밀이 보입니다. 말씀 속에서 영적인 원리를 깨달으며 말씀을 적용할 때 하나님의 기적이 일어나는 것을 체험하고 있습니다. 저도 베드로와 같이 기도할 때 병자가 치유되고 귀신이 떠나가고 상한 심령의 사람들을 치유하는 권능 있는 자가 되어가고 있습니다. 당신도 성령의 세례를 받으시기를 바랍니다. 그리고 성령의 불세례도 체험하시기를 바랍니다. 먼저 성령의 세례를 체험하려면 이렇게 하시기를 바랍니다.

성령으로 세례를 받음은 하나님의 영으로 사로잡히는 것입니다. 성령의 세례는 성도의 마음을 그리스도에 대한 이해와 사랑과 신뢰로 가득 차게 하며, 성령이 삶의 주관자가 되게 하며, 하나님의 자녀로서 하나님의 부름에 적합하도록 능력을 부여합니다. 거듭나는 것과 성령으로 세례 받은 것과는 다른 별개의 사건입니다.

"누구든지 그리스도의 영이 없으면 그리스도의 사람이 아니

　라."(롬 8:9)

　그리스도인은 성령에 의해 태어난 사람으로 성령은 그 사람 안
에서 중생의 사역을 이루십니다. 그리스도인이란 그 안에 성령이
내주 하는 사람을 지칭하며 성령세례 받은 자를 의미하는 것은 아
닙니다. 거듭남으로 구원을 받게 됩니다. 즉 성령으로 거듭나서
하나님의 자녀가 되는 것입니다. 그러나 사람이 성령에 의해 거듭
났지만, 성령으로 세례 받지 못한 경우도 있습니다. 그러므로 중
생과 성령세례는 동의어가 아니라는 뜻입니다.

　그러므로 성령으로 세례를 체험하시기를 바랍니다. 체험이라
는 것은 내가 하나님의 역사하심을 눈으로 보게 된다는 뜻입니다.
성령의 세례를 받음으로 비로소 성령의 인도를 받을 수가 있습니
다. 그리하여 성령으로 깊은 영의 기도를 할 수 있게 되는 것입니
다. 성령으로 깊은 영의기도를 하므로 성령의 불이 임하고, 심령
에서 성령의 불이 올라오는 영의 기도를 할 수 있는 것입니다. 성
령의 세례는 성령의 불로 사로잡히는 것이기 때문입니다.

　우리가 성령의 세례를 체험하려면 사모해야 합니다. 하나님은
사모하는 영혼에게 만족함을 주십니다. 성령의 세례도 사모해야
받는 것입니다. 사모하고 뜨겁게 기도하면서 성령의 세례가 올 때
까지 구하면서 기다려야 합니다.

　성령으로 세례를 받아야 그때부터 성도가 영적으로 변하기 시

작 합니다. 왜냐하면 성령의 세례를 받으면 비로소 육이 영의 지배를 받기 시작하기 때문입니다. 육이 영의 지배를 받아야 비로소 영적인 사람으로 변하기 시작하는 것입니다. 성령으로 세례를 받지 않으면 육은 여전히 세상신이 장악하고 있으므로 예수를 삼십 년을 믿어도 여전히 육의 지배를 받는 것입니다.

하나님의 말씀을 들어도 비밀을 깨닫지를 못하는 고로 육의 사람의 특성인 합리를 가지고 받아들이니 기적을 체험하지 못하는 것입니다. 왜냐하면 영의 능력은 약하고 육의 능력은 강하기 때문입니다.

저는 성도라면 모두가 예수를 영접하고 성령으로 세례를 받아야 한다고 강조합니다. 제가 말하는 성령의 세례는 성령의 내주하심이 아니라, 성령이 전인격을 장악하는 성령 폭발을 말하는 것입니다. 내주하신 성령이 폭발하여 성도의 전인격을 장악해야 육이 치유되어 영의 지배를 받는 영의 사람으로 변하는 것입니다. 성령이 전인격을 장악해야 비로소 육체에 역사하던 세상신이 떠나가기 시작하기 때문입니다.

이는 성도에 따라 성령께서 장악하는데 시간이 다르게 걸립니다. 그래서 하나님은 "항상 기뻐하라! 쉬지 말고 기도하라! 범사에 감사하라! 이것이 그리스도 예수 안에서 너희를 향하신 하나님의 뜻이니라"(살전5:16-18). 하시는 것입니다. 전폭적으로 성령의 인도를 받으며 맡기는 성도는 빨리 변화가 되고, 그렇지 못한 성도는 변화되는데 시간이 더 걸릴 것입니다.

성도가 성령으로 빨리 장악이 되면 그 만큼 연단의 기간도 짧아지는 것입니다. 하나님은 성도가 성령으로 전인격이 장악 되어 하나님이 원하시는 수준이 되어야 성도에게 배당된 하나님의 복을 풀어주시는 것입니다. 그러므로 성도는 부단하게 성령으로 세례를 받고 전인격이 성령의 지배를 받으려고 의지적인 노력을 해야 합니다. 자신의 생각이나 의지를 내려놓고 전폭적으로 성령의 인도하심을 따르면 좀 더 빨리 하나님이 원하시는 영적인 수준에 도달할 수가 있는 것입니다.

성령의 세례는 성도에게 와 있는 영육간의 문제를 치유하는데도 지대한 영향을 미치게 됩니다. 성령으로 세례를 받지 않으면 치유가 되지 않습니다. 육체에 역사하는 세상신의 힘이 강하기 때문에 좀처럼 치유가 되지 않습니다. 그러다가 성령으로 세례를 받고 뜨겁게 기도하기 시작을 하면 육체가 성령의 지배를 받게 됨으로 치유가 되기 시작 하는 것입니다.

그러므로 성도가 당하는 영육의 문제를 치유 받으려면 최우선으로 체험해야하는 것이 성령의 세례입니다. 성령의 세례가 없이는 아무리 능력이 강한 사역자라도 치유할 수가 없습니다. 치유는 성령께서 하시기 때문입니다.

하나님은 영이십니다. 영육의 문제는 영이신 하나님이 치유하시는 것입니다. 하나님이 치유하시게 하려면 영적인 상태가 되어야 하는 것입니다. 영적인 상태가 되려니 성령으로 세례를 받고 성령의 깊은 임재에 들어가야 합니다. 그러면 하나님의 치유의 손길이 역사하기 시작을 합니다.

하나님의 음성을 들으려고 해도 성령으로 세례를 받아야 합니다. 상처를 치유 받으려고 해도 성령으로 세례를 받아야 합니다. 귀신을 쫓아내려고 해도 성령으로 세례를 받아야 합니다. 질병을 치유 받으려고 해도 성령으로 세례를 받아야 합니다. 재정의 문제를 해결하려고 해도 성령으로 세례를 받아야 합니다. 성령의 세례가 없이는 아무것도 이루어지지 않습니다. 그러므로 성령의 세례는 모든 성도가 꼭 받아야 합니다.

한번 성령으로 세례를 받았다고 다 되는 것이 아닙니다. 지속적으로 성령 충만해야 합니다. 많은 성도들이 성령으로 세례를 받고, 방언으로 기도하면 항상 성령 충만한 줄로 생각을 합니다. 그러나 잘못된 생각입니다. 항상 성령으로 충만 하려고 의지적인 노력을 해야 합니다. 사람은 육을 가지고 있기 때문입니다.

여기서 우리가 더 알아야 할 것이 있습니다. 첫째, 성령의 세례를 이론으로 알고 스스로 성령으로 세례를 받았다고 자처하는 성도들입니다. 이런 분들이 영육으로 문제가 생겨서 치유를 받으러 옵니다. 와서 본인이 기도를 하고, 안수를 해주어도 성령의 역사가 일어나지 않습니다. 몇 주를 다니면 그때에야 반응이 있기 시작합니다. 왜냐하면 자기만의 자아가 있어서 영적인 말씀이 귀에 들리지 않기 때문입니다.

두 번째는 몇 년 전에 성령을 체험했다고 자랑하는 성도들입니다. 얼마 전에 여 집사가 2년 전에 성령을 체험했다고 하면서 치유와 능력을 받으러 왔습니다. 2일을 기도하고 안수를 하니까, 성령의 역사가 일어나 몸이 뒤틀리고 괴성을 지르는 것입니다. 한참을 안수하니 성령이 장악을 했습니다. 귀신들이 소리를 지르면서 떠나갔습니다. 지금 교회에는 몇 년 전에 성령을 체험했다고 안심하고 지내는 성도들이 있습니다.

이런 분들이 열심히 믿음 생활을 하면서도 여러 가지 문제로 고통을 당합니다. 왜냐하면 자기에게 역사하는 상처와 악한 영의 역사로 일어나는 것입니다. 그러므로 한번 성령 체험했다고 다 된 것이 아니라, 지속적으로 성령을 체험하며 깊은 영의기도를 하여 심령을 정화시켜야 합니다. 그래야 깊은 영성이 되어 하나님과 교통하는 기도를 할 수가 있습니다. 한번 성령을 체험했다고 자랑삼아 말하는 분들은 자기 관리에 신경을 써야 할 것입니다. 우리가 육체가 있기 때문에 영성에 꾸준하게 관심을 가져야 합니다. 한번 체험했다고 멈추면 얼마 있지 않아 육으로 돌아갑니다.

그래서 성도는 주일날이 중요합니다. 주일날 성령 충만을 받고 뜨겁게 성령으로 기도하며 안수받아 깊은 영성을 유지할 수 있기 때문입니다. 저는 교회를 개척할 당시부터 주일 예배를 성령 충만한 예배로 드리고 있습니다. 오전에 40분기도, 오후 예배에 50분 기도하여 심령을 성령으로 정화하고 성령 충만을 받습니다.

이 기도 시간에 제가 일일이 안수하여 성령이 충만하고 기도가 깊어지도록 지도합니다. 왜냐하면 세상에서 먹고 살아가다가 보니 주일 하루 밖에 교회에 오지 못하는 분들이 많기 때문입니다.

6장 성령의 불세례를 쉽게 받는 비결

(행 4:28-31)"하나님의 권능과 뜻대로 이루려고 예정하신 그 것을 행하려고 이 성에 모였나이다. 주여 이제도 그들의 위협함 을 굽어보시옵고 또 종들로 하여금 담대히 하나님의 말씀을 전 하게 하여 주시오며, 손을 내밀어 병을 낫게 하시옵고 표적과 기 사가 거룩한 종 예수의 이름으로 이루어지게 하옵소서 하더라. 빌기를 다하매 모인 곳이 진동하더니 무리가 다 성령이 충만하 여 담대히 하나님의 말씀을 전하니라."

불같은 성령으로 장악되는 것은 아무렇게나 되는 것이 아닙니 다. 성령으로 장악이 되려면 원리를 적용해야 좀 더 빨리 성령으 로 장악이 될 수가 있습니다. 성도가 성령으로 장악이 되어야 영 의 사람으로 바꾸어지기 시작하는 것입니다.

많은 목회자와 성도들이 성령의 불로 장악을 당하기를 원합니 다. 성령의 불을 사모하면서 정작 성령의 불로 장악을 당하는 영 적인 원리를 모릅니다. 그냥 무조건 기도만 많이 하면 되는 줄로 착각하는 분들도 있습니다. 어떤 분은 성령의 불세례에 관한 책 만 읽으면 성령의 불로 장악되는 줄 믿고 있는 한심한 분도 있습니 다. 성령의 불로 장악이 되는 것에는 영적인 원리가 있습니다. 영 적인 원리를 적용해야 좀 더 쉽게 성령의 불로 장악이 될 수가 있 습니다.

이 책에서 제시되는 영적원리를 적용하여 좀 더 빨리 성령의 불로 장악되기를 바랍니다. 영적으로 무지하던 저도 성령의 불로 장악되니 성품이 유순하게 변하고 인내할 줄 아는 사람이 되었습니다. 기도가 깊어지고 성령의 인도에 순종하며 영안이 열려서 말씀을 볼 때 말씀 속에 있는 영적인 비밀이 보입니다. 말씀 속에서 영적인 원리를 깨달으며 말씀을 적용할 때 하나님의 기적이 일어나는 것을 체험하고 있습니다.

저도 베드로와 같이 기도할 때 병자가 치유되고 귀신이 떠나가고 상한 심령의 사람들이 치유하는 권능 있는 자가 되어가고 있습니다. 성령의 불로 좀 더 빨리 장악이 되고 싶으면 이렇게 하시기를 바랍니다.

1.목적을 바르게 하라.

불같은 성령으로 장악이 되려는 목적을 바르게 해야 합니다. 지신이 예수 인격으로 변하는 것이 제일 목적이 되어야 합니다. 불같은 성령으로 장악되어 자신의 영광을 드러내려고 마음을 먹었다면 시작을 말아야 합니다. 어디까지나 자신이 변하여 하나님에게 쓰임을 받으려는 목적이 분명해야 합니다. 많은 분들이 성령의 불을 받아 능력이 나타나면 하나님에게 영광을 돌리지 아니하고 자신을 드러내려고 합니다. 신앙인격부터 바르게 되어야 불같은 성령으로 세례도 받고, 불세례도 받고, 장악도 될 수가 있는 것입니다. 인간적인 욕심이 조금이라도 개입이 되면 그만큼 성령으로 장악이 되는 시기가 지연될 뿐입니다.

그리고 무조건 성령의 불로 장악만 되려고 한다고 장악이 되는 것이 아닙니다. 모든 영적인 일에는 영적인 원리가 있습니다. 마찬가지로 성령의 불을 받고 장악이 되는 것도 일정한 원리를 적용해야 좀 더 빨리 성령으로 장악이 될 수가 있습니다. 다음부터 제시되는 원리들을 반드시 적용해야 좀 더 빨리 성령의 불로 장악이 될 수가 있습니다.

2. 성령을 사모하라.

성령의 불로 장악이 되려면 먼저 성령으로 세례를 받아야 합니다. 세례에는 물세례와 성령세례가 있습니다. 물세례란 처음 그리스도인이 신앙을 고백하고 회개와 죄 사함의 세례를 받으며 사람들 앞에서 자신이 그리스도인이 되었다는 것을 선포하고 교회의 일원이 되는 의식입니다. 대부분 신자들이 물세례를 받는 것으로 그치고 있습니다. 그러나 더 능력 있는 그리스도인의 삶, 사명을 감당하는 삶, 하나님께 쓰임을 받는 삶을 살기 위해서는 성령세례를 받아야 합니다. 성령 세례란 예수 그리스도께서 주시는 것입니다.

성령의 세례란 성령에 의해서가 아니라 주 예수에 의해 행해지는 그리스도의 사역입니다(행 11:15-18).

성령으로 세례 받을 때는 확실한 체험적인 경험이 있습니다. 성령으로 세례를 받을 때 성령이 예수 그리스도의 이름으로 임하므로 성령으로 세례 받는 것은 체험으로 느낄 수 있습니다. 성령의 세례를 받으면 하나님의 능력이 임합니다. 성령으로 세례 받을 때 성령의 권능이 함께 임합니다. 권능은 그리스도인으로 하여금 하나님의 일을 행하는데 적합한 사람으로 준비되게 합니다. 성령 세례는 하나님께서 우리를 예수 그리스도의 몸의 일부분으로 택하셔서 맡기신 지체로서의 임무를 효과적으로 수행하게 합니다(행 9:17-20) .

성령으로 세례를 받음은 하나님의 영으로 사로잡히는 것입니다. 성령의 세례는 성도의 마음을 그리스도에 대한 이해와 사랑과 신뢰로 가득 차게 하며, 성령이 삶의 주관자가 되게 하며, 하나님의 자녀로서 하나님의 부름에 적합하도록 능력을 부여합니다. 거듭나는 것과 성령으로 세례 받은 것과는 다른 별개의 사건입니다.

> "누구든지 그리스도의 영이 없으면 그리스도의 사람이 아니
>
> 라."(롬 8:9)

그리스도인은 성령에 의해 태어난 사람으로 성령은 그 사람 안에서 중생의 사역을 이루십니다. 그리스도인이란 그 안에 성령이 내주 하는 사람을 지칭하며 성령세례 받고 불로 장악당한 자를 의미하는 것은 아닙니다. 거듭남으로 구원을 받게 됩니다. 즉 성령으로 거듭나서 하나님의 자녀가 되는 것입니다.

그러나 사람이 성령에 의해 거듭났지만, 성령으로 세례 받지 못한 경우도 있습니다. 그러므로 중생과 성령세례는 동의어가 아니라는 뜻입니다. 그러므로 성령으로 세례를 체험하시기를 바랍니

다. 체험이라는 것은 내가 하나님의 역사하심을 눈으로 보게 된다는 뜻입니다. 성령의 세례를 받음으로 비로소 성령의 불과 성령의 인도를 받을 수가 있습니다.

그리하여 성령으로 깊은 영의 기도를 할 수 있게 되는 것입니다. 성령으로 깊은 영의기도를 하므로 성령의 불이 임하고, 심령에서 성령의 불이 올라오는 영의 기도를 할 수 있는 것입니다. 영의 기도를 통하여 성령의 불로 사로잡히는 것이기 때문입니다. 우리가 성령의 불로 장악이 되려면 사모해야 합니다. 하나님은 사모하는 영혼에게 만족함을 주십니다. 성령의 불도 사모해야 장악이 되는 것입니다. 사모하고 뜨겁게 기도하면서 성령의 불이 자신을 장악할 때까지 깊은 영의기도를 하면서 기다려야 합니다.

3. 회개로 신앙을 바르게 해야 한다.

회개로 무너진 신앙을 회복해야만 하는 것입니다. 제단을 무너뜨리고 난 다음에 아무리 부르짖어도 불도 내려오지 아니하고 하나님의 축복의 단비도 임하지 않는 것입니다. 성령의 불이 임하고 축복의 단비가 내리게 하기 위해서는 우리의 생애 속에 무너진 제단을 먼저 수축해야만 하는 것입니다. 무너진 제단이 무엇입니까? 예수님을 주님으로 모시는 마음의 제단을 수축해야만 하는 것입니다.

성경은 고린도후서 13장 5절에 "너희가 믿음에 있는가 너희 자신을 시험하고 너희 자신을 확증하라 예수 그리스도께서 너희 안에 계신 줄을 너희가 스스로 알지 못하느냐 그렇지 않으면 너희가 버리운 자니라" 우리가 그냥 형식적 의식적으로 교회 왔다 갔다 하면서 예수 그리스도가 나의 구주인 것을 잊어버리고 시인도 안하고 근본적인 제단이 무너져 있는데 하나님의 성령의 불이 임할 이유가 없고 축복의 단비가 내리는 일도 없습니다. 우리 스스로 예수 그리스도께서 우리 안에 있는 것을 항상 확정하고 하나님 앞에서 신앙 고백을 하는 제단을 수축해야만 합니다.

제단을 수축한다는 것은 잘못된 삶을 회개하고 심령을 치유하여 하나님과의 관계를 바로하는 것을 말합니다. 제단을 수축하고 난 다음에야 기도하면 불이 떨어지는 것처럼 엘리야가 제단을 수축하고 난 다음 제물을 얹어 놓고 기도할 때 불이 떨어진 것처럼, 우리의 제단을 수축하고 예수 그리스도의 이름으로 부르짖을 때에 성령의 불이 떨어지는 것입니다. 성령의 불이 떨어져야 되요. 성령의 불이 떨어져야 하나님 아버지와 예수님께서 참 하나님인 것이 증명되는 것입니다.

이 세상에 우상과 사신이 가득하고 다른 종교가 많은데 진실로 우리 하나님 아버지와 예수님께서 유일한 구주가 되심을 무엇으로 증명합니까? 하늘에서 불이 떨어져야 합니다. 성령의 불이 우리 마음속에 가득히 임해야만 하는 것입니다. 그렇기 위해서는 우리의 생활 속에 제단을 수축해야만 하는 것입니다. 허물어진 제단 가지고는 불이 임하게 해달라고 아무리 크게 소리를 질러봤자 역사가 일어나지 않습니다. 회개해서 제단을 수축해야 성령의 불이 임하는 것입니다.

4. 말씀의 비밀을 많이 깨달아야 한다.

성령의 불은 자신이 말씀의 비밀을 깨닫는 만큼씩 장악을 합니다. 성령의 불은 말씀의 깨달음과 비례하는 것입니다. 성령의 불로 장악당하니 말씀의 비밀을 깨달을 수가 있는 것입니다. 말씀의 비밀을 깨달은 만큼 영적으로 변했기 때문에 성령의 불로 장악되는 것입니다. 기도를 많이 한다고 성령의 불로 장악되는 것이 아닙니다. 능력 있는 목사님에게 안수를 많이 받는다고 성령의 불로 장악되는 것이 아닙니다.

성령의 임재 하에 말씀을 많이 묵상해야 합니다. 영적으로 깊은 서적을 읽는 것도 성령의 불로 장악이 되는데 상당한 유익이 있습니다. 성령의 불의 역사를 체험하고 말씀과 성령으로 변화된 멘토를 만나서 훈련을 받는 것도 유익합니다. 하나님은 사람을 통하여 하나님의 역사를 이루시기 때문입니다. 그러므로 바른 성령의 불의 역사를 일으키며 사역하는 사역자는 자신이 성령의 불로 장악되는데 큰 도움이 될 것입니다. 자신을 성령의 불로 장악되게 하여 하나님에게 쓰임 받도록 인도해줄 멘토를 만나게 해달라고 기도하세요. 하나님은 하나님의 사람을 통하여 역사하십니다.

5. 성령의 불의 역사가 있는 장소로 가라.

성령으로 세례와 불로 장악이 되려면 성령의 역사가 있는 장소에 가는 것이 빠릅니다. 저의 경험으로는 성령의 불로 장악은 내적치유를 받은 이후에 성령의 강한 임재를 체험했다는 것입니다. 내면을 치유하고 은혜의 장소에 갔을 때 성령의 강한 임재와 체험이 있었습니다. 그러므로 성령의 불로 장악되고 성령의 역사를 체험하려면 성령의 역사가 있는 장소에 가는 것이 좋습니다. 자신이 과거 한번 성령의 세례를 체험했었다면 혼자 기도해도 성령의 불로 장악될 수가 있습니다.

자신이 한 번도 성령의 세례를 체험하지 못했다면 성령의 기름 부음심이 있고 성령의 불의 역사가 나타나는 장소에 가서 성령의 불로 충만 받는 것이 맞습니다. 성령의 체험과 장악은 장작불의 원리와 같습니다. 성령의 불로 충만하고 성령의 역사를 체험한 사람들이 많이 모이는 장소는 성령의 역사가 강합니다. 성령은 어디에 계시는가, 먼저 내 영 안에 계십니다.

그리고 우리 안에 계십니다. 또 말씀 안에 계십니다. 그러므로 성령체험을 하지 않았다면 성령의 역사가 있는 장소에 가셔야 성령을 쉽게 체험하고 장악을 당할 수가 있습니다. 그리고 또 한 방법은 성령 받은 자에게 가셔서 말씀을 듣고 안수를 받는 방법이 있습니다. 위로부터 임하시는 성령의 역사는 오순절 마가의 다락방에서 임하셨습니다. 그 이후는 그때 성령 받은 사람이 말씀전하고 안수 할 때 임했습니다(행19:1-7). 성령의 불로 충만한 사람에게 전이 받는 것입니다.

성령으로 세례받고 장악되기 원하십니까? 성령이 역사하는 장소로 가십시오. 그래야 빨리 성령으로 장악될 수가 있습니다.

6. 욕심을 버려야 한다.

　성도가 영적으로 변하려면 인간적인 욕심은 적이 됩니다. 그래서 성경은 야고보서 1장 14절로 15절에서 이렇게 말합니다. "오직 각 사람이 시험을 받는 것은 자기 욕심에 끌려 미혹됨이니 욕심이 잉태한즉 죄를 낳고 죄가 장성한즉 사망을 낳느니라."

　성령의 세례를 체험하고 불로 충만 받으려면 모든 인간적인 욕심을 버리시기를 바랍니다. 성령의 세례를 받아 성령의 불이 임하고 심령에서 올라오는 기도를 하는 것은 하나님의 자녀답게 권세를 가지고 하나님의 나라확장에 큰일을 감당하기 위해서 그렇게 하는 것입니다. 그리고 성도를 성도되게 하는 것은 전적으로 성령께서 하시는 일입니다(요일 2:27).

　조금이라도 인간적인 욕심이 결부된다면 성령으로 충만하던 성도도 육체로 돌아가게 됩니다. 육체로 돌아가면 그 심령에는 마귀가 역사를 하는 것입니다. 그래서 마귀는 항상 인간적인 욕심을 추구하게 하려고 성도들을 미혹하는 것입니다. 그 미혹에 아담과 하와가 넘어졌습니다. 왜 넘어졌습니까? 성령의 인도 없이 육체적으로 행동했기 때문입니다.

　그러나 예수님은 마귀의 시험을 이기셨습니다. 어떻게 이겼습니까? 육적인 욕심이 하나도 없이 오직 말씀으로 하나님의 영광을 구했기 때문입니다. 그리고 성령의 인도를 받았기 때문에 승리한 것입니다. 우리도 성령의 불세례를 체험하고, 심령에서 성령의 불이 올라와 성령의 불로 장악 당하는 기도를 하여 사람들에게 자랑을 하려하는 인간적인 욕심이 조금이라도 결부되면 가차 없이 마귀의 밥이 된다는 것을 명심해야 합니다.

오로지 하나님의 영광을 위하여 성령의 불을 구하시기를 바랍니다. 어린아이와 같이 사심 없이 성령 하나님의 인도를 받으면 성령의 불로 장악을 당하게 됩니다. 그리하여 기도를 할 때 성령의 불이 임하고, 깊은 영의 기도할 때 성령의 불이 심령에서 올라오게 될 것입니다. 절대 인간적인 욕심은 버리시기를 바랍니다.

7. 성령의 인도에 순종하라.

성령의 불로 장악 당하려면 성령의 인도를 받아야 합니다. 성령의 인도를 받는 것은 두 가지로 설명할 수가 있습니다. 먼저 성령의 인도는 성령께서 성도들의 마음에 갈급한 마음을 주십니다. 성도가 이 갈급함을 해결하려고 성령이 역사하는 장소로 가게 됩니다. 자신의 갈급함을 해결하려고 성령의 역사하는 장소에 가게 되지만 정작 성령께서 인도한 것입니다. 저는 항상 이렇게 말합니다. 성령께서 성도를 업고 다닌다고 말입니다.

성경에도 분명하게 기록되어 있습니다. "너희는 주께 받은바 기름 부음이 너희 안에 거하나니 아무도 너희를 가르칠 필요가 없고 오직 그의 기름 부음이 모든 것을 너희에게 가르치며 또 참되고 거짓이 없으니 너희를 가르치신 그대로 주 안에 거하라"(요일2:27). 성령께서 성도들을 친히 이끌고 다니면서 성령의 사람을 만들어 간다는 것입니다.

이스라엘 백성에 애굽에서 나와서 광야를 자신들이 걸어서 가나안으로 간 것 같지만 실상은 그렇지 않습니다. "내가 애굽 사람에게 어떻게 행하였음과 내가 어떻게 독수리 날개로 너희를 업어 내게로 인도하였음을 너희가 보았느니라"(출19:4). 하나님이 이스라엘 백성을 업고 인도하였다는 것입니다. 이렇게 성령의 인도를 받아야 합니다. 부가해서 설명하면 성령의 감동을 받고 성령이 역사하는 장소에 가게 되었다면 그곳에서 성령께서 나 자신을 위하여 하실 일이 있기 때문에 그곳에 가게 했다는 것입니다. 성령이 인도하여 가게 되었다는 말입니다.

그러므로 자신의 마음대로 행동하면 안 됩니다. 항상 성령님에게 기도하며 물어보고 행동에 옮겨야 합니다. 그래서 성령이 가라하면 가고, 오라하면 오는 성도가 성령의 인도를 받는 성도입니다. 그런데 대부분 그렇게 하지를 않습니다. 자기 마음대로 가고 자기 마음대로 옵니다. 그렇기 때문에 성령하나님이 원하는 영적인 수준에 도달하지 못하는 것입니다. 성령이 당신을 성령으로 충만한 영적인 성도를 만든다는 것을 명심해야 합니다. 성령의 인도에 순종하는 만큼씩 영적으로 변해간다는 것입니다.

두 번째는 성령의 역사에 순종하는 것입니다. 성령이 임재 하여 울라고 하면 울고, 떨라고 하면 떠는 것입니다. 소리를 지르라면 소리를 지르는 것입니다. 하나님의 말씀을 선포하라면 담대하게 선포하는 것입니다. 지팡이를 내밀라고 하면 내미는 것입니다. 발을 내 딛으라고 하면 내 딛는 것입니다. 한 마디로 성령이 하라는 대로 움직이는 것입니다. 성령은 인격이시라 이렇게 성령의 인도에 순종할 때 성령의 불로 장악당하는 체험을 하게 하십니다.

8. 성령의 임재로 장악이 될 때까지 기도하라.

끝장 보는 자세를 가지라는 것입니다. 성령으로 불로 장악되고 말겠다는 각오를 해야 합니다. 저는 항상 이렇게 말합니다. 성도는 기도의 영이 와야 한다는 것입니다. 그래서 장시간 기도할 수 있어야 성령의 세례도 받을 수 있고 성령의 불세례와 충만을 받을 수가 있는 것입니다. 영으로 깊이 하는 기도는 처음에 막연하고, 허무하고, 공백상태 같고, 시간낭비, 게으름 같은 느낌을 가집니다.

그러나 그렇게 생각하지 말아야 됩니다. 자꾸 기도하면 할수록 자신의 마음이 열리게 됩니다. 마음이 열리니 성령의 세례가 임하는 것입니다. 성령의 이끌림을 받는 기도를 하면 할수록 자신의 영성과 성품의 변화를 체험적으로 느끼게 됩니다. 의지를 가지고 기도하여 보시기를 바랍니다. 오순절 마가의 다락방에서 끝까지 기도하여 성령의 세례를 받은 성도들과 같이 성령의 세례가 임할 때까지 기도해야 합니다. 내가 기필코 성령의 세례를 받고 성령의 불로 장악이 되고 말겠다는 각오로 끈질기게 기도하면 마침내 성령의 불로 장악이 됩니다. 당신이 이렇게 해서 성령의 세례를 받으면 이제 성령의 역사로 성령의 불세례를 체험할 수 있습니다. 연이어 성령의 불로 장악이 될 수가 있는 것입니다.

7장 성령께서 성도를 장악하는 여러 형태

(행4:29-31)"주여 이제도 그들의 위협함을 굽어보시옵고, 또 종들로 하여금 담대히 하나님의 말씀을 전하게 하여 주시오며 손을 내밀어 병을 낫게 하시옵고, 표적과 기사가 거룩한 종 예수 의 이름으로 이루어지게 하옵소서 하더라. 빌기를 다하매 모인 곳이 진동하더니 무리가 다 성령이 충만하여 담대히 하나님의 말씀을 전하니라"

성령께서 성도를 장악하는 여러 가지 형태가 있습니다. 성령께 서 순간 장악하는 경우도 있습니다. 서서히 장악하는 경우도 있습 니다. 성도가 변화되는 만큼씩 장악을 할 수도 있습니다. 성령이 자신을 장악하고 있는 여러 가지 형태를 잘 알고 있어야 성령이 자 신을 장악할 때 능동적으로 대처하여 빨리 성령으로 장악이 될 수 가 있습니다.

1.바람같이 나타나는 성령

마치 바람과 같이 성도를 장악하는 것입니다. 솔솔 부는 바람이 있는가 하면 폭풍우를 동반하는 바람도 있습니다. 태풍으로 전봇 대를 쓰러뜨리고 나무를 뽑아버리는 태풍도 있습니다. 언제인가 태풍이 불었는데 부산 부둣가의 컨테이너를 운반하는 강철로 튼 튼하게 만든 장비가 쓰러져서 배에 화물을 적재하지 못했다는 이야기를 들었습니다. 바람은 이렇게 여러 가지 강한 역사를 일으킵니다.

> "바람이 임의로 불매 네가 그 소리는 들어도 어디서 와서 어디로 가는지 알지 못하나니 성령으로 난 사람도 다 그러하니라"(요3:8)."홀연히 하늘로부터 급하고 강한 바람 같은 소리가 있어 그들이 앉은 온 집에 가득하며"(행2:2)

우리 마음과 심령에 솔솔 부는 바람처럼 조용하게 감동을 느끼는 경우도 있지만 죄가 많이 있는 곳에 은혜가 넘칩니다. 성령의 역사가 일어나면 사람의 상식으로 이해할 수 없는 별별 역사가 다 일어납니다. 성령의 세례가 임할 때 손발을 움추리면서 게발처럼 되거나 얼굴을 찌푸리며 몸이 경직되는 현상이 일어납니다. 이는 특정한 죄를 해결하게 되는 경우입니다. 귀신이 떠나가는 경우에도 이와 같은 현상이 나타납니다. 그래서 크게 죄를 회개하게 되면 폭풍과 같은 진동이 우리 육신에 오게 되는 경우도 있습니다. 폭풍과 같이 비유되는 성령의 사역은 여러 가지 형태로 요란스럽기 짝이 없는 경우도 있습니다. 이러할 때에는 성령의 역사가 강하게 일어나는 경우로서, 귀신의 발작인 경우도 있습니다.

그리고 우리들에게 억압되었던 잠재의식의 발로 현상인 경우가 많은 것입니다. 성령의 능력이 임하면 귀신들이 발작하거나 잠복되었던 억압 의식이 표면으로 드러나는 여러 가지 현상을 보고, 사역자의 사역이 성령에 의한 사역이 아니라고 하는 경우도 있습니다. 또 귀신이 발작하거나 역사 하는 현상을 보고 성령의 역사라고 잘못 판단하는 경우도 있습니다. 그래서 영안을 열어서 분별력을 길러야 합니다.

그리고 무조건 강한 역사가 일어난다고 성령의 역사가 강하다고 하는 것도 잘못된 분별력이 될 수가 있습니다. 제가 지난 세월 동안 성령의 역사와 악한 영의 역사를 체험하고 제 나름대로 정의한 것은 성령의 강한 역사가 일어나면 악한영의 역사는 약하게 일어납니다.

왜냐하면 악한 영은 성령의 강한 역사에 의하여 떠나가야 하기 때문에 어찌하든지 미혹하여 숨어 있으려고 자신의 정체를 폭로하지 않기 때문입니다. 그러나 성령의 역사가 약하게 일어나 견딜 만하면 자기가 장악하고 있는 사람이 의지를 발휘하지 못하도록 강하게 역사하는 것입니다. 이래서 분별력과 성령역사의 체험이 있어야 한다는 것입니다. 우리 영안을 열고 분별력을 길러서 바르게 분별하여 속아 넘어가지 마시기를 바랍니다.

예를 들어 동물의 울부짖는 소리나 깔깔 웃는 소리나 귀신이 발작하는 현상들에 대하여 귀신이 나타나서 하는 현상인지, 성령이 나타나는 현상인지, 분별하지 못하는 경우가 있습니다. 그래서 이러한 현상 자체를 무조건 성령의 사역이라고 판단하여 실수하거나 잘못 주장하는 경우가 있을 수 있습니다.

이러한 경우에는 성령의 역사에 의하여 잠복하고 있던 귀신이 성령의 역사에 견디지 못하고 자기의 정체를 폭로하며 발작하는 현상일 수가 있습니다. 또 억압되었던 잠재의식이 표출되어지는 현상일 수도 있는 것입니다. 이는 성령사역을 경험하여 분별해야 할 것입니다.

그러나 이러한 현상을 무조건 성령의 사역이 아니라고 하는 것도 성령 사역에 대한 편견을 가졌거나 성령의 사역을 이해하지 못한 결과에서 유래합니다. 이것은 어디까지나 성령사역의 결과로 나타나는 현상에 대하여 일괄적으로 성령의 사역이 아니라고 하는 것은 잘못된 것입니다. 사탄이나 귀신의 역사가 외부에서 침입되는 것으로만 알고 있는 그릇된 편견이나, 귀신이나, 사탄이 그리스도인에게는 없다는 영적 무지에서 그런 것입니다.

사탄과 귀신이 역사 하는 곳은 외부에서 침입하는 경우도 있습니다. 그러나 주로 태아 때부터 들어와 오랫동안 잠복되어 있다가 성령의 강한 역사로 더 이상 자신을 숨기지 못하고 표면의식으로 정체를 드러내는 현상일 수도 있습니다.

제가 지금까지 성령사역을 하다가 임상적으로 경험한 바로는 태아 때부터 사람에게 들어와 잠복하고 있는 귀신들도 있었다는 것입니다. 뿐만 아니라 우리들에게 억압되어 있던 잠재의식의 웃음이 터져 나오는 경우와 슬픔이 터져 나오는 경우도 있는 것입니다. 그러므로 성령의 역사를 이렇다 저렇다 말로 표현하는 것은 한계가 있는 것입니다. 그때그때 성령께서 알려주시는 지식의 말씀과 지혜의 말씀으로 알아내서 대처해야 합니다. 그래서 성령사역은 실제로 많은 체험이 필요한 것입니다.

체험하여 바른 분별력을 개발해야 합니다. 그래야 마귀에게 속지 않습니다. 사역자는 더욱 깊은 분별력을 길러야 합니다.

2.비와 같이 쏟아지는 성령

성령께서 마치 비와같이 성도를 장악하는 것입니다. 비에도 종류가 많습니다. 이슬비가 있습니다. 잔잔하게 내리는 가랑비도 있습니다. 홍수가 되는 소낙비도 있습니다. 장마에 내리는 집중호우도 있습니다. 강한 바람을 동반한 폭풍우도 있습니다.

> "하나님이 보내신 이는 하나님의 말씀을 하나니 이는 하나님
> 이 성령을 한량없이 주심이니라"(요3:34)

은혜의 성령사역이 심령에 젖어가는 상태가 이슬비처럼 살그머니 몸에 젖어드는 현상을 말하거나 또는 소낙비로 폭풍우처럼 쏟아지는 현상을 말합니다. 성령의 사역은 다양합니다. 이슬비처럼 젖어가는 성령의 역사도 있습니다. 그러나 강하게 폭풍우가 몰아치듯이 강하게 역사하는 성령의 역사도 있습니다. 제가 성령 사역을 하다가 보면 어느 때는 내면의 상처를 치유하는 역사를 일으키시고, 어느 때는 귀신들이 소리를 지르고 떠나가는 강력한 역사를 일으키실 때도 있습니다. 쓰러지는 현상을 일으키실 경우도 있습니다.

우리 충만한 교회 집회시도 쓰러지는 현상이 일어납니다. 보편적으로 성령님이 임재 하여 전인격을 장악하시면 쓰러지는 현상이 나타날 때가 많습니다. 이는 성령 안에서 육신의 이성적 기능이 잠깐 동안 멈추는 현상입니다. 그래서 세상말로 입신에 들어가

서 여러 가지 신비한 것들을 체험하는 분들도 많습니다. 환상을 보고 예수님을 만나서 말로 표현 할 수 없는 이야기를 듣기도 합니다. 어떤 경우에는 하나님을 찬송하기를 몇 시간이나 쉬지 않고 계속하는 현상이 나타나기도 합니다. 어느 분은 잠을 자다가도 찬양을 했다는 간증을 하기도 합니다.

성령의 임재로 방언이 터지기도 합니다. 많은 분들이 방언통역의 은사가 같이 임하기도 합니다. 성령이 임재 하여 역사하기 시작하면 여러 가지 이해 할 수 없는 현상이 우리 교회 집회 때에 일어납니다. 손발을 움추리면서 게발처럼 되거나 얼굴을 찌푸리며 몸이 경직되는 현상이 나타납니다. 이는 특정한 죄를 해결하게 되는 경우입니다. 몸이 뒤틀리거나, 호흡이 가빠지거나 빨라지기도 합니다. 슬픔이 솟구치며 울음이 터집니다. 가슴을 찌르는 아픔, 위장이나 아랫배 부근에서 뭉치가 움직이고, 큰소리가 터지고, 가슴이 답답해지고 기침을 합니다. 하품이나 트림이 나오고, 심한 구토현상, 멀미하는 것처럼 속이 울렁거리며 토할 것 같은 현상이 일어나기도 합니다. 몸 안에서 무엇인가 빠져나가는 느낌이 생깁니다. 이는 귀신이 떠나가는 경우와 상처가 치유되는 현상이기도 합니다.

때로는 사람들에게 마음과 몸이 술에 취했을 때와 같이 몸이 흔들리는 현상이 일어나기도 합니다. 그래서 의자에 앉아 있지 못하고 의자에서 내려와 드러눕기도 합니다. 이런 술 취함을 체험한 후에 몸이 가벼워져서 걸음걸이가 비틀거리며 말까지 더듬게 되는 경우도 있습니다. 그리고 말로 표현할 수 없는 환희를 체험했다고 간증하기도 합니다.

지금까지 설명한 것은 분명하게 나타나는 현상이지만 그런데 미세하게 나타나는 현상도 있습니다. 그래서 우리가 성령께서 임하심을 영으로 깨닫지 못한 채 지나치게 되는 경우도 있습니다. 즉 몸이나, 눈까풀의 미세한 떨림, 깊은 호흡, 약간의 땀 흘림, 가슴이 울렁거리는 증상이 있습니다(커피를 많이 마신 것과 같은 현상이 나타난다). 때로는 가슴이 짓눌리는 것 같은 기분이 들거나 공기가 답답하게 느껴지기도 합니다. 그래서 답답하다고 밖으로 나가자고 하는 경우도 있습니다. 실로 성령의 역사는 다양합니다. 그러므로 성령 사역자는 그때그때 성령의 임하심을 감지하여 성령 집회를 성령님이 진행시도록 이끌어가야 합니다.

3.불과 같이 역사하는 성령

반딧불과 같이 번뜩이는 불도 있습니다. 촛불도 있습니다. 크고 뜨거운 모닥불도 있습니다. 용광로에서 쇠를 녹이는 강한 불도 있습니다.

"마치 불의 혀처럼 갈라지는 것들이 그들에게 보여 각 사람 위에 하나씩 임하여 있더니 그들이 다 성령의 충만함을 받고 성령이 말하게 하심을 따라 다른 언어들로 말하기를 시작하니라"(행2:3-4)."내가 불을 땅에 던지러 왔노니 이 불이 이미 붙었으면 내가 무엇을 원하리요"(눅12:49)

능력자들이 대개 불을 받았다는 표현을 사용하여 성령 사역의 능력은 마치 불을 받아야만 하는 것처럼 말합니다. 그래서 모두들 불같은 뜨거운 체험을 하기를 원하다가 그렇지 않으니, 실망하는 사람들이 많습니다. 그러나 반드시 능력자가 되기 위하여 이 불같은 성령의 체험만이 유일한 길이 아닌 것입니다. 불같이 받아도 금방 사그라질 수 있는 것이며, 촛불같이 시작해도 큰불이 될 수가 있는 것입니다.

또 이슬비 같이 젖어도 소낙비 같이 젖을 수가 있는 것입니다. 저는 참으로 성령 하나님에게 감사를 드립니다. 왜냐하면 성령의 각종 불의 역사를 체험하게 하셨기 때문입니다. 성령의 불의 역사는 다양합니다. 그러나 분별력을 길러야 합니다. 제가 잘 아는 목사님 한분은 어느 곳에 가서 성령의 뜨거운 불을 받았다고 합니다. 그런데 불을 받고 나서부터 머리가 깨지도록 아파서 아스피린을 한 주먹씩 먹는 다고 했습니다.

그래서 제가 그것은 잘못된 현상이니 치유를 받으라고 권면해 준 일이 있습니다. 이는 성령의 역사에 의하여 자신의 내면에 잠재하여 있던 악한 영이 정체를 드러내서 그러한 현상이 일어나는 것입니다. 즉 성령과 악령의 대립의 현상으로 머리가 깨지도록 아픈 것입니다. 저는 수없는 성령의 불과 성령의 역사를 체험했는데 이렇게 머리가 깨지도록 아픈 것이 아니고, 머리가 맑아지고 몸이 가벼워지며, 마음이 말로 표현 할 수 없이 평안 하였습니다.

만약에 성령의 불을 받고 머리가 깨지도록 아프다면 이는 치유를 받고 축귀를 해야 합니다. 축귀라는 것이 그렇게 쉽게 금방 되는 것이 아닙니다. 자신의 자아가 죽고 없어지고 성령으로 완전하게 장악되어야 귀신은 떠나가는 것입니다. 그래서 자신이 말씀과 성령으로 장악되지 않았는데 사역자의 권능으로 축귀를 했다고 해도, 자신에게 나간 귀신을 제압하거나 막아낼 권세가 없고, 내면의 쓰레기가 청소되지 않는 상태이기 때문에 귀신은 다시 돌아오게 됩니다.

"더러운 귀신이 사람에게서 나갔을 때에 물 없는 곳으로 다니며 쉬기를 구하되 쉴 곳을 얻지 못하고 이에 이르되 내가 나온 내 집으로 돌아가리라 하고 와 보니 그 집이 비고 청소되고 수리되었거늘 이에 가서 저보다 더 악한 귀신 일곱을 데리고 들어가서 거하니 그 사람의 나중 형편이 전보다 더욱 심하게 되느니라 이 악한 세대가 또한 이렇게 되리라."(마 12:43-45)

그래서 자신의 영을 지키려면 무엇보다도 옛 사람이 죽는 번제가 되어야 합니다. 자신이 자신의 영을 지킬 수 있는 능력이 있어야 나간 귀신이 다시 들어오지 못합니다. 그러므로 축귀는 자신에게서 권능의 역사가 나타나 악한 영의 역사를 막아낼 능력이 될 때까지 해야 한다고 하는 외국의 성령사역자도 있는 것입니다. 자신이 자신의 영을 지킬 수 있는 영성을 소유하도록 노력하시기를 바랍니다.

4. 비둘기 같이 역사 하는 성령.

성령이 비둘기와 같이 온유하게 임하여 역사하는 경우도 있습니다. 자신이 잘 느끼지는 못하지만 성령이 임재하여 역사하는 것입니다. 심령을 성령으로 장악하여 깨끗하게 정화하는 영입니다.

버드나무처럼 유연해도 강철보다 더 강할 수도 있습니다. 외투를 벗기는 데는 강한 바람보다 따뜻한 햇볕이 더 효과가 있듯이 온유함이 육성을 벗기는데 더 효과적입니다. 자비와 인내와 사랑과 온유한 성령의 능력을 말합니다. 성격이 포악하고 거칠던 성도가 성령을 체험하고 점점 유순하게 변하는 표현입니다.

실제로 성령을 체험하고 성령으로 심령 깊은 상처를 치유하면 유순하고 평안한 성도로 변합니다. 이는 제가 경험한 사례이기도 하지만 우리교회에서 장기간 치유를 받은 성도들이 이구동성으로 하는 말입니다. 성령으로 치유하면 성격이 온유하게 변하는 것입니다. 왜냐하면 성령은 온유와 평안의 영입니다. 온유하고 평안의 영이 심령을 장악하니 온유와 평안이 흘러나오는 것입니다. 그래서 마음에서 장시간에 걸쳐 열렬하게 하나님께 찬송을 돌리는 행위가 일어나기도 합니다. 어떤 경우에는 하나님을 찬송하기를 몇 시간이나 쉬지 않고 계속하는 현상이 나타나기도 합니다. 이런 경우 기도가 변화되어서 길어지게 되고, 하나님의 뜻대로 기도하게 됩니다. 방언의 은사를 받는 경우에 나타나기도 합니다. 성령의 능력이 임하게 된 징표이기도 합니다.

5. 기름같이 역사 하는 성령.

성령이 기름이 스며들듯이 부드럽게 임하여 역사하는 경우도 있습니다. 성령이 기름으로 임할 때는 사람들과의 관계가 부드러워지며 마음이 유순하게 변하게 됩니다. 가정에 성령의 기름부음이 임하면 화평한 가정이 됩니다. 교회에 성령의 기름부음이 임하면 성도 간에 화합을 잘하게 됩니다(요일 2:27).

내적으로 젖어드는 영적 성숙함이나 능력을 표현 할 때 사용되어집니다. 때로는 사람들에게 마음과 몸이 술에 취했을 때와 같은 현상이 일어나기도 합니다. 이 현상은 하나님의 은총을 새로이 깨닫거나 그분의 놀라운 용서를 체험하고 나면 무한한 행복감에 도취됩니다. 그래서 몸이 무거워져서 일어날 수가 없게 되어 걸음걸이가 비틀거리며 말까지 더듬게 되는 경우도 있습니다.

성령의 사역이 나타나는 현상을 획일적으로 정의한다는 것은 불가능합니다. 그 다양성이야말로 이루 말 할 수 없는 것입니다. 마찬가지로 사탄의 역사도 다양합니다. 그러므로 자신의 체험만이 옳다는 주장이나 전도만이 최고다. 기도만이 최고다. 혹은 능력만이 최고다. 은사만이 최고다. 말씀만이 최고다. 봉사만이 최고다. 선교만이 최고다 하고, 한편으로만 치우치거나 고집하는 현상은 영적인 세계를 모르는 사람의 주장입니다.

고로 말씀과 성령으로 영안을 열어 영들을 분별하는 능력을 개발해야 합니다. 영분별은 갑자기 심령감찰(투시)이나 영안이 열리는 것이 아니라, 말씀 안에 기록된 여러 가지 영적인 원리와 성령과 사탄의 역사의 여러 가지 영적인 현상을 체험하고, 연단하고, 훈련으로 이해하는 것이 영분별로 연결되어집니다.

다양한 영적인 현상들을 체험하고 이해하지 못하고, 무조건 잘못된 현상으로 몰아 부치는 무지는 성령의 역사에 찬물을 끼얹는 결과를 초래합니다. 그리고 성도들을 영의 눈이 먼 무지한 성도로 만드는 결과를 초래합니다. 성령의 역사는 진동과 폭풍과 같은 요란한 현상이 나타나기도 하며, 인간의 상식과 이해 범위를 벗어나는 별별 이상한 사건들이 일어나는 것입니다.

많은 사람들이 이와 같이 일어나는 성령의 강력한 역사를 두려워하는 경향이 있는데, 이것은 그 사람 속에 있는 사탄이나 귀신이 이것을 싫어하도록 하는 것일 경우가 있습니다. 그런데 문제는 이러한 마음이 마치 자기가 싫어하는 것인 줄 알고 거부하여 자리를 떠나가는 사람들이 많습니다. 이런 사람은 절대로 영적으로 변할 수 없습니다. 왜냐하면 예수를 믿노라 하면서도 여전히 옛 사람의 주인인 마귀의 지배를 받고 살아가기 때문입니다.

성령의 세례를 체험하므로 살아계신 하나님을 알고 영안을 열어 가시기를 바랍니다. 성령의 세례를 체험하여 하나님이 원하시는 영적인 성도가 되기를 소원합니다. 제가 지금까지 성령사역을 하면서 체험한 바로는 성령의 세례를 체험하지 못하면 아무리 오랫동안 믿음 생활을 해도 영적으로 변하지를 않더라는 것입니다. 예수를 믿고 성령을 체험해야 영적으로 변하게 되어 있습니다.

8장 성령의 불로 장악되면 유익한 점

(행4:28-31)"하나님의 권능과 뜻대로 이루려고 예정하신 그 것을 행하려고 이 성에 모였나이다 주여 이제도 그들의 위협함을 굽어보시옵고 또 종들로 하여금 담대히 하나님의 말씀을 전하게 하여 주시오며 손을 내밀어 병을 낫게 하시옵고 표적과 기사가 거룩한 종 예수의 이름으로 이루어지게 하옵소서 하더라. 빌기를 다하매 모인 곳이 진동하더니 무리가 다 성령이 충만하여 담대히 하나님의 말씀을 전하니라"

성령을 체험하고 나면 사람이 영적으로 변한다는 것입니다. 영적인 눈이 열려서 성령과 교통하며 영의 말씀이 보이고, 영적인 설교 말씀이 들립니다. 그러니 자꾸 치유되고 변화되어 심령이 성령으로 장악되니 참 편안을 체험합니다. 성령의 불을 받아 변화받은 목사님의 간증입니다.

충만한 교회의 성령치유 집회에 참석하여 사모하던 성령을 체험했습니다. 경상남도에서 올라오셔서 성령체험하고 치유 받은 목사님의 간증입니다. 이 목사님이 성령체험을 하려고 7년을 서울로 수원으로 성령집회에 다녔다고 합니다. 이번에 가면 성령 체험 하겠지 하고 경남에서 서울까지 큰 마음을 먹고 올라왔으나 허탕을 쳤답니다. 또 수원에 어느 교회에서 집회하는데 성령의 역사가 강하다고 하여 올라왔다가 허탕을 쳤습니다. 이 목사님이 이렇게 성령체험을 하려고 하는 데는 이유가 있었습니다. 혈기와 분노의 상처로 인하여 사모님과 관계가 엉망이고 자녀들에게 혈기를 유발하여 가정이 하루도 평안하지를 않았습니다.

교회에서도 자주 혈기 때문에 성도들에게 상처를 주어 성도가 떠나가는 일이 많았다고 합니다. 그래서 모든 것이 자신의 마음의 상처 때문이라고 인정하고 이것을 치유하려면 성령을 체험해야 한다고 생각하고 의지를 가지고 꼭 성령체험을 하고야 만다는 마음가짐으로 경남에서 서울 수원까지 7년을 다닌 것입니다. 그것도 사모님이 이 목사님이 변하는 것은 성령체험 밖에 없다고 생각하고 계속 등을 밀어서 서울로 수원으로 가도록 했다고 합니다.

그러다가 우리교회가 성령의 역사가 강하다는 소문을 듣고 오신 것입니다. 저는 목회자나 성도들에게 성령을 체험하게 하는 영적인 비결을 터득하여 사용하고 있습니다. 제가 인도하는 대로 만 하면 성령체험 못하는 분이 없습니다. 이 목사님이 제가 하라는 대로 순종하여 몇 주 안 되어 성령을 체험했습니다. 성령을 체험하고 나니 목사님 속에서 역사하던 수많은 상처들이 떠나갔습니다. 상처가 떠나가니 목사님의 근본 문제인 분노의 영이 시골에서 돼지를 잡으려고 돼지 목을 따면 지르는 괴성을 한 50분간 지르다가 떠나갔습니다.

성령의 강한 임재로 얼굴이 일그러지고 손이 뒤틀리고 발버둥을 치며 귀신들이 떠나갔습니다. 차츰 목사님의 얼굴이 성령으로 충만해졌습니다. 성령으로 충만하여 치유되면 얼굴이 먼저 변합니다. 유순하고 평안한 얼굴로 변합니다. 그 멀리 경남에서 한 주도 빠짐없이 몇 주를 다니셨습니다. 많은 치유를 경험했습니다.

그렇게 은혜를 많이 받던 어느날 목사님이 저에게 식사를 대접하겠다고 했습니다.

식사를 하면서 목사님이 저에게 하시는 말씀이 이렇습니다. 목사님은 사역을 참 순진하게 하십니다. 뭐 그렇게 열심히 기도를 해주느냐고 하는 겁니다. 대충해서 오래오래 다니게 해야지 그렇게 오래 붙잡고 집중 기도를 하니 성령체험하고 능력 받고 오지 않는 것이라고 이제는 슬슬하라고 하는 것입니다. 그래서 제가 목사님! 하나님이 저의 이런 모습을 보고 사용하십니다. 앞으로도 순진하게 사역을 하겠습니다. 했습니다. 그러고도 몇 주를 더 다녔습니다.

그러던 어느날 집회를 종료하고 목사님! 이제 치유가 어느 정도 되고 능력도 나타나니 교회에서 기도하며 유지하겠습니다. 그래서 그렇게 하라고 했더니 이제 올라오시지 않았습니다. 그러다가 년 말이 되었습니다. 그 목사님으로부터 택배가 왔습니다. 물건을 열어보니 보약을 두 제를 지어서 보낸 것입니다.

그 안에 편지를 동봉하였습니다. 편지에 이렇게 씌어있었습니다. 목사님 감사합니다. 성령체험하게 하시고 치유 받고 변화되게 하시니 감사합니다. 내가 변하니 가정이 변하고, 가정이 변하니 교회가 성장합니다. 사모도 자녀들도 아주 좋아합니다. 가정이 천국이 되었습니다. 교회성도들도 무척이나 좋아합니다. 교회도 많이 부흥했습니다. 사역하시느라고 수고가 많으신데 제가 한약방에 가서 몸과 건강에 좋은 것을 지어서 보냅니다. 드시고 건강하게 저같이 고생하는 사람들을 치유해주세요. 감사합니다. 목사님의 교회성장과 사역의 번성을 기도드립니다. 할렐루야!

성령으로 장악이 되면 이렇게 변해야 합니다. 예수님의 인격으로 변해야 맞는 것입니다.

1. 성령으로 장악되면 권능의 성도가 된다.

우리가 성령을 모시고 거듭나서 영생을 얻었으면 그 다음 또 권능으로서 성령을 체험하게 되는 것입니다. 한 여성이 처음 결혼하면 아내가 되는 것입니다 . 그러나 아내로서 남아 있습니까? 아닙니다. 얼마 안 있으면 어린 아이를 잉태하게 되고 낳게 되면 어머니로 변화되게 되는 것입니다. 똑같은 여성이 아내가 되었다가 그 다음 어머니가 되는 것처럼 똑같은 성령인데 예수를 믿어서 구원 받게 할 때는 중생의 영으로 역사하시다가 똑같은 성령을 우리가 또 성령세례를 받게 되면 권능의 영으로 체험하게 되는 것입니다.

사도행전 1장 4절로 5절에 보면 "사도와 같이 모이사 저희에게 분부하여 가라사대 예루살렘을 떠나지 말고 내게 들은바 아버지의 약속하신 것을 기다리라 요한은 물로 세례를 베풀었으나 너희는 몇 날이 못되어 성령으로 세례를 받으리라 하셨느니라"

예수님의 제자들이 예수님이 부활하신 이후에 주님이 동분서주하면서 40일 동안 그리스도의 제자들을 불러 모았었습니다. 그리고 그들을 데리고 감람산에 가서 축복하시고 승천하셨습니다. 그리스도의 승천한 것을 본 500여명의 제자들인데 그중에 약 120여명이 마가요한의 집에 와서 다락방에서 한 열흘 동안 열심히 기도하다가 성령의 충만한 세례를 받게 된 것입니다.

사도행전 1장 8절에 "오직 성령이 너희에게 임하시면 너희가 권능을 받고 예루살렘과 온 유대와 사마리아와 땅 끝까지 이르러 내 증인이 되리라 하시니라" 우리가 예수를 믿고 구원은 받았으나 증인이 되기 위해서는 권능을 받아야 됩니다. 그냥 내가 예수 믿어서는 입이 떨어지지 않아요. 그러나 성령세례 받으면 권능이 넘쳐나서 앉으나 서나 사람들에게 그리스도의 증인이 되는 것입니다. 예수를 믿어 구원 받는 것은 내 속에 영생하는 샘물이 들은 것과 같습니다. 샘물이 들어온 것은 내 마음속에서 그냥 퍼마실 수 있지만 온 도시와 나누어 마실 수는 없습니다.

그러나 성령세례 받아 성령으로 장악이 되면 마음 속에서 생수의 강이 넘쳐납니다. 강물이 넘쳐 나오면 온 도시가 그 물을 마실 수 있습니다. 우리 속에 샘물이 있으면 서울 시민과 다 함께 나눌 수 없지만 한강물이 넘실넘실 흘러가는 이 한강물은 온 서울시민이 다 나누어 마실 수가 있게 되는 것입니다. 그러므로 중생한 사람은 샘물을 얻은 것과 같지만 성령세례 받은 사람은 성령이 강물같이 우리 속에서 넘쳐나게 되는 것입니다.

오순절 날에 제자들은 바로 이 성령세례를 받아 갑자기 성령이 강물같이 넘쳐 나면서 권능을 허락하여 주신 것입니다. 그들은 아무도 알아주지 않는 무력한 사람들이었습니다. 그들은 어부들이요, 세리들이요, 그 사회 속에서 멸시받고, 천대받고, 보잘 것 없는 사람들이었는데 성령이 임하시자 권능을 받고 그들 속에서 놀라운 능력이 넘쳐 나오기 시작한 것입니다.

사도행전 2장 1절로 4절에 보면 "오순절 날이 이미 이르매 저희가 다 같이 한곳에 모였더니 홀연히 하늘로부터 급하고 강한 바람 같은 소리가 있어 저희 앉은 온 집에 가득하며 불의 혀 같이 갈라지는 것이 저희에게 보여 각 사람 위에 임하여 있더니 저희가 다 성령의 충만함을 받고 성령이 말하게 하심을 따라 다른 방언으로 말하기를 시작하니라"고 말한 것입니다.

2. 성령으로 장악 되면 진리를 깨닫게 된다.

성령은 진리의 말씀을 깨닫게 하십니다. 많은 분들이 진리의 말씀을 깨닫지 못합니다. 하나님의 말씀은 성령의 감동하심을 입은 자들이 하나님께 받아 말한 것이기 때문에 성령을 체험하지 못하면 영의 말씀을 깨닫지를 못하게 되는 것입니다(벧후 1:20-21).

우리 교회 성령치유 성회에 참석하여 처음 며칠간은 전하는 말씀의 뜻을 잘 이해하지 못하겠다고 하시는 분들이 있습니다. 그러다가 성령을 체험하고 나면 전하는 말씀이 꿀과 같이 달다고 하십니다. 왜 처음에는 잘 알아듣지를 못하는가 육신에 속해있는 그리스도인이기 때문입니다. 육신에 속해 있는 성도가 영의 말을 알아듣지 못하는 것은 당연한 것입니다.

"우리가 세상의 영을 받지 아니하고 오직 하나님으로부터 온 영을 받았으니 이는 우리로 하여금 하나님께서 우리에게 은혜로 주신 것들을 알게 하려 하심이라. 우리가 이것을 말하거니와 사람의 지혜가 가르친 말로 아니하고 오직 성령께서 가르치신 것으로 하니 영적인 일은 영적인 것으로 분별하느니라. 육에 속한 사람은 하나님의 성령의 일들을 받지 아니하나니 이는 그것들이 그에게는 어리석게 보임이요, 또 그는 그것들을 알 수도 없나니 그러한 일은 영적으로 분별되기 때문이라."(고전 2:12-14)

저희 교회에서 성령치유 훈련을 받으시고 이 어려운 시기에도 교회를 개척하여 교회를 자립성장 시키며 목회를 아주 잘하는 분들이 많습니다. 그런데 가끔 전화로 대화를 하다가 보면 답답한 목회자가 많이 계시다는 것입니다. 그 목사님이 하시는 말씀은 은혜를 받기 위하여 영성훈련을 하는 곳에 가보면 3년 이상 그곳에 다닌 분들도 있다는 것입니다.

그런데 그분들이 강사 목사님이 하시는 말씀을 알아듣지를 못한다는 것입니다. 정말 답답하지 않습니까? 3동안이나 다녔는데 왜 강사 목사님이 전하시는 말씀을 못 알아듣느냐 이는 영이 깨어나지 못하고 잠을 자고 있기 때문에 영의 말을 알아들을 수가 없는 것입니다. 그래서 충만한 교회에 가서 성령체험하고 영을 깨워서 오라고 조언하고 있다는 것입니다. 육신에 속한 그리스도인이 영적인 말씀을 알아듣지 못하는 것은 당연한 것입니다. 이런 분들은 성령을 체험하여 영을 깨워서 살아있는 영이 되어야 영의 말씀이 영으로 들려서 심령이 변하고 치유되며 성령의 충만함을 받아 권능 있는 삶을 살아갈 수가 있는 것입니다.

3. 성령으로 장악되면 담대한 성도가 된다.

오순절 마가의 다락방에서 성령을 충만히 받자 그렇게 무서워서 벌벌 떨며 밖으로 못나간 그들이 문을 박차고 나와서 복음을 증거하니까, 베드로의 설교를 듣고 하루에 3천명이 회개하고 그 이튿날에는 미문가의 앉은뱅이를 예수 이름으로 일으키고 난 다음에 복음을 전하매 5천명이 회개하고 돌아오고 예루살렘에 예수 그리스도의 복음이 충만하게 된 것입니다. 보잘 것 없는 겁쟁이들, 그들이 성령을 받자 놀라운 권능이 생겨나게 된 것입니다.

그러면 제자들만 성령 세례 받았는가? 아니요. 주후 30년에 성령의 역사가 예루살렘에서 일어났는데 4년이 지난 후에 주후 34년경에 바로 사마리아인들이 성령을 받게 되었습니다. 빌립이 사마리아에 가서 복음을 증거 하매 많은 사람들이 그 복음을 듣고 귀신이 쫓겨 나가고 앉은뱅이와 절름발이가 나았고 기쁨이 충만했습니다. 그런데 거기에 요술쟁이 시몬이라는 사람이 큰 요술을 해서 많은 사람을 미혹하다가 빌립의 사역을 보고 너무 심취해서 따라 다니며 자기도 회개하고 세례를 받고 따라 다녔는데, 그러나 빌립의 선교를 통해서 구원받고 귀신이 쫓겨 나가고 병은 나았지만은 성령 세례 받은 사람이 없어요. 사마리아에 크게 부흥이 일어났다는 말을 듣고 예루살렘에서 베드로와 요한이 사마리아에 옛날에 와서 그들에게 안수하매 그들이 성령을 받았습니다.

그러니 요술쟁이 시몬이 베드로에게 와서 "내가 돈 줄 터이니까 내게도 그런 권능을 주어서 안수 할 때마다 성령 받게 해주십시오." 그러다가 베드로에게 혼이 났습니다. "야 이놈아! 하나님의 선물을 돈 주고 살줄 아느냐?" 혼비백산 했습니다. 그런데 이 요술쟁이가 빌립이 다니면서 귀신을 쫓아낸 것 보고도 돈 주고 그 권능 달라고 안했습니다. 수많은 앉은뱅이와 절름발이가 낫는 것을 보고도 돈 주고서 그 권능 달라고 안했습니다.

그러나 베드로와 요한이 안수하매 성령 받는 것보고는 돈 주고서 그 권능을 달라고 했었습니다. 성령을 받을 때 조용히 받았으면 뭘 돈 주고 받으려고 할턱이 없잖아요. 굉장한 능력이 나타난 것을 보았습니다. 다시 말하면 사도행전 시절 오순절 날 성령이 임할 때 사람들이 성령이 충만함을 받고 다른 방언으로 말하는 것을 보고 놀란 것처럼 아마 요술쟁이 시몬도 귀신 쫓겨 나가는 것 보고도 놀라지 아니하고 병 낫는 것 보고도 놀라지 않았지만 베드로와 요한이 안수하매 성령받고 방언 말하는 것을 보고 놀래가지고서 그래서 돈 주고 살려고 한 것입니다. 이러므로 성령을 받은 사람은 성령 받은 결과로 외적 표징으로써 그들은 방언을 말했었습니다.

4. 성령으로 장악되면 신령한 새 사람이 된다.

우리가 알아야 될 것은 우리가 예수를 믿었다는 것은 하나의 종교를 받아들인 것이 아니라 완전히 옛 사람은 죽고 새 사람으로 살아났다는 것을 알아야 합니다. 누구든지 그리스도 안에 있으면 새로운 피조물이라 이전 것은 지나갔으니 보라 새것이 되었도다. 아예 육의 사람은 십자가에 못 박아서 제쳐 버렸습니다. 그러므로 지나간 때의 주인이 육의 사람입니다. 육의 사람은 지나간 때의 주인입니다. 옛날에 예수를 믿기 전에는 육의 사람이 완전히 주인 노릇해서 우리를 붙잡아서 마음의 욕심과 육신의 정욕대로 끌려가고 마귀의 종이 되게 만들었는데 십자가를 통하여 이 육의 사람을 우리는 죽여 버리고 성령으로 말미암아 우리는 속사람이 살아났습니다.

신령한 사람으로 일어나게 된 것입니다. 그러므로 이제 예수 믿는 우리들에게는 이 신령한 사람이 우리의 삶의 주인인 것입니다. 육의 사람이 주인이 아닙니다. 신령한 사람이 주인입니다. 이 주인이 성령의 힘을 얻어서 육의 사람 마귀의 종이 된 육의 사람이 올 때 이를 쳐서 물리쳐야 되는 것입니다.

그러므로 갈라디아서 5장 1절에 "그리스도께서 우리로 자유케 하려고 자유를 주셨으니 그러므로 굳세게 서서 다시는 종의 멍에를 메지 말라"고 말하는 것입니다. 다시 메지 마라. 다시 육의 노예가 되고 마귀의 종이 되지 마라. 그렇게 말하고 있는 것입니다. 주께서 십자가를 통해서 육의 사람을 멸하고 마귀를 정복했기 때문에 예수를 믿고 신령한 사람이 주인으로 살아 일어나고 신령한 사람은 하나님의 성령의 힘을 입어서 사는 것입니다.

그리고 이 신령한 사람은 그 가슴속에 하나님의 길과 하나님의 법을 바로 새겨서 굳세게 잡고 있어야 되는 것입니다. 하나님의 길이라는 것은 바로 예수님의 길이 아닙니까. 예수님께서 십자가에서 용서받는 길 성령 충만 받는 길, 병 고침 받는 길, 그리고 축복 받는 길, 영생 얻는 길로써 우리에게 들어오는 것입니다. 예수님이 바로 우리의 길인 것입니다. 그러나 이 길을 바로 가자면 이 길을 지켜 주는 하나님의 계명과 성령의 법이 필요한 것입니다.

우리나라가 잘 살려면 군대가 있어서 대적을 막아 줘야 하는 것처럼, 우리가 예수 믿고 하나님의 복의 길에 들어섰으면 이 길에서 떠나지 않도록 지켜줄 군대가 필요한 것입니다. 그 군대가 바로 하나님의 계명이요, 성령의 법인 것입니다. 오늘날 많은 사람들이 예수를 믿고 구원받는 길에만 들어서서 자기를 지킬 수 없으므로 육체가 들어오고 마귀가 들어와서 그만 은혜의 길에 있는 우리들을 좇아내 버리고 길 잃어버린 자가 되고 도로 멸망 받게 하는 때가 많습니다.

그러나 우리 속에 예수 믿고 우리가 길을 가졌으면 이 길을 지켜줄 수 있는 군대인 하나님의 계명과 성령의 법이 우리 마음을 지켜야 되는 것입니다. 우리가 계명을 지키므로 구원을 받는 것은 아닙니다만 계명이 우리를 지켜 주는 것입니다. 그러므로 하나님의 십계명과 성령의 법이 우리의 마음을 점령해서 원수로부터 우리를 지켜 주는 것입니다. 계명의 법과 성령의 법 이것이 바로 죄와 사망의 법에서 우리를 해방시켜 주는 것입니다.

그렇기 때문에 오늘날 우리는 예수만 믿을 뿐 아니라 우리 마음속에 십계명도 외우고 성령님을 인정하고 환영하고 모셔 들이고 성령께 의지해서 계명과 성령이 우리를 둘러 진치고 우리를 지켜주어서 우리가 그리스도의 길에서 떠나가지 않도록 그렇게 만들어야만 하는 것입니다.

그리고 우리가 혹시 죄를 범하면 곧장 회개해야 합니다. 요한일서 2장 9절에 "만일 우리가 우리 죄를 고백하면 저는 미쁘시고 의로우사 우리 죄를 사하시며 모든 불의에서 우리를 깨끗케 하실 것이라"고 말씀하고 있는 것입니다. 한 시라도 신속히 회개해서 육체에 마귀가 틈타지 못하도록 해야 되는 것입니다.

그리고 우리는 성령 충만한 삶을 살아야 되는 것입니다. 성령으로 살면 성령으로 행하라고 했는데 성령으로 사는 생활이란 말씀이 충만한 삶이요 기도가 충만한 삶인 것입니다. 우리가 성실하게 하나님 말씀을 늘 공부하고 읽고 말씀을 듣고 기도하기를 힘쓰면 말씀 충만, 기도 충만하면 그것이 바로 성령 충만으로 이어지는 것입니다.

그래서 하나님의 성령이 우리와 같이 계시고 우리가 늘 성령님을 예배드리고 인정하고 환영하고 성령께 의지하면 계명과 성령이 우리를 예수 그리스도의 은혜의 길속으로 걸어가게 만들어 주는 것입니다. 그 나라와 그 의를 구하게 해 주시고 영혼이 잘됨같이 범사에 잘되며 강건한 삶을 살 수 있도록 우리를 마귀와 육체와 세상에서 지켜 주는 것입니다. 우리는 천국에 올라갈 때까지 부활의 몸을 입을 때까지 육체 안에서 신음하며 끝없이 투쟁을 계속 해야만 합니다.

조금이라도 자만하거나 방심하면 옛 주인 육의 사람이 마귀와 손을 잡고 우리를 종으로 삼으려고 우는 사자와 같이 덤벼드는 것입니다. 우리는 항상 이 육체를 쳐서 십자가를 통하여 복종시키고 성령을 의지하므로 신령한 삶을 계속 해야만 되는 것입니다. 그렇게 할 때 우리는 참으로 빛과 소금이 되고 우리 주 예수님을 기쁘시게 할 수 있는 마음의 준비가 될 수 있습니다.

우리는 이 땅에서 육으로 태어났지만 그대로 있으면 멸망하고 맙니다. 예수를 믿어 영으로 다시 태어나야 되는 것입니다. 그래서 하나님의 자녀가 됩니다. 이것은 육신으로나 사람의 뜻으로 태어나는 것 아닙니다. 하나님으로 태어난 속사람, 영의 사람, 신령한 사람으로 우리는 태어납니다.

그리고 이 신령한 사람은 예수를 중심으로 삽니다. 예수의 길에서서 살아 나갑니다. 예수의 길속에 바로 용서가 있고 성령 충만이 있고 필요도 있고 축복도 있고 천국도 있습니다. 예수의 길에서 우리가 살아나갈 때 끊임없이 육이 쳐들어오고 마귀가 우리를 도로 넘어뜨리려고 할 때, 우리를 지켜주는 군대가 바로 하나님의 계명이요 성령의 법인 것입니다. 우리가 하나님의 계명으로 무장하고 하나님의 성령으로 무장하고 있으면 이 모든 육과 마귀를 쳐서 복종시켜 영광스러운 승리의 삶을 살게 되는 것입니다.

5. 성령으로 장악되면 영육의 질병에서 해방된다.

인간은 에덴에서 압제 당하지 않고 살았습니다. 영혼도 자유롭고 마음도 자유롭고 육체도 생활도 자유로웠습니다. 그들은 압제 당하지 않고 종살이하지 않았습니다. 그러나 타락 이후 마귀의 압제에 들어가고 만 것입니다.

인간은 타락하자 마귀의 종이 되었습니다. 악한 마귀가 인간을 가만히 내버려 둘 턱이 없습니다. 인간을 온갖 수단과 방법으로 묶어 놓고 종으로 삼고 불행하고 고통을 당하게 만들어 놓은 것입니다. 그리고 마귀의 육체적인 압제에 의해서 가지가지 질병이 생깁니다. 마귀에게 눌려서 사람들이 병이 드는 것입니다. 성경에 보면 그리스도께서 행하신 모든 치료는 마귀에게 눌린 자를 고친 것이라고 말했습니다. 마귀가 폐를 누르면 폐병도 되고 폐암도 되고 마귀가 관절을 누르면 관절염이 됩니다. 물론 마귀는 사람들이 기회를 열어주기 때문에 그런 것입니다.

과거에 담배를 피웠기 때문에 마귀에게 폐암을 가져 올 수 있는 기회를 넣어주고, 채소를 많이 먹지 아니하고 과일을 많이 먹지 아니하고 육류를 좋아함으로 몸속에 모든 부패물이 모여서 암을 만들도록 기회를 주기 때문에 마귀가 올 수 있는 것이지, 마귀가 스스로 들어오지 않습니다. 인간이 마귀에게 들어오도록 빌미를 주었기 때문에 들어온 것입니다. 그래서 주님은 마귀로 틈타지 못하게 하라고 말한 것입니다. 마귀를 틈타게 하면 마귀가 들어와서 육체를 눌러서 여러 가지 종류의 질병을 일으키게 되는 것입니다.

그러므로 성령은 이러한 우리에게 임하셔서 예수 그리스도의 이름과 그 보혈의 능력으로 영육의 해방을 가져다주는 것입니다. 성령은 육체의 질병과 마음의 상처와 환경의 고통에서 해방되는 것을 기뻐하시고 도와주시는 것입니다. 우리 인간이 인간답게 하나님의 권세를 사용하면서 살 수 있도록 하기 위해서 하나님의 성령은 우리 가운데 역사 하는 것입니다.

그러므로 여러 질병과 상처와 가난과 환경의 문제로 고통당하는 것은 하나님의 뜻이 아니요, 성령의 역사가 아닌 마귀의 역사입니다. 혹은 질병에 걸려서 고통을 당하면서 지내는 것은 하나님의 뜻도 아니요, 마귀의 뜻이요, 하나님은 거기에서 해방시키기를 원하시는 것입니다. 마음의 상처와 우울증으로 불면증으로 고생하는 영혼들을 위해서 우리는 기도하고 그들에게 도움을 베풀어야 되는 것입니다.

그렇기 때문에 결국은 하나님의 성령의 역사로 마음의 상처와 가난과 환경의 고통으로 고생하는 영혼들을 하나님께서 기어코 구출해 내실 것입니다. 갈라디아서 5장 1절에 "그리스도께서 우리로 자유케 하려고 자유를 주셨으니 그러므로 굳세게 서서 다시 는 종의 멍에를 메지 말라"고 말한 것입니다. 예수 그리스도가 들어오고 그러한 질병과 마음의 병으로 고통당하는 일들이 없어지게 되는 것입니다.

그리스도 안에서 해방과 자유를 체험하게 되는 것입니다. 그뿐 아니라 성령은 오셔서 육신의 질병에서 해방 시켜 주는 것입니다. 수많은 질병이 우리가 오늘날 경험하는 스트레스로 말미암아 오는 것입니다. 성령님의 능력은 이 스트레스에서 우리를 해방시켜 주고 치료를 가져오는 것입니다.

사도행전 10장 38절에 "하나님이 나사렛 예수에게 성령과 능력을 기름 붓듯 하셨으매 저가 두루 다니시며 착한 일을 행하시고 마귀에게 눌린 모든 자를 고치셨으니 이는 하나님이 함께 하셨음이라"고 말했습니다. 돌에 눌린 풀은 노랗게 되어서 잘 자라지 못합니다. 돌을 옮겨 놓으면 노란 풀이 순식간에 태양 빛을 받고 시커

멓게 자라나기 시작하는 것입니다.

질병의 60%에서 90%는 마음, 즉 스트레스로 온다고 하버드 이과 대학교 벤센 교수가 말했습니다. 그가 5년간의 연구에 의하면 심장 수술 받은 사람 가운데 살아남은 환자를 조사해 보니 예수님을 믿는 사람이 안 믿는 사람보다 3배나 많고 건강하다는 것을 그는 증명했었습니다. 경쟁사회가 불러온 과도한 스트레스가 몸속에 쌓이면 혈압이 오르고 면역 기능이 약화되고 작은 감기도 완치하는데 오랜 시간이 걸립니다.

이러므로 우리 마음속에 스트레스라는 것은 우리 몸에 병을 유도하는 활짝 열린 문이 되고 마는 것입니다. 우리가 부부간에 싸움을 하고 난 다음에도 곧장 머리가 아프고 감기가 든 이유는 싸움하고 미워하면 마음속에 면역성이 떨어지기 때문에 곧장 병이 다가오는 것입니다. 오늘 우리 스트레스는 우리가 걸리는 병의 가장 근원적인 이유인 것입니다.

스트레스에서 해방되고 살 수 있는 길이 있습니까? 스트레스가 온다고 항상 여행이나 다니고 한가하게 있을 수만은 없지 않습니까? 스트레스에서 풀려나올 수 있는 길은 예수를 믿고 하나님께 의지하고 하나님을 예배하고 감사할 때 성령이 오시면 그 은혜로 말미암아 마음에 의와 평강과 희락으로 채워주기 때문에 스트레스에서 해방을 얻을 수가 있는 것입니다. 우리 안에 계신 성령은 세상의 무엇보다도 크시기 때문에 성령의 능력으로 스트레스가 밀려나가기 때문입니다. 성령으로 장악이 되고 성령으로 충만하여 영육의 강건한 삶을 살아가시기를 바랍니다.

9장 성령에 대한 잘못 알고 있는 것

(고전2:13)"우리가 이것을 말하거니와 사람의 지혜가 가르친 말로 아니하고 오직 성령께서 가르치신 것으로 하니 영적인 일은 영적인 것으로 분별하느니라"

예수를 믿고 교회에 다니는 성도들이 성령의 역사에 대하여 바르게 알지 못하고 있다는 것입니다. 내가 지금까지 성령치유 사역을 하면서 체험해 보니 바로 알고 고쳐야 되는 것들이 있습니다. 이렇게 바르게 알지 못하니 성령의 깊은 은혜를 체험하지 못하고 육적인 믿음생활을 하고 있어 안타까운 마음을 금할 길이 없습니다. 성령의 역사를 바르게 알고 믿음생활을 하면 영육간의 문제를 치유 받고 심령천국을 이루면서 살아갈 수가 있습니다. 그런데 말씀과 성령으로 치유 받지 못하니 10년을 믿어도 세상 자연인들과 똑같은 고통을 당하면서 살아가고 있다는 것입니다. 성령은 살아 있는 역사입니다. 고로 성령을 체험하면 영육으로 느끼고 알게 되어있습니다. 우리가 바르게 알고 고쳐야 된다고 내가 나름대로 생각하는 것은 이런 것입니다.

1.성령세례를 바르게 알지 못한다.

나는 성령 충만한 교회 다니기 때문에 성령세례를 받았다고 나름대로 생각을 합니다. 성령세례를 체험하지 못하니 말로 성령세례를 받았다고 단정을 합니다. 그래서 실제 살아서 역사하는 성령 세례를 체험하려고 생각을 하지 않는 것입니다. 성령은 성령이 충만한 교회에 다니기만 한다고 체험한 것이 아닙니다. 반드시 개인이 성령의 세례를 받아야 합니다. 자신이 체험해야 한다는 것입니다. 사도행전 2장 1절로 4절에 보면 "오순절 날이 이미 이르매 그들이 다 같이 한 곳에 모였더니, 홀연히 하늘로부터 급하고 강한 바람 같은 소리가 있어 그들이 앉은 온 집에 가득하며 마치 불의 혀처럼 갈라지는 것들이 그들에게 보여 각 사람 위에 하나씩 임하여 있더니, 그들이 다 성령의 충만함을 받고 성령이 말하게 하심을 따라 다른 언어들로 말하기를 시작하니라."이렇게 말씀하고 있습니다.

여기에 보면 마치 불의 혀처럼 갈라지는 것들이 그들에게 보여 각 사람 위에 하나씩 임하여 있더니 라고 말씀하고 있습니다. 이는 개인적으로 성령의 세례를 받아야 한다는 것입니다. 개인이 직접 성령의 세례를 받아야만 한다는 것입니다. 그러므로 성령이 충만한 교회에 다닌다고 자동으로 성령의 세례를 받은 것이 아닙니다. 이렇게 대충 믿고 다니던 분들이 마음의 상처나 질병으로 고생하다가 치유를 받으러 우리 교회에 와서 비로소 성령을 체험하는 것을 많이 보게 됩니다. 성령의 세례를 받으면 자신이 체험적으로 알게 됩니다. 체험적으로 알게 되는 성령세례를 체험하시기를 바랍니다. 정확한 성령세례는 몸으로 느낀다는 것을 명심해야 합니다. 몸으로 느끼는 성령세례를 받아야 권능있는 성도가 됩니다. 권능있는 성도가 되려면 몸으로 느끼는 성령세례를 받으세요.

2.성령의 세례만 받으면 된다.

저에게 이런 상담 전화가 옵니다. 목사님 성령은 한번만 체험하면 되지 않습니까? 저는 몇 년 전에 부흥회에 참석해서 성령을 체험했습니다. 그래서 마음을 놓고 있는데 우리 목사님은 성령의 불을 날마다 체험해야 한다고 하십니다. 정말 날마다 성령의 불을 체험해야 합니까? 맞습니다. 불같은 성령의 체험을 날마다 해야 합니다. 그래야 우리 심령성전의 불이 꺼지지를 않는 것입니다. 심령성전의 불을 끄지 않기 위하여 우리가 기도하는 것입니다. 우리가 하루 세 번씩 밥을 먹는 것과 같이 내 심령성전의 성령의 불이 꺼지지 않도록 해야 합니다. 그래야 귀한 자신의 영을 자신이 지킬 수가 있습니다. 우리는 무시로 기도하여 성령이 충만해야 합니다. 그래야 시시각각으로 들려오는 하나님의 음성을 들을 수가 있습니다. 하나님은 영이시기 때문에 우리가 영적인 상태가 되어야 영으로 하나님의 음성을 들을 수가 있는 것입니다. 또, 우는 사자같이 삼킬 자를 찾는 마귀역사를 감지하고 대적하여 이길 수가 있는 것입니다. (벧전 5:8)"근신하라 깨어라 너희 대적 마귀가 우는 사자 같이 두루 다니며 삼킬 자를 찾나니." 우리의 육체에서 나오는 힘으로는 마귀를 이길 수가 없습니다. 반드시 성령으로 충만한 상태가 되어야 마귀를 대적하여 이길 수가 있는 것입니다.

성령의 불은 날마다 받고 나와야 합니다. 성령으로 충만 하려고 의지적인 노력을 해야 하는 것입니다. 그래야 하나님의 복을 받을 수가 있고 마귀를 이길 수가 있는 것입니다. 하나님은 이렇게 말씀하십니다. (엡 5:18)"술 취하지 말라 이는 방탕한 것이니 오직 성령으로 충만함을 받으라." 우리는 의지적으로 성령 충만 하려고 해야 합니다. 성령으로 충만하여 성령의 인도를 받아야만 합니다. (롬 8:14)"무릇 하나님의 영으로 인도함을 받는 사람은 곧 하나님의 아들이라" 하나님의 자녀는 필히 성령의 인도함을 받아야 된다고 말씀하고 있습니다.

3.성령의 불만 받으면 만사가 다 된다.

일부 목회자나 성도들이 성령의 불만 받으면 다 되는 줄 착각한다는 것입니다. 그래서 성령의 불의 역사가 있다는 교회나 기도원에서 몇 년씩 상주하면서 성령의 불을 받으려고 합니다. 그러나 우리는 바르게 알아야 합니다. 성령의 불을 받으려면 심령이 깨끗하게 정화되어야 한다는 것입니다. 내가 성령의 불을 체험한 시기를 뒤돌아보면 성령으로 세례를 받고 내면의 상처를 치유 받은 다음에 성령의 뜨거운 불을 체험했다는 것입니다. 모두 내적치유를 받은 이후에 성령의 뜨거운 불을 체험했습니다. 그리고 성령의 불을 받았으면 하나님의 음성을 들어야 합니다. 성경에 보면 성령의 불이 내린 다음에 반드시 하나님의 음성이 들렸다는 것입니다.

구약성경에 보면 하나님은 반드시 불이 임한 다음에 음성을 들려주셨습니다. 아브라함이 기도할 때 응답으로 횃불로 임하셨습니다. (창15:17)"해가 져서 어두울 때에 연기 나는 화로가 보이며 타는 횃불이 쪼갠 고기 사이로 지나더라." 횃불이 임한 다음에 하나님의 음성으로 말씀을 하셨습니다(창15:13-14). 호렙산 떨기 나무에서 모세를 부르실 때도 불로 임재 하셨습니다(출3:2-5). 모세가 불을 볼 때 하나님이 모세를 부르시고 말씀을 하셨습니다 (출3:4-5). 솔로몬이 성전 건축을 마치고 낙성식에 솔로몬이 기도를 마치니까, 불이 하늘에서부터 내려와서 그 번제물과 제물들을 사르고 여호와의 영광이 그 성전에 가득하다고 했습니다(대하 7:1). 밤에 하나님이 솔로몬에게 나타나셔서 친히 말씀으로 응답을 알려주십니다(대하7:12-14).

이로보아 성령의 불이 임한 다음에 반드시 음성을 들어야 한다는 것입니다. 하나님이 불로 임재 하셨으면 보증으로 음성을 들려주십니다. 그러므로 성령의 불만 받으려고 하지 말고 음성을 들어야 한다는 것입니다. 음성을 듣는 다면 하나님과 같은 영적인 상태가 되었다는 것입니다. 불을 받았으면 심령을 치유하여 하나님의 음성을 들으려고 해야 하는 것입니다. 성령의 불을 받는 것도 중요하지만, 심령이 변하는 것이 더 중요하다는 것입니다.

4.신체의 일부에 불이 임하면 성령은사를 받은 것이다.

성령으로 세례를 받게 되면 반드시 자신에게 느껴지는 영적현상을 체험하게 됩니다. 저에게 성령의 은사에 대한 질문들을 많이 합니다. 어느 분은 목사님 제가 기도하다가 등과 허리가 뜨거워졌습니다. 손이 뜨거워지면 신유의 은사가 임한 증거라고 하던데 등과 허리는 무슨 은사가 임한 것입니까? 저는 이렇게 대답을 합니다. 무조건 뜨거워졌다고 은사가 임했다고 볼 수는 없습니다. 뜨거워지는 것은 상처가 도출되어도 뜨거워질 수가 있습니다. 또 내 안에 들어와 있는 악한 영과 성령의 대립이 있을 때 뜨거워질 수가 있습니다. 질병이 치유될 때도 뜨거워질 수가 있습니다. 마귀도 뜨겁게 역사할 수가 있기 때문입니다. 성령이 장악할 때 보증의 역사로 뜨거움을 체험하기도 합니다. 그래서 은사가 임할 때 뜨거움을 체험한다고 한정하는 것은 바르지 않습니다. 그러므로 반드시 바른 분별이 필요합니다.

성령은 말이 아니고 실체이기 때문에 성령이 자신을 장악할 때 생각하고 느끼지 못했던 여러 영적인 현상들이 나타납니다. 어떤 때는 두려움이 느껴지기도 합니다. 어떤 때는 말로 표현 못하는 뜨거움을 체험하기도 합니다. 이것은 일종의 살아계신 성령의 임재의 현상이므로 두려워말고 계속 성령의 은혜를 체험하면 성령의 은사가 나타납니다. 그런데 일부 성도들이 이런 현상이 자신에게 나타나면 두려워하여 성령의 역사를 거부하고 자리를 이탈하거나 은혜 받는 일을 중단하는 경우가 많습니다.

성령을 체험하고 은사를 깊고 맑게 하려면 이런 현상이 일어나더라도 참고 견디어서 고비를 넘기면 성령의 강한 권능을 체험할 수 있습니다. 많은 분들이 이런 현상이 있은 후 영안이 열리고 성령의 강한 은사가 나타납니다. 이렇게 이해하지 못하게 일어나는 현상은 모두가 살아계신 성령의 능력이 임해서 성령님이 장악하고 만지시는 현상들입니다. 이러한 현상들이 자신에게서 나타나면 환영하고 받아들이지 못합니다. 왜냐하면 자신이 지금까지 느껴보지 못했기 때문입니다. 그리고 나타나는 현상에 다른 사람들이 자신에게 무어라고 할까 부끄러움을 느끼기 때문에 불같고 살아있는 성령을 체험하지 못하는 것입니다. 성령은 말이 아니고 실체입니다. 성령의 역사하심을 거부 말고 환영하고 받아들이시기를 바랍니다. 그러면 당신도 성령의 은사를 강하게 받고 체험할 수 있습니다.

그리고 주 은사는 은사를 받고 싶은 충동이 자꾸 일어납니다. 은사를 받아서 사용하고 싶은 충동이 강하게 일어납니다. 주 은사를 안 쓰면 연단이 옵니다. 주 은사와 연관되어 주 사명이 주어지는 것입니다. 하나님이 사용하시려고 은사를 주시는 것입니다. 예로써 필자는 지식의 말씀과 지혜의 말씀과 영분별과 능력 행함의 은사와 신유은사, 방언통역과 예언, 믿음의 은사입니다. 그리고 필자의 사모는 지식의 말씀의 은사와 지혜의 말씀의 은사와 예언의 은사와 믿음의 은사입니다. 그래서 우리 부부의 은사를 사용하도록 하나님이 필요한 사람을 자꾸 우리 교회에 보내주기 때문에 제가 사역을 매주 하는 것입니다.

은사를 사용하면 할수록 기쁨이 옵니다. 속으로 너무 하고 싶다는 욕구가 일어납니다. 그리고 사람들이 찾아옵니다. 저는 정말 기쁨으로 집회를 인도하고 사역을 합니다. 자신이 하기가 싫어도 하나님이 밀어주는 사역이 주 은사입니다. 이것이 무슨 말이냐 하면 예를 들어 신유은사가 있는 사람은 질병치유를 받으려고 하는 사람이 자꾸 자기에게 찾아온다는 것입니다. 이것을 보증의 역사라고 하는 것입니다. 세상 말로는 붙임의 역사라고도 합니다. 하나님이 은사를 사용하도록 사람들을 보낸다는 것입니다. 제가 지난 10여 년 간 성령치유사역을 할 수 있었던 것도 하나님이 치유와 능력을 받을 사람들을 계속 보내 주셨기 때문에 사역을 계속할 수 있는 것입니다. 사람을 보내지 않는데 어떻게 사역을 계속 할 수 있겠습니까? 하나님이 은사를 사용하도록 필요한 사람을 보내시는 것입니다.

5.성령을 받았다고 믿으면 된다.

일부 성도들이 자신이 성령이 충만한 집회에 가서 뜨겁게 기도했기 때문에 성령세례를 받았다고 믿어버립니다. 이는 잘못알고 있는 것입니다. 성령은 말이 아닙니다. 살아있는 하나님의 영입니다. 그렇기 때문에 자신이 나름대로 판단하여 성령세례를 받았다고 믿는 다고 성령의 세례를 받는 것이 아닙니다. 성령의 세례를 받으면 5장에서 설명한 바와 같이 자신이 몸으로 느끼게 되는 것입니다. 성령은 초자연적으로 역사하는 하나님의 영이므로 자신을 장악하면 체험적으로 느끼게 되는 것입니다. 하다못해 호흡이 거칠어질 수도 있다는 것입니다. 그러므로 성령세례는 마음으로 믿었다고 받은 것이 아닙니다. 분명하게 몸으로 체험해야 하는 것입니다. 성령세례를 받았다고 믿는다고 성령을 받는 것이 절대로 아닙니다. 성령은 받기도 하고 나오기도 합니다. 내 안에 성령의 역사가 약하면 성령을 받아 강하게 해야 합니다.

6.치유는 상처나 질병이 있어야 받는다.

일부 목회자나 성도들이 치유하고 하면 꼭 질병이나 상처가 있어야 치유 받는 걸로 알고 있습니다. 그래서 치유 받으러 갑시다. 치유 받으세요. 그러면 아니 내가 병들었어, 치유를 받게... 하면서 기분이 좋지 않게 받아들입니다. 그러나 치유는 그것만을 의미하는 것이 아닙니다. 치유는 영성회복입니다. 에덴동산에서 아담이 죄를 짓기 전에는 하나님과 대면하여 대화를 했습니다. 이때의 영성으로 회복하는 것이 치유입니다. 치유가 되어야 성령의 강한 불도 받을 수가 있습니다. 성령의 충만도 받을 수가 있습니다. 성령이 충만해야 하나님의 음성을 들을 수가 있습니다. 하나님이 영이시기 때문에 우리가 영적이 되어야 하나님과 교통을 할 수가 있는 것입니다. 하나님과 교통하는 사람이 하나님의 자녀입니다. 그렇기 때문에 우리가 예수를 믿고 교회에 들어오면 말씀을 듣고 기도하여 성령으로 세례를 받아야 합니다. 성령으로 세례를 받은 다음에 성령의 불세례를 받으면서 심령을 치유해야 합니다. 그래야 하나님과 교통할 수 있는 성령 충만한 성도가 될 수 있는 것입니다. 치유를 바르게 알아야 합니다. 치유 없이는 하나님과 교통할 수가 없는 것입니다. 절대로 치유가 없이는 깊은 영성도 성령의 인도함도 받을 수 없습니다. 성령의 세례를 체험한 후에 성령의 불세례를 받으면서 자신을 치유해야 합니다. 자신을 치유하면 깊은 영성으로 하나님과 교통할 수 있는 성도가 됩니다. 영이신 하나님과 교통을 하려면 치유되어 영적인 상태가 되어야 합니다.

7.기도를 많이 하면 성령을 받는다.

한마디로 대답을 하면 기도 많이 한다고 성령을 받는 것은 아닙니다. 기도를 어떻게 하느냐가 중요합니다. 기도를 바르게 한다고 하더라도 성령세례를 체험했느냐 하지 않았느냐에 따라 달라지는 것입니다. 그래서 기도를 많이 한다고 성령을 체험하는 것은 아닙니다. 지금 성령이 역사하는 교회시대의 성령의 세례는 성령을 받은 사람이 말씀을 전하고 안수를 할 때 성령이 임합니다.

그렇기 때문에 성령으로 세례를 받으려면 성령이 역사하는 장소에 가셔야 빠르게 성령세례를 받을 수가 있는 것입니다. 일부 목회자들이 저에게 전화를 합니다. 전화해서 저에게 물어봅니다. 목사님 하루에 기도를 얼마나 하시기에 그렇게 능력이 강하게 나타납니까? 그러면 내가 반문을 합니다. 목사님은 하루에 몇 시간씩이나 기도를 합니까? 그러면 이럽니다. 목사님 저 지금 7년째 하루에 일 곱 시간씩 기도하고 있습니다.

그런데도 능력이 안 나타납니다. 이 목사님은 기도는 많이 하시는데 성령세례에 대하여 잘 모르는 것입니다. 그냥 막연하게 교회나 산에 가서 기도하면 성령을 받는 줄로 알기 때문입니다. 지금은 혼자 기도해서 성령세례를 받지 못합니다. 반드시 성령이 역사하는 장소에 가셔야 합니다. 그곳에서 성령을 체험한 목사님으로부터 말씀을 듣고 안수를 받으며 성령세례를 체험한 분들과 함께 뜨겁게 기도할 때 성령세례를 받을 수가 있는 것입니다.

다시 말씀드리면 성령으로 세례를 체험하려면 성령의 역사가 있는 장소에 가는 것이 빠릅니다. 저의 경험으로는 성령의 체험은 내적치유를 받은 이후에 성령의 강한 체험을 했다는 것입니다. 내면을 치유하고 은혜의 장소에 갔을 때 성령의 강한 임재와 체험이 있었습니다. 그러므로 성령을 체험하려면 성령의 역사가 있는 장소에 가는 것이 좋습니다. 자신이 과거 한번 성령의 세례를 체험했었다면 혼자 기도해도 성령을 체험을 할 수가 있습니다. 자신이 한 번도 성령의 세례를 체험하지 못했다면 성령의 기름부음심이 있고 성령의 역사가 나타나는 장소에 가서 성령의 세례를 체험하는 것이 맞습니다.

성령의 체험은 장작불의 원리와 같습니다. 성령의 역사를 체험한 사람들이 많이 모이는 장소는 성령의 역사가 강합니다. 성령은 어디에 계시는가, 먼저 내안에 계십니다. 그리고 우리 안에 계십니다. 또 말씀 안에 계십니다. 그러므로 성령체험을 하지 않았다면 성령의 역사가 있는 장소에 가셔야 성령을 쉽게 체험하실 수가 있습니다. 그리고 또 한 방법은 성령 받은 자에게 가셔서 말씀을 듣고 안수를 받는 방법이 있습니다. 위로부터 임하시는 성령의 역사는 오순절 마가의 다락방에서 임하셨습니다. 그 이후는 그때 성령 받은 사람이 말씀전하고 안수 할 때 임했습니다(행19:1-7).

2부 성령의 불세례를 받는 비결

10장 기도를 통한 성령의 불세례

(행4:31)"빌기를 다하매 모인 곳이 진동하더니 무리가 다 성
령이 충만하여 담대히 하나님의 말씀을 전하니라"

예수님께서 바로 유월절에 십자가에 못 박혀 죽으셨습니다. 그
리고 난 다음에 장사 된지 삼일 만에 부활하신 후 40일 동안 저희
에게 친히 사심을 나타내 보이시고 저희 보는 데서 승천해 가셨습
니다. 그 후 120여명의 제자들이 마가 요한의 다락방에 모여 한
열흘 동안 마음을 다하여 전혀 기도에 힘쓰고 있을 때 오순절 날
이 이르렀습니다. 유월절부터 50일이 되는 날인 것입니다. 그들
이 모인 자리에 갑자기 성령께서 놀라운 능력으로 임하셨습니다.
그들은 급하고 강한 바람 같은 소리가 온방에 가득한 것을 느꼈습
니다. 하나님의 성령께서 오실 때 급하고 강한 바람같이 그들에게
임한 이유는 역사와 인간 생명에 거대한 변화를 가져오는 새로운
기류가 시작되었다는 것을 표시하는 것입니다. 그리고 사망에 잡
힌 인생에게 큰 생명의 생기로 오셔서 사망을 철폐하고 생기로 온
세계에 가득하게 하겠다는 성령의 역사를 예표 하는 것입니다.

그리고 강하다는 것은 전지전능한 능력으로 성령께서 이 땅에
서 역사할 것을 말씀하는 것입니다. 그리고 그들 각자 위에 불의
혀같이 갈라지는 것이 보였습니다. 불은 어두움을 밝히는 빛입니

다. 성령이 오셔서 그리스도의 복음으로 캄캄한 세상에 참된 빛을 비추어 줄 것을 보여주는 것입니다. 그리고 불은 더러움을 태웁니다. 모든 인생 가운데 부정과 부패와 우상과 사신을 섬기는 더러움을 다 불태워 버리고 청결하게 해 줄 것을 보여 주는 것입니다. 그리고 이 불길은 우리 모든 사람 속에 하나님을 사랑하고 이웃을 사랑하는 능력으로 활활 타게 할 것을 예표해 주는 것입니다.

우리가 성령의 불세례를 받으려면 기도해야 합니다. 성령으로 충만 받으려 해도 기도해야 합니다. 하나님은 영으로 기도하는 성도와 함께 하십니다. 영으로 기도할 때 성령의 불세례를 체험할 수가 있습니다. 기도는 영이신 하나님과의 대화입니다. 사람이 숨을 쉬지 아니하면 4분 이상 살지 못합니다. 아무리 물고기가 물속에서 활달하더라도 밖에 나오면 살수 없습니다. 이와 같이 우리 예수를 믿는 사람들은 성령의 교통이 없이는 그 영혼이 살아남을 수가 없습니다. 우리는 원래 아담의 후예로서 죄악 가운데 영이 죽은 사람들인 것입니다. 그러므로 영이 죽은 사람들은 아무리 인간의 힘으로 깨우치려고 해도 깨우칠 수 없습니다. 오직 하나님의 성령께서 우리 마음에 감화, 감동을 주셔서 우리가 얼마나 비참한 죄인인지 깨닫게 해 주십니다. 성령께서 우리 주 예수그리스도를 우리에게 계시해 주셔서 예수그리스도 안에서 우리가 용서와 구원을 받은 것을 믿을 수 있게 하십니다.

이러므로 성경은 밝히 말씀하기를 성령으로 말미암지 않고는 예수를 그리스도로, 주로 부를 사람이 없다고 말하고 있는 것입니다. 더구나 이 마지막 때를 사는 우리들은 그 누구보다도 간절하게 성령의 충만함을 받도록 하나님께 간구해야 될 것입니다. 성령은 우리가 예수그리스도를 믿고 회개할 때, 우리 속에 들어와서 거하십니다. 그래서 우리에게 그리스도에 대한 계시를 보여주시는 것입니다.

그러나 이것만으로 만족할 수 없습니다. 우리는 성령의 불세례를 받아야 되는 것입니다. 그리고 성령의 충만함을 유지해야 되는 것입니다. 우리 주 예수께서 이 세상을 떠나서 천국 가시기 전에 너희는 요한의 물세례를 받았으나 몇 날이 못 되어 성령으로 세례를 받으리라고 말씀하셨습니다.

성령이 너희에게 임하시면 너희가 권능을 얻고 예루살렘과 온 유대와 사마리아와 땅 끝까지 이르러 내 증인이 되리라고 말씀하신 것입니다. 그러므로 성령으로 불세례를 받아야 비로소 우리의 신앙생활 속에 권세가 있고 권능이 나타나게 되는 것입니다. 기도에 권능이 생기고 전도에 권능이 생기고 신앙에 힘이 생깁니다. 또 성령의 여러 가지 은사가 나타나서 우리의 생애 속에 하나님의 살아 계신 증거가 뚜렷해지게 됩니다.

오늘날 하나님의 교회와 우리에게 필요한 것은 더 많은 의식이나 형식, 제도가 아니라 하나님의 성령의 능력입니다.

제가 그동안 전국 각 교회 부흥성회를 인도하면서 나름대로 체험한 바로는 기도를 바르게 하지 못하니 성령의 불세례를 체험하지 못한다는 것이었습니다. 따라서 우리는 기도를 바르게 배우고 바르게 해야 하는 것입니다.

1.불세례가 임하는 기도 1단계

1) 호흡을 들이 쉬면서 내쉬면서 방언이나 발성 기도를 하시면서 내 영 안에서 역사하는 성령의 불과 밖에서 역사하는 성령을 불을 내 것으로 만드는 기도 방법입니다. 성령은 내 영 안에 계시고, 말씀 안에 계십니다. 이 성령의 역사를 내가 호흡을 들이쉬고 내쉬면서 방언기도나 발성의 기도로 성령의 임재를 깊이 느끼고 유지합니다.

2) 호흡을 통하여 능동적으로 성령의 불을 끌어당기는 기도를 합니다. 숨을 깊고 강하게 들이쉬면서 밖에서 역사하는 성령의 불을 끌어들이는 것입니다. 깊고 강한 호흡을 하면서 성령의 불을 끌어들이시기 바랍니다. 이때 강하고 깊은 호흡으로 기도를 해야 합니다. 최대한 자신의 힘을 다해서 강력하게 호흡을 들이쉬어야 합니다. 절대로 힘이 든다고 나약하게 기도를 하면 더 강한 성령의 불을 끌어들일 수가 없습니다. 이를 위해서 복식호흡법을 활용하여 배에서 올라오는 소리로 힘껏 소리를 지르고 온몸으로 부르짖는 기도를 해야 합니다(최소한 30분 이상). 그래야 목에 피로가 안 오고 목이 상하지 않습니다.

제가 지금까지 수많은 기도 세미나를 인도했는데 이렇게 기도한 분들은 절대로 목이 상하지 않았습니다. 기도하면서 목이 상하는 분들은 자신의 기도 방법을 빨리 바꾸어야 합니다.

3)성령께서 하시는 일에 크게 반응해야 합니다. 이때 말과 행동에 있어서 크게 반응하기 바랍니다. 성령께서 하라는 대로 순종하

는 것이 좋습니다. 될 수 있으면 크게 반응을 하는 것이 좋습니다. 더 강하게, '으으으 아'뜨거워하면서 성령의 역사하심을 환영하고 받아들여야 합니다. 교역자는 강단에 서기전에 이 단계까지 기도하고 그 후에 강단에 서야합니다. 그래야만 예배와 설교 가운데 성령의 기름부음이 강해집니다.

그리고 교회의 직분자들 특히 강도사, 전도사, 장로님, 권사님, 안수집사님 등등은 모두 이 정도로 기도를 해야 마귀를 이기고 하나님이 주신 사명을 감당할 수가 있는 것입니다. 기도는 말을 멋있게 하는 것이 아니고, 성령의 이끌림을 받아서 영으로 하는 기도를 하나님이 받으시고 응답하여 주십니다.

제가 교회를 처음 개척하고 노인 분들 다수가 오셔서 믿음 생활을 같이 하셨습니다. 그런데 이분들이 이구동성으로 하시는 말씀이 기도를 못한다는 것입니다. 그러면서 나에게 기도를 어떻게 하면 목사님 같이 잘 할 수 있는지 가르쳐 달라는 것입니다. 그래서 내가 이렇게 말했습니다. "기도는 말을 멋있게 잘하는 것이 기도를 잘 하는 것이 아닙니다. 앞으로 이렇게 기도를 하세요."하고 기도를 가르쳐 드렸습니다. 그 기도가 이 네 가지 기도법입니다. ①호흡을 들이쉬면서 하나님…. 내쉬면서 사랑합니다…. ②호흡을 들이쉬면서 하나님…. 내쉬면서 도와주세요…. ③호흡을 들이쉬면서 하나님…. 내쉬면서 용서하여 주세요…. ④호흡을 들이쉬면서 하나님…. 내쉬면서 감사합니다…. 이렇게 기도를 하라고 했습니다. 노인 분들이 힘이 없기 때문에 젊은 사람들같이 통성으로 기도를 못합니다. 그리고 제가 가르쳐 드린 대로 기도를 매일 그렇게 숙달하라고 했습니다. 그렇게 하고 얼마인가 지났습니다. 이 자녀 집사님이라고 93세 되는 집사님이 계셨습니다. 그래도 교회 오실 때 차타고 오시지 않고 걸어서 오시는 아주 건강하고 정정한 집사님이십니다. 그 집사님이 주일날 오시더니 "목사님! 목사님! 제가요 지난 토요일 새벽 3시에 일어나 잠이 오지 않아서 침대에 누워서 목사님이 하라는 대로 ①호흡을 들이쉬면서 하나님…. 내쉬면서 사랑합니다…. ②호흡을 들이쉬면서 하나님…. 내쉬면서 도와주세요…. ③호흡을 들이쉬면서 하나님…. 내쉬면서 용서하여 주세요…. ④호흡을 들이쉬면서 하나님…. 내쉬면서 감사합니다…. 하면서 기도를 했습니다.

그랬더니 조금 있다가 막 눈물이 나고 얼굴이 뜨거워지고 내 속에서 불이 올라오고 감사가 넘치고, 목사님 생각이 나서 목사님을 위하여 기도를 많이 했습니다. 말로 표현 할 수 없는 마음에 평안이 올라오고 저절로 하나님 감사합니다가 저절로 나왔습니다." 하면서 자랑을 하는 것입니다. 이것이 바로 성령의 불세례를 받는 깊은 영의 기도입니다. 기도 너무 어렵게 가르치지도 말고, 또 어렵게 하지도 마시길 바랍니다. 그리고 교회에서 통성으로 기도를 할 때가 있습니다. 그때 통성기도 못하는 성도는 정말 죽을 맛입니다. 이것을 알아야 합니다. 제가 초신자 때 많이 당해봤기 때문에 잘 압니다. 이때는 "통성기도를 못하시는 분들은 이렇게 기도하기를 바랍니다." 하고 기도를 시작하기 전에 기도 인도자가 미리 알려주어야 합니다. 통성기도 못하는 성도들은 숨을 들이 쉬고 내 쉬면서 주여! 숨을 들이 쉬고 내 쉬면서 주여! 숨을 들이 쉬고 내 쉬면서 주여! 이렇게 하면 되는 것입니다. 방언도 못하고 기도도 열리지를 않은 성도들에게 무조건 통성으로 기도하라고 하니까, 기도 못하는 성도들은 아예 교회에 나오지를 않는 것입니다. 내가 초신자였을 때 그랬습니다. 그렇게 주여! 주여! 주여! 를 하다가 어느 정도 충만해지면, ①호흡을 들이쉬면서 하나님…. 내쉬면서 사랑합니다…. ②호흡을 들이쉬면서 하나님…. 내쉬면서 도와주세요…. ③호흡을 들이쉬면서 하나님…. 내쉬면서 용서하여 주세요…. ④호흡을 들이쉬면서 하나님……. 내쉬면서 감사합니다….

이렇게 집중하며 기도를 하다가 보면 성령의 불세례도 임하고 방언도 터집니다. 이렇게 해서 기도에 재미가 붙으니까, 교회에 가서 기도하고 싶은 생각이 드는 것입니다. 제가 성령치유사역을 하다가 경험한 바로는 "주여! 주여! 주여!"하는 기도는 아무나 못한다는 것입니다. "주여! 주여! 주여!"만 잘해도 기도가 열린 성도입니다. 영의 통로가 막힌 성도에게 "주여! 주여! 주여!"을 하라고 하면 죽어도 못합니다. 왜냐하면 마귀가 영이 깨어나지 못하도록 압박하기 때문에 못하는 것입니다. 이것은 제가 지난 10여 년간 성령치유사역을 하면서 "주여!"하는 기도를 시켜봤기 때문에 아주 잘 압니다. 당신도 지금 한 번 "주여!"라고 해보시기를 바랍니다. 만약 목회자가 이 책을 읽고 있다면 예배를 마치고 성도들에게 "주여! 주여!"를 시켜보시기를 바랍니다. 아마 제가 말한 것이 이해가 갈 것입니다. 목사님도, 사모님도 "주여!"을 못하시는 분들이 다수 있습니다.

성도는 깊은 영의기도를 해야 믿음이 자라고 성품이 변하고 성령으로 충만해 집니다. 기도가 영성이고 기도하지 않는 영성은 없습니다. 깊고 능력과 불이 나오는 기도를 하여 성령으로 심령도 변하여 단물을 내는 모두가 되시기를 소원합니다. 성령의 불세례가 임하는 기도는 이렇습니다.

2. 불세례가 임하는 기도 2단계

1) 성령님께 성령님의 감동, 감화, 인도함을 받도록 간구, 요청하세요.

유다서1장 20절에"사랑하는 자들아 너희는 너희의 지극히 거룩한 믿음 위에 자신을 세우며 성령으로 기도하며" '성령님과 함께 기도할 수 있게 해 주세요'하고 성령으로 기도할 수 있도록 간구하십시오. 기도는 성령으로, 성령 안에서, 성령의 도우심을 받아야 한다는 사실을 꼭 기억하며 기도와 성령을 일체화시켜야 합니다.

2) 기도에서 가장 먼저 간구해야 하는 것은 성령의 임재, 충만, 교통함입니다. 성령의 임재인식이 기도의 생명이고, 믿음생활의 생명입니다. 내 이성이 기도하고, 내 감정이 기도하고, 분위기가 기도하면 기도를 돕기 위해서 오신 성령님이 외면당하시고 슬퍼하시며 외로워하십니다. 성령님의 임재인식은 너무나 중요합니다. 이것을 인정하십시오. 성령께서 일하시도록 마음에 환경과 장소를 마련해 드리십시오. 성령님의 역사는 우리가 성령님에게 일할 수 있는 환경과 장소를 만들어 드릴 때 나타납니다.

3). 기도의 초기단계에서는 내 영혼이 성령님의 임재를 대부분 느끼지 못합니다. 부정적 인식, 믿음의 부족, 인식부족, 필요성에 대한 무지, 하나님과의 거리감 때문입니다. 그러나 내가 못 느껴도 성령님은 언제나 역사하심을 믿고 인정하십시오. 성령을 느끼려고 관심을 가지며 성령님이 내 안에 계시다는 사실을 인정하고 지속적으로 이를 고백해야 합니다.

이 방식대로만 하면 하나님이 활동하고 역사하십니다. 단지 내가 둔해서 느끼지 못하지만, 지속적으로 하면 하나님의 역사하심을 느끼고 체험하게 됩니다. 이것을 더 사모하고 더 사모하시길 바랍니다. 내 안에 계신 성령님의 도우심으로 문제를 해결할 수 있게 됩니다. 더 높고, 넓게 깊은 단계로 나아가게 됩니다. 보화를 캐내기 시작하는 것입니다.

4). 기도하는 자는 자신의 심령 안에 하나님이 계시다는 것을 실제로 체험해야 합니다. 이것이 진정 참된 기도의 시작이라고 할 수 있습니다. 그리고 하나님께서는 드디어 그런 사람, 즉 성령님과 교통하는 사람을 쓰실 것입니다. 이것이 하나님의 사역의 기본원칙입니다. 이를 위해서 간구하고 목말라하십시오. 하나님을 믿으면서, 하나님께 가까이 가고, 하나님을 느끼고, 하나님을 사랑하고 하나님께 나를 드리고, 기적을 체험하는 차원을 향하여 나아가십시오. 밖에 있는 것에 관심 갖지 말고 오직 안에 있는 분에 대하여 목말라해야 합니다. 성령님은 끊이지 않는 생수가 되시는 분이기 때문입니다. 성령님은 끊이지 않는 샘물을 주십니다.

3.불세례가 임하는 기도 3단계

1)영의 통로가 열려 심령에서 성령의 불이 나오는 기도

①깊은 성령의 임재 하에 영육이 성령의 만지심을 느끼도록 하여야 합니다.

성령의 임재를 느끼는 현상은 사람마다 다양합니다. 성령의 임재를 못 느끼는 분들의 경우는 주님이 안 오시는 것이 아니라 단순히 못 느끼는 것입니다. 성령께서 만지심을 느끼도록 성령 충만한 기도로 혼이 영에서 올라오는 감동을 민감하게 느끼도록 훈련해야 합니다.

②성령의 임재가 깊어지게 하려면 자신의 의지를 꺾고 단지 그분이 하시는 일을 가감 없이 받아들여야 합니다. 이 훈련을 지속적으로 해야 영적 지각능력이 배가 됩니다. 어디까지 받아들여야 하는가? 각자의 마음속까지 아니, 뼛속까지 가감 없이 그대로 받아들여야 합니다. 예를 들어 강한 역사가 일어나면 더 강하게 하면서 성령의 역사에 순종하며 따라가야 합니다. 뜨겁게 역사하시면 더 뜨겁게 역사하여 주소서 하며 아이고 뜨거워, 아이고 뜨거워하면서 반응을 순수하게 하면 성령님은 인격이시기 때문에 더 역사하여 주시는 것입니다.

③성령이 마음대로 일하시도록 맡겨야 합니다. 이때 성령께서 육체의 만지심의 느낌에 절대 순복하여야 합니다. 즉 반응에 절대 순종하고 환영하는 반응을 보여야 합니다.

④임재에는 반드시 메시지가 있음을 명심하시기를 바랍니다.

제가 몇 년 전에 강북구에 있는 성민교회라는 곳에 가서 부흥회를 인도한 적이 있습니다. 밤 시간 이었는데 한참 말씀을 전하고 있으니 어느 남자분이 그때에야 도착하여 말씀을 듣는 것이었습니다. 그리고 말씀을 다 전하고 기도 시간이 되었습니다. 기도를 하도록 인도하고 저는 기도 시간마다 아무리 성도가 많아도 개별 안수를 해드립니다. 안수기도를 한참하다가 그 늦게 도착한 분의 차례가 되었습니다. 그래서 안수를 했습니다. 그러니까, 머리를 숙이면서 흐느끼는 것이었습니다. 저는 무슨 영문인지 모르고 그냥 머리를 들고 기도하시라고 조언하고 한 50분간 기도하고 마치고 집으로 돌아오려고 했습니다. 제가 집에 돌아오려면 전철을 타야하는데 전철역이 그 교회에서 상당히 멀었습니다. 그래서 전철역까지 누가 차로 좀 데려다 달라고 했더니, 담임 목사님이 밖에 나가시면 차가 대기하고 있으니 잘 돌아가시라고 했습니다. 그래서 대기하고 있는 차를 타니 아까 늦게 들어왔다가 기도하며 흐느끼던 그분이었습니다. 그분이 하는 말이 "목사님 제가 오늘로 예수를 믿은지 13년이 되었는데 처음으로 울어보았습니다. 은혜 받게 해주셔서 감사합니다"라고 하여 "그래서 왜 우셨습니까?"라고 질문하니 기도하는데 마음 속에서 성령의 불이 뜨겁게 올라오면서 내 속에서 뚜렷하게 '내가 너를 사랑한다. 내가 너를 사랑한다. 내가 너를 사랑한다' 하며 위로하여 주시는데 갑자기 성령의 불로 얼굴이 화끈 거리고 눈물이 쏟아져 나왔다고 했습니다. 이분은 제가 기도를 어떻게 하라고 알려주고 기도를 시키니까, 그대로 순수하게 따라서 하니 성령의 역사로 성령의 불도 받고 성령의 음성도들은 것입니다. 이와 같이 기도를 영으로 하면 반드시 하나님의 임재 현상이 나타나게 되어 있습니다. 임재현상이란, 음성이 들린다든지, 마음에 평안이 올라온다든지, 마음 속에서 성령의 불의 뜨거움이 올라온다든지, 갑자기 기도문이 열려 뜨겁게 방언으로 기도하게 된다든지, 성령의 감동으로 나도 모르게 울음이 터진다든지, 나는 어떤 이유인지 모르겠는데 갑자기 웃음이 주체 못하게 터진다든지 등, 성도가 영으로 바르게 기도하면 반드시 하나님의 임재 현상을 체험하게 되는 것입니다.

4.불세례가 임하는 기도 실제적 훈련단계

영감을 증폭시키고 성령의 불이 나와 영력을 유지하는 기도는 이렇게 해야 합니다.

1) 영의 통로를 여는 기도. 먼저 기도로 막힌 영을 뚫어야합니다. 의지적으로 배에서 올라오는 소리를 내어 기도해야 합니다.

①먼저 통성으로 발성의 기도를 하시기 바랍니다.

②숨을 들이쉬고 내 쉬면서 배에서 나오는 큰 소리로 주님! 주님! 합니다.

③배에서 올라오는 방언으로 기도해야 합니다.

2) 성령의 불이 임하고 나오는 기도

①먼저 성령의 임재를 유지해야 합니다.

②성령의 임재가 충만해지면 이렇게 하시기를 바랍니다.

③배꼽 아래에 마음을 두고, 코로 숨을 들이쉬면서 마음으로 성령을 끌어들이세요.

밖에 있는 불이 들어옵니다. 코와 입을 통한 호흡법을 활용하라. 들이쉬고 내 쉬고….

④다시 배꼽 아래에 마음을 두고, 코로 숨을 내품으면서 마음으로 성령을 끌어올리라. 내 영 안에 있는 불을 끌어올린다는 상상을 하면서. 호흡법을 활용하라. 들이쉬고 내 쉬고….

3) 성령의 임재를 유지하는 기도

찬양이나 마음으로 성령의 임하심을 받아들이며 숨을 들이쉬고 내쉬면서 방언이나 언어의 기도를 합니다. 걸어 다니면서도 습관적으로 해야 합니다. 주의해야 할 것은 문제가 나타나더라도 거기에 마음을 빼앗기지 말아야 합니다. 그 이유는 기도가 되지 않고 마음이 집중되지 않기 때문입니다. 항상 문제가 있는 곳에 하나님의 답이 있으니 하나님에게 문의하여 답을 찾아야합니다. 안정된 심령이 되어야 합니다. 안정된 심령이란 큰 일이 일어나도 당황하지 않고 하나님에게 기도하여 지혜를 받는 것을 말하는 것입니다.

4) 강한 영력이 나타나기 위한 기도

성령의 임재를 요청하십시오. 어느 정도 임재가 유지되면 방언으로 기도하시길 바랍니다. 이것도 호흡법을 활용하면 좋습니다. 성령치유 사역할 때 품어내기만 하면 쉽게 지치고 고갈 됩니다. 내 안에서 영력이 유지되게 하면서 기도하시기 바랍니다. 영적인 사역은 하나님에게 공급받은 만큼 사용하는 것입니다. 깊은 기도로 하늘의 능력을 받아서 사용하는 것입니다. 이것이 안 되면 쉽게 기갈을 느끼고 영적인 탈진이 찾아옵니다.

5) 성령치유 사역을 하거나 받거나 할 때 유의사항

① 우리가 성령치유 사역을 받을 때도 주의해야 합니다. 내가 마음이 열려진 상태이므로 악한 영의 침입이 있을 수 있습니다. 그러므로 성령 충만이 나에게서 흘러나오도록 해야 합니다. 그래서 마음의 기도나 마음의 방언기도로 성령 충만을 유지해야 합니다. 십자가에 달려 피 흘리시는 예수를 묵상하면서 기도 받는 것도 좋습니다. 성령치유 사역자가 영적으로 의심스러우면 받지 않는 것이 좋습니다. 그러므로 성령과 말씀으로 치유 받은 공인된 성령치유 사역자, 영적지도자를 만나야 합니다.

②사역자가 사역을 할 때 피사역자들에게 붙어있는 더러운 것들이 타고 올 수 있습니다. 그러므로 성령 충만이 내 영 안에서 흘러넘치게 해야 합니다. 저는 방언기도로 대적하면서 성령의 임재로 영감을 받아 가며 사역하는 것을 습관화하고 있습니다. 사역을 할 때 마음의 기도나 마음의 방언기도로 성령 충만을 유지하세요. 내가 성령 충만한 상태이므로 역사가 더 잘 일어납니다. 대부분 영력 있는 사역자들은 품어내므로 고갈이 잘되어 심신에 타격이 옵니다. 고로 자신의 성령의 임재 유지의 방법을 개발하여 적용해야 합니다. 그러므로 성령치유 사역자는 항상 재충전이 필요합니다.

③사역이 끝난 다음에도 자기 관리를 해야 합니다. 많은 치유 사역자들이 치유 사역할 때 타고 들어온 악한 영의 영향으로 탈진 현상을 많이 겪고 있습니다. 이는 자신의 관리를 게을리 했기 때문에 당하는 것입니다. 저는 성령치유 사역을 하다가 영적 손실을 당해서 사역을 못하고 병들어서 고통당하는 많은 사역자를 치유하고 있습니다. 그러므로 사역을 한 후에 성령의 깊은 임재 하에 배호흡 기도를 해서 제거해야 합니다. 의식을 배꼽아래에 두고 호흡을 깊게 들이쉬고 내쉽니다. 이때 아랫배가 아픈 경우도 있습니다. 그러면 자신의 손을 통증부위에 두고 계속 강한 호흡을 하면 통증이 없어지면서 하품이나 기침이나 트림으로 빠져나갑니다. 조금 있으면 머리가 맑아지고 상쾌하여 집니다. 자신이 생각해서 마음이 가볍다고 생각이 되면 다 빠져나간 것입니다. 우리 성도들이나 사역자들은 앞에 설명한 깊은 기도의 방법들을 터득하면 자신의 영성관리에 대단히 유익합니다.

5.함께 기도할 때 임하는 불세례.

성령이 역사하는 장소에서 성령의 불세례를 체험한 분들과 함께 기도할 때 성령의 불세례를 체험합니다. 성령의 역사는 장작불의 원리입니다. 왜냐하면 성령은 말씀 안에 내주하시고, 내안에 계시고, 우리 안에 계십니다. 고로 성령을 사모하여 여러 사람이 모인 성령이 충만한 곳에는 성령이 강하게 역사 합니다. 그러므로 영적인 분위기가 얼마나 중요한지 모릅니다. 누구든지 집회 인도

자는 이러한 영적인 분위기가 될 수 있도록 유도할 줄 알아야 됩니다. 이러한 영적인 분위기를 조정 할 줄 아는 자가 능력자입니다. 한 사람 한 사람에게서 발산되고 있는 보이지 않는 이 영적인 힘은 어떤 사람에게는 무겁고 침울하며 어두운 분위기를 연출하고, 어떤 사람은 밝고 환한 기쁨과 믿음과 열정의 분위기를 연출하여 성령의 충만한 분위기를 조성하는 것을 볼 수가 있게 됩니다. 어떤 사람은 냉랭하게 비판적이고 판단하는 분위기로 찬물을 끼얹고 있음이 보이고, 어떤 사람은 사모하는 열정적인 분위기를 연출하고 있음을 느낄 수가 있을 것입니다. 이러한 믿음과 은혜가 충만한 분위기는 성령의 역사가 강하게 일어나게 됩니다. 이러한 분위기에서 기도하는 것과 냉랭한 분위기에서 기도하는 것과의 차이를 분명하게 느낄줄 알아야 합니다. 그리고 이해하고 조정 할 수가 있어야 성령의 실체와 성령의 역사를 이해하게 됩니다. 따라서 영권이 무엇인가를 알게 되고 성령의 불세례를 체험함으로 영안이 열리게 되는 것입니다.

6. 깊은 영의기도 중에 불세례 받은 사례

제가 깊은 영의기도 중에 성령의 불세례를 받은 체험을 기록합니다. 이제 목회를 하겠다고 마음을 굳게 먹고 한창 기도원에 성령의 불과 능력을 받겠다고 다니던 때입니다. 그때 내적치유도 한 일 년 받으면서 깊은 기도도 숙달하고 성령도 체험하고 환자를 기도하면 신유의 역사도 강하게 나타나고 귀신축사도 할 시절입니다. 국민일보에 보니 어느 기도원에서 목회자 성령 능력 치유세미나를 한다고 광고가 나왔습니다. 우리 사모가 목회자 성령 능력 치유세미나이니 가서 능력도 받고 어떻게 하는지 경험도 쌓을 겸 가보라고 성화가 대단했습니다. 그런데 그 때 회비가 8만원이었습니다. 저는 가봤자 고생만 하고 개척교회 하느라 물질도 어려운데 돈만 십오만 원 이상 손해나는 것 무엇 때문에 가느냐고 버티다가 결국 성화에 못 이겨 가게 되었습니다. 매일 말씀 듣고 기도 시간에 깊은 영의 기도를 하면서 강사목사님 성회 중에 강한 성령의 불을 받게 해달라고 계속 깊은 영의 기도를 했습니다. 숨을 들이쉬고 내쉬면서 하는 깊은 영의 기도를 계속 몰입하여 했습니다. 정말 그 때는 물불을 가리지 않고 불같은 성령과 능력을 받겠다는 생각뿐이었습니다. 그렇게 3일을 지냈습니다. 더 이상 진전이 없는 것 같은 기분이 들었으나 포기하지 않고 쉬는 시간에도 계속 깊은 영의 기도를 했습니다. 그러다가 성령의 새 술에 취했습니다. 성령의 강한 불의 역사로 새 술에 취하여 몸을 가누기가 힘들 정도로 흔들리고 입에서 불이 훅훅하고 나오고 새의 깃털같이 가벼운 환희를 체험했습니다. 3일 째 되는 날 오후 집회를 마치고 성령의 강한 불을 받은 것입니다. 지금 이 글을 쓰고 있는 순간에도 그때 같은 성령의 불이 올라와 얼굴이 화끈 거립니다. 정말 성령의 불로 큰 은혜를 받았습니다. 나는 늦게 목사가 된 사람이라 솔직하게 말해서 세상 술도 먹어봤습니다. 그런데 세상 술 먹고 취한 것과 동일한 현상이었습니다. 약 3 시간동안 몸을 가누기 힘들 정도로 성령의 새술에 취해서 지냈습니다. 막 입에서는 훅훅하고 불이 나오고 몸이 가누기가 힘이 들어 화장실을 가는데 거기 온 사람들이 목사가 대낮에 기도원에 와서 술 먹고 취해서 돌아다닌 다고 오해할까봐 정말 화장실을 가는데 조심조심 가서 볼일을 봤습니다. 정말 몸의 중심을 잡기가 힘이 들고 구름 위에 발을 올려 놓는 것 같이 푹푹 빠졌습니다. 그것뿐만이 아니었습니다. 입에서는 계속 불이 훅훅하고 나왔습니다. 한 3시간 정도 지나니까 서서히 안정되는 것이었습니다. 그러고 난 다음에 제가 궁금했습니다. 이 불이 과연 성령의 불인가 자꾸 확인하고 싶은 생각이 들었습니다. 그래서 제가 내적치유 받던 치유센터에 은혜 받으러 가서 치유를 받고 있는 성도들에게 입으로 후하고 불어도 성령의 강한 임재에 마치 오징어가 구워지면서 오그라드는 것과 같이 오그라들면서 치유가 되는 것이었습니다. 성령의 강한 불을 받겠다는 순수한 마음을 먹은 다음에 나타난 것이었습니다. 제가 보아도 정말 대단했습니다. 그래서 이것을 잘못 사용하다가 영락없이 이단이 될 것 같은 의심이 와서 절제하고 이단에 대하여 한 1년간 연구를 했습니다. 그래서 내린 결론은 성경말씀과 조직신학을 벗어나지 않으면 절대로 이단이 되지 않는다고 결론을 얻었습니다. 그래서 내린 결론은 성령 사역은 첫째 교회에 무리가 가지 않고, 성장해야 한다는 것입니다. 둘째는 성경적이어야 된다는 것입니다. 그리고 셋째는 시시비비가 없이 누구나 공감해야 한다는 것입니다. 그리고 치유와 능력을 받고 성품이 주님의 성품으로 변화가 되고 계속 유지가 되어야 합니다. 이러한 실제 교회에 접목되는 영성이 되어야 제대로 된 능력이라고 생각합니다. 그래서 교회에 접목

되는 성령 사역이 되어야 한다고 기본을 정하고 기본 법칙에 벗어나지 않는 성령사역을 하려고 노력하고 있습니다. 성령의 불을 받고 깊은 영의 기도가 열려 치유목회를 하시려는 분들에게 요약해서 말씀을 드립니다. 성령의 불을 받는다고 몇 년씩 성령의 불의 역사가 있는 기도원에 다니는 분들이 있습니다. 그런데도 불같은 성령을 받지를 못합니다. 왜냐하면 영의 통로가 열리지 않기 때문입니다. 여러분 성령의 불은 받는 것이 아니고 내 영 안에 계신 성령으로부터 불이 나와야 합니다. 그러기 위하여 먼저 성령을 체험해야 합니다. 성령을 체험하고 마음의 상처를 내적 치유해야 합니다. 이것도 대충이 아니라 완전하게 치유되게 해야 합니다. 그리고 혈통에 대물림되는 영육의 문제를 치유 받아야 합니다. 이 정도 된 다음에 깊은 영의기도의 이론을 먼저 숙달하고 본인의 개인 기도로 깊은 영의기도를 하면서 성령의 불의 역사가 강하게 나타나는 장소에 가서 은혜를 받으면 쉽게 불같은 성령과 깊은 영의 기도가 열릴 것입니다. 우리교회에 오셔서 8개월에서 일 년 이상씩 월요일부터 목요일까지 빠짐없이 다니면서 성령 치유 받으면서 훈련받아 불같은 성령과 능력을 받고 교회를 개척한 남녀 목사님들 모두 개척하여 목회를 잘하고 계십니다. 부흥강사를 하시는 목사님도 다수 계십니다. 성령을 체험하고 영적으로 변하려면 시간과 물질과 마음을 투자해야 합니다. 그냥 되는 것은 없습니다. 목회는 영적인 전쟁입니다. 그렇게 안일하게 생각하지 마시기를 바랍니다. 집중적으로 시간과 의지와 물질을 투자하여 성령의 불을 체험하고 깊은 영의기도가 열리시기를 바랍니다.

11장 찬양을 통한 성령의 불세례

(행16:24) "그가 이러한 명령을 받아 그들을 깊은 옥에 가두고 그 발을 차꼬에 든든히 채웠더니 한밤중에 바울과 실라가 기도하고 하나님을 찬송하매 죄수들이 듣더라.이에 갑자기 큰 지진이 나서 옥터가 움직이고 문이 곧 다 열리며 모든 사람의 매인 것이 다 벗어진지라"

하나님은 우리가 찬양을 할 때 임재하십니다. 그러므로 성령의 불세례를 체험하려면 하나님에게 찬양을 드려야 합니다. 하나님의 말씀에 감사함으로 그 문에 들어가며 찬송함으로 그의 궁정에 들어간다고 말하고 있는 것입니다. 하나님께 나가자마자 다짜고짜 없이 울부짖고 고함치고 간청하고 요구하고 그렇게 한다고 하나님께 나아갈 수 있는 것이 아닙니다. 하나님께 나아가는 길이 바로 감사함으로 그 문에 들어가며 찬양하므로 그의 궁정에 들어간다고 말한 것입니다. 굉장히 평범하고도 간단한 길이 우리 앞에 열려있는 것입니다. 그럼에도 불구하고 사람들은 하나님의 궁정에 들어가지 못하는 이유가 감사와 찬양을 등한히 하기 때문인 것입니다. 이스라엘의 성전의 성소에도 정면에 향단이 있고 제사장이 하나님 앞에 매일 향을 피웠습니다. 그러므로 구약시대에도 하나님을 만나려면 성전에 들어가서 향단에 향을 피워서 향이 성전에 가득하게 만든 것입니다. 이 향은 바로 무엇입니까?

성경에 계5:8에 보면 각각 거문고와 향이 가득한 금대접을 가졌으니 이 향은 성도의 기도들이라고 적혀있습니다. 기도와 찬양을 하나님께 드리는 향이라고 말한 것입니다. 하나님께 우리가 간절히 기도하고 찬양 드리는 것이 오늘날 우리가 향이 되어서 하나님이 기쁘게 우리를 받아 주시는 것입니다. 우리의 제사와 향은 감사와 찬양인 것입니다. 오늘날은 우리가 특별히 주님 앞에 짐승을 잡아서 피를 흘려 제사 드리지 않습니다. 하나님께 향을 피워서 예배드리지 않습니다. 예수님이 영원한 제물이 되셨기 때문에 예수님 이름과 그 보혈을 의지하고 향은 우리 감사의 기도와 찬양이 대신하는 것입니다.

히13:15에 보면 항상 찬송의 제사를 하나님께 드리라고 말한 것입니다. 찬송의 제사를 드리고 하나님께 향을 피우면 하나님께서 기꺼이 우리를 내려다보시고 우리의 기도에 응답해 주시는 것입니다. 성경 시22:3에 "이스라엘의 찬송 중에 계시는 주여 주는 거룩하시니이다." 이스라엘이 찬송을 부를 때 하나님은 그 찬송을 보좌삼고 와서 거하신다고 말한 것입니다. 하나님을 모시려면 하나님 보좌를 예비해야 될 것 아닙니까? 이스라엘의 찬송이 하나님의 보좌요, 보좌가 예비 되면 하나님이 그 가운데 와서 좌정하신다는 것입니다. 그렇기 때문에 우리가 감사를 해야 하나님의 궁정 문에 들어가는 것입니다. 문에 들어가면 천사들이 지키고 있지 않습니까? 그냥 들어가면 천사들이 문을 열지 않지 않습니다. 그러나 우리가 예수 그리스도의 이름으로 하나님께 감사와 찬양을 드리면 그 문이 스스로 열리고 마는 것입니다. 하나님 앞에 감사와 찬양은 제사가 되고 향기로운 향이 되기 때문인 것입니다.

시96:8에 "하나님의 이름에 합당한 영광을 그에게 돌릴지어다 예물을 들고 그의 궁정에 들어갈지어다"라고 말한 것입니다. 우리의 예물은 감사와 찬양인 것입니다. 찬양하므로 하나님의 보좌에 우리가 나아갈 수 있는 것입니다. 시95:2에 "우리가 감사함으로 그 앞에 나아가며 시를 지어 즐거이 그를 노래하자"고 말한 것입니다. 하나님은 찬양할 때 임재하십니다.

1. 찬양 중에 임하신 하나님.

성경 역대하 20장 여호사밧 왕은 모압과 암몬과 마온 연합군의 공격을 받아서 나라가 풍전등화가 되었습니다. 여호사밧 왕이 즉위해서 나라를 다스리는데 갑자가 모압과 암몬과 마온 족속들이 연합군을 형성하여 물밀듯이 쳐들어옵니다. 그런데 미처 유대가 이것을 막을 만한 준비를 하지 못했습니다. 그래서 유대왕 여호사밧과 온 국민은 혼비백산했습니다. 그럴 때 유다 왕 여호사밧은 다른 데 가지 않고 자기와 문무백관을 거느리고 베옷으로 갈아입었습니다.

그리고 하나님 성전을 찾아가서 하나님의 성전에서 하나님 앞에 결사적으로 기도를 했습니다. 자기도 금식을 하고, 온 국민에게 모두 다 금식령을 선포하고, 백성들마다 모일 수 있으면 다 성전으로 모여서 기도하자고 했습니다. 모두 성전에 모여서 하나님이여 우리를 보호하여 주시옵소서 하고 부르짖어 기도했습니다. 그러자 하나님의 성령이 임하셔서 선지자 야하시엘에게 예언이 임했습니다.

성경 역대하 20장 15절에서 17절은 이렇게 말하고 있습니다. "야하시엘이 이르되 온 유다와 예루살렘 주민과 여호사밧 왕이여 들을지어다. 여호와께서 이같이 너희에게 말씀하시기를 너희는 이 큰 무리로 말미암아 두려워하거나 놀라지 말라. 이 전쟁은 너희에게 속한 것이 아니요. 하나님께 속한 것이니라. 내일 너희는 그들에게로 내려가라. 그들이 시스 고개로 올라올 때에 너희가 골짜기 어귀 여루엘 들 앞에서 그들을 만나려니와 이 전쟁에는 너희가 싸울 것이 없나니 대열을 이루고 서서 너희와 함께 한 여호와가 구원하는 것을 보라. 유다와 예루살렘아 너희는 두려워하지 말며 놀라지 말고 내일 그들을 맞서 나가라 여호와가 너희와 함께 하리라 하셨느니라 하매"

하나님께서 이 놀라운 예언을 주셨습니다. 그들이 환난에 처하게 되었을 때 하나님께 목숨을 바쳐서 간절히 부르짖으니까, 하나님의 신이 야하시엘에게 임하여서 놀라운 예언을 주셨습니다. 너무나 고통스러워서 베옷을 입고 성전에 가서 기도할 때 하나님 성령께서 임하셔서 이 전쟁은 내가 싸울 것이니 너희는 가만히 있어 하나님께서 너희를 위해서 싸우는 것을 보라고 말한 것입니다. 그래서 여호사밧 왕이 한 것은 거룩한 성가대를 조직해서 그들이 적군이 쳐들어오는 골짜기 언덕위에 올라가서 일제히 찬송을 불렀습니다.

찬송을 부르자 하나님께서 복병을 주셔서 복병을 일으켜 세워 모압과 암몬과 몇 민족들을 치게 만들고, 또 저희들끼리 싸우게 만들어서 전쟁하지 않고 멸망하고 큰 승리를 얻게 만든 것입니다. 그 결과로 하나님께서 함께 하사 연합군이 자기들끼리 서로 분쟁이 생겨서 물고 뜯어 죽이고 칼로서 베어 죽이고 해서 결국 이스라엘 백성들이 찬송하는 그 앞에서 적군이 몰살한 사건이 성경에 기록되어 있는 것입니다.

이 나라의 역사적인 기록인 것입니다. 우리가 위기에 처하고 어려움에 처할 때 세상을 찾아가지 말고 하나님을 찾아가서 간절히 하나님을 찾으면 천지와 만물을 지으신 하나님, 전지전능 무소부재하신 하나님의 손길이 나타나서 우리를 도와주게 되는 것입니다. 마귀는 우리가 찬송을 부르면 자중지란이 일어나는 것입니다. 스스로 물러가고 스스로 상처를 입고 고통을 당하는 것입니다. 찬양과 감사는 하나님의 위대한 승리의 역사를 가져오는 첩경이 되는 것입니다.

2.찬송 중에 옥문이 열리다.

감사와 찬송은 해방과 자유의 능력이 되는 것이지요. 우리의 마음속이 근심에서 해방되지 못하고 염려가 우리 마음을 묶고 좌절과 절망이 우리를 짓누르는 때 아무리 기도해도 가슴을 쳐도 답답하고 고통스러울 때가 있습니다. 그때는 감사와 찬양을 부르면 차꼬가 끊어지고 해방과 자유가 다가오는 것입니다. 슬픔은 기쁨으로 절망은 소망으로 흑암은 광명으로 변하는 기적이 찬양을 통해서 일어나는 것입니다. 속박에서 해방되는 것은 찬양의 위대한 능력이 가져오는 역사인 것입니다. 바울과 실라가 빌립보에서 복음을 증거 하다가 잡혀서 많이 얻어맞고 굶주리고 깊은 감옥에 들어가서 차꼬를 찼습니다. 그러나 밤중에 그들 두 명은 일어나서 기도하고 난 다음에 찬송을 부르기 시작한 것입니다. 찬송을 부를 처지가 못 됩니다. 그들은 복음을 전하다가 많이 얻어맞고 굶고, 쓰라리고 피가 흐르고 그런데 차꼬가 차여져서 드러눕지도 못하고 감옥 깊은 곳에 앉아 있습니다. 그럼에도 불구하고 그들은 그 가운데서 하나님께 영의 찬양을 드렸습니다. 하나님의 역사로 그 빌립보 옥토에 거대한 지진이 일어나더니만 옥터가 뒤흔들리기 시작하고 그들을 묶고 있던 차꼬와 옥문이 사람 손에 의하지 않고 다 풀려 버리고 만 것입니다. 하나님의 역사가 그들 가운데 일어나서 해방과 자유를 가져온 것입니다.

행16:25~26에 "한밤중에 바울과 실라가 기도하고 하나님을 찬송하매 죄수들이 듣더라. 이에 갑자기 큰 지진이 나서 옥터가 움직이고 문이 곧 다 열리며 모든 사람의 매인 것이 다 벗어진지라"고 말한 것입니다. 찬양과 감사는 지진이 일어나게 한 것입니다. 찬양은 이렇게 영적인 힘을 발휘합니다. 찬양할 때 주님의 천사가 동원되는 것입니다.

우리도 찬양을 하면서 지금 천사가 동원되고 있다는 믿음을 가지고 영으로 찬양을 해야 합니다. 영으로 찬양할 때 하나님이 부리는 천사들이 동원되는 것입니다.

3. 찬송 중에 불세례가 임하다.

성령의 불세례는 찬송 중에 많이 체험합니다. 찬송 중에 성령의 임재가 있기 때문입니다. (시22:3)"이스라엘의 찬송 중에 거하시는 주여 주는 거룩하시니이다"

영적인 분위기는 이"찬송을 어떻게 활용하는가에 달려 있다"고 말해도 과언이 아닙니다. 여러 가지 찬송 즉 은혜찬송, 은사찬송, 부흥찬송. 율동찬송 등등으로 정성과 뜻과 마음을 다하여 성령이 임하시도록 뜨겁게 불러야 합니다. 다시 말해 영으로 찬송할 때 성령의 불세례가 임합니다.

찬송에 소극적인 자는 그 심령이 냉랭하여 열정이나 감동을 받을 수 있는 심령의 상태가 되지 못하기 때문에 성령의 역사가 일어나지 않습니다. 우리의 마음 보다 더 깊은 곳에 위치한 영은 마음의 문이 열리지 않는 한, 어떠한 말씀이라도 심어지지 않고 결코 은혜가 되지 않습니다. 우리들의 지성적인 생각이나 이론이나 주장이나 세상적인 염려나 근심은 모두 버려야 하는 것입니다. 찬양을 부르는 것도 영과 진리로 불러야 할 것입니다.

모든 감정과 정성을 다하여서 찬송할 것입니다. 이렇게 정성과 힘을 다하여 부르는 찬송은 자연히 뜨겁게 박수를 치게 되고 감정에 따라 몸짓을 하게 되거나 춤을 추거나 흔들게 됩니다. 젊잖게 부른다는 것은 감정의 발로가 일어나지 않는다는 것임으로 마음이 동하지 않는다는 것과 같은 의미입니다. 성령의 감동을 받기 위해서는 먼저 우리의 마음이 감동을 받아야 영이 감동을 받을 수가 있는 것입니다. 찬송을 부를 때 아무런 감정 없이 부른다면 성령의 감동과 역사는 일어나지 않을 것입니다.

기도가 열리지 않는 사람은 찬송을 통하여 먼저 마음의 문이 열려서 영의 문이 열리고, 기도의 문이 열리게 하는 것도 기도의 요령과 기도의 방법이 되는 것입니다. 마음의 문이 열리지 않는 대중들에게 먼저 찬송으로 그들의 문을 열게 하는 찬양 이것이 얼마나 중요한가를 알게 됩니다. 우리 충만한 교회 치유집회나 목요집회 주일 낮 예배 주일오후 치유예배 등에서 찬양을 하면 성령의 기름부음이 강하게 일어나 일어서서 찬양을 할 때 쓰러지는 분들이 많이 있습니다. 또 찬양을 할 때 회개의 눈물을 흘리거나 치유를 받거나 축귀가 일어나는 것입니다. 찬양 중에 성령의 강한 임재로 성령의 불세례를 체험합니다. 찬송 중에 나타나는 성령의 역사입니다. 그래서 찬양하면서 많은 분들이 성령의 불세례를 체험합니다.

4. 불세례가 임하게 하는 찬양 방법

1)자신이 직접 찬양을 부르면서 불세례를 체험하려고 할 때

자신이 한번이라도 성령의 체험이 있는 분은 먼저 찬양을 앉아서 부릅니다. 마음이 열리고 성령의 임재가 어느 정도 되면 일어서서 찬양을 영으로 부릅니다. 자신이 제일 잘 부르는 영의 찬양을 지속적으로 부릅니다. 최대한 호흡을 들이쉬고 내쉬면서 찬양에 집중하여 부릅니다. 주의해야 할 것은 찬송 중에 성령의 강한 임재로 뒤로 넘어질 수가 있습니다. 그러므로 의자 앞에서 부르는 것이 좋습니다. 계속 찬양에 집중하여 영으로 찬양을 부르면 마음 속에서 불이 올라오는 것을 체험할 것입니다. 성령의 불의 역사로 얼굴이 화끈거리기도 합니다. 몸이 앞뒤로 흔들리기도 합니다. 때로는 좌우로 흔들리기도 합니다. 그래도 의식하지 말고 계속 찬양을 불러야 합니다. 소리가 나는 찬양을 부르다가 성령의 임재가 깊어지면 마음으로 찬양을 부릅니다. 그러면 눈에서 눈물이 나기도 합니다. 울음이 터지기도 합니다. 갑자기 방언기도가 터져 나오기도 합니다. 그러면 성령이 인도하는 대로 따라서 계속 하면 됩니다. 차츰 성령의 임재가 깊어져서 서서 찬양을 할 수가 없을 정도가 됩니다. 그러면 살며시 의자에 앉아서 얼마동안 찬양을 계속합니다.

그러면 온 몸이 불이 붙은 것같이 뜨거워집니다. 손이 떨리기도 합니다. 온 몸에 진동이 오기도 합니다. 이때에 주의 할 것은 절대로 두려워하지 말아야 합니다. 마귀는 어찌하든지 성령의 강한 체험을 못하도록 여러 가지 수단과 방법을 다 동원하여 방해하므로 미혹에 속아서는 안 됩니다. 성령이 역사하는 대로 계속 임재에 머물러 있어야 합니다. 그러면 성령의 뜨거운 불세례를 체험하게 될 것입니다. 한 번도 성령의 불세례의 체험을 하지 못한 분은 반드시 성령이 역사하는 집회장소에 가셔서 체험해야 합니다.

2)찬양을 통해 불세례를 체험케 하는 두 번째 방법
인도자가 여러 사람에게 찬양을 통하여 성령의 불세례를 체험하게 하는 방법입니다. 먼저 집회의 인도자가 성령의 불세례를 체험한 찬양사역자라야 성령의 역사를 일으킬 수가 있습니다. 앉아서 찬송을 뜨겁게 부릅니다. 박수를 치면서 영으로 찬양을 합니다. 찬양은 영의 찬양이라야 합니다. 그리고 모두 잘 따라서 부를 수 있는 찬양 곡을 선택하여 불러야 합니다. 어느 정도 성령의 임재와 성령의 감동이 오면 청중들에게 일어서라고 합니다. 반드시 자신의 의자 앞에 일어서라고 합니다. 왜냐하면 성령의 임재가 깊어지면 자신의 몸을 감당할 수 없는 지경에 이르기도 합니다. 이때 자신도 모르는 순간에 뒤로 넘어질 수가 있으므로 의자 앞에 세우는 것입니다. 그리고 성령 찬양을 연속적으로 부릅니다. 찬송을 세곡정도 하면 성령의 임재가 나타나기 시작을 합니다. 몸을 가누지를 못하는 사람이 나타나기 시작을 합니다. 흐느껴 우는 사람들도 있습니다. 막 기침을 하는 성도들도 있습니다. 이때 저는 성도들에게 호흡을 들이쉬고 내쉬면서 성령의 임재를 받아들이라고 합니다. 그리고 성령의 임재를 요청하는 기도를 합니다.

성령님 임하소서. 성령님 임하소서.
성령님 임하셔서 저를 사로잡아주소서.
거룩한 성령님 나에게 임하셔서.
나의 마음속으로 깊게 임재 하여 주옵소서.
오소서 성령이여. 오소서 성령이여. 내 마음에 오소서.
내 속에 있는 주님을 알게 하소서.
내게 은혜로 오신 성령님을 내가 사모합니다.

내가 주님에게, 주님이 나에게 오소서.

오소서 성령이여. 하나님 아버지의 사랑을 느끼도록.

사랑 없는 나의 마음에 오셔서 사랑을 부어 주소서.

메마른 내 마음에 성령의 단비를 내려 주소서.

사랑을 부어 주소서.

오소서 성령이여. 성령이여 오소서. 내 마음에 오소서.

내 마음 깊숙한 곳에 오소서.

내 마음에 새벽이 찾아 온 것같이 밝은 빛으로 오소서.

내게 찾아오소서.

겨울가고 봄이 오듯이 내 마음에 따스한 봄으로 오소서.

오소서 성령이여. 오소서 성령이여. 더 깊게 오소서.

내 심령 깊은 곳으로 오소서. 더 따듯하게 오소서.

더 풍요롭게 오소서.   더 포근하게 오소서.

봄에 새 싹이 올라오듯 내 안에서 생기로 올라오게 하소서.

새벽에 먼동이 떠오르듯 희망으로 내게 떠오르소서.

새벽 햇살이 온 대지를 감싸듯이 내 심령을 감싸소서.

어머니가 갓난아이를 품에 감싸듯이 내 마음을 안아 주소서.

오소서 성령이여. 오소서 성령이여.

아버지의 사랑으로 감싸소서.

따듯하고, 포근하고, 부드럽고, 평안하고, 자유롭게 감싸소서.

그 은총 속으로 우리가 들어가게 하소서.

그 자유 함으로 우리가 들어가게 하소서.

오소서 성령이여. 오소서 성령이여.

내 마음에 풍성하게 오소서.

오소서 성령이여. 슬픔대신 희락을 주소서.

상한 마음에 희락을 부어 주소서.

밝은 햇살이 대지를 비추듯이 우리에게 은혜로 임하소서.

하나님의 사랑으로 엄동설한의 얼음과 눈을 녹이듯이

우리의 얼음장과 같은 마음을 녹이소서.

성령이여 은혜로 임하소서.

성령이여 오소서. 성령이여 오소서.

성령으로 사로잡아 주시옵소서.

우리 모두 성령의 불세례를 체험하도록 심령 깊은 곳으로 임하소서.

성령이여 역사하소서. 더 강하게 역사하여 주시옵소서.

성령이여 강하게 역사하셔서 모두 성령의 불을 체험하도록 임하소서.

더 강하게 더 강하게 임하소서.

심령 깊은 곳에서 성령의 불이 올라올지어다.

뜨거운 성령의 불로 세례를 체험할지어다.

성령이여 역사하셔서 막힌 영의 통로를 뚫고 나타나소서.

영의 통로가 열리고 성령의 불로 세례가 임할지어다.

영의 통로를 막고 있는 상처는 올라올지어다.

성령님을 사모합니다. 성령님을 사랑합니다.

성령님 임하소서.

계속 기도하면서 성령의 임재로 쓰러진 성도들을 안수합니다. 안수를 하면 방언이 터지고 악한 영들이 떠나가면서 성령의 불세례를 체험하게 됩니다. 계속 다니면서 성령의 임재로 진동을 하는 성도들을 안수하여 성령의 불세례를 체험하게 합니다.

5.찬송 중에 불세례를 체험한 사례

저는 십년이상을 성령의 세례와 불세례를 받겠다는 마음을 가지고 국내외 유명한 목사님이 인도하시는 성령집회를 참석했습니다. 그러나 번번이 성령의 세례와 성령의 불세례를 체험하지 못했습니다. 수많은 시간과 물질을 손해 본 것입니다. 그러던 차에 강요셉 목사님이 저술하신 "내 영안을 열어주시는 성령님" 책을 읽고 충만한 교회를 찾게 되었습니다. 저는 이번이야 말로 성령의 불세례를 체험하고 말겠다는 사모함으로 성령집회에 참석했습니다. 성령집회에 참석하여 강요셉 목사님이 하라는 대로 순종을 했습니다.

사모함으로 집회에 참석해서 인지 첫날부터 말씀과 성령의 역사에 은혜를 받았습니다. 집회에 참석한지 이틀이 지난 때였습니다. 오후 시간이었습니다. 사모님이 찬양을 인도하셨습니다. 마음을 열고 영으로 찬양을 불렀습니다. 찬양을 부르는 중에 마음속에서 뜨거운 기운이 올라오는 것을 느꼈습니다. 연이어 강요셉 목사님이 전하시는 영성과 성령세례에 관한 말씀을 들을 때 너무나 은혜를 받았습니다. 막 말씀 속에 내가 끌려들어가는 체험을 했습니다. 말씀에 은혜를 받으니 마음이 열렸습니다.

말씀을 마치신 강 목사님이 오늘 우리 성령의 세례와 불세례를 체험하여 보자고 하셨습니다. 성령의 세례를 받지 못한 분은 성령의 세례를 받으시고 성령의 세례를 받으신 분들은 성령의 뜨거운 불세례를 받자고 하시면서 앉아서 찬양을 부르게 했습니다. 내가 교회에서 매일 부르던 쉬운 찬송이기 때문에 부담감이 없이 따라서 불렀습니다. 찬송을 부르는데 눈에서 나도 모르게 눈물이 양볼에 흘러 내렸습니다. 성령의 강한 불이 나를 사로잡는 것을 체험적으로 느꼈습니다. 가슴이 벌렁거렸습니다. 강 목사님이 이제는 일어서라고 하셨습니다. 일어서서 자신의 의자 앞에 서서 찬양을 하라고 했습니다. 그래서 일어서서 찬송을 불렀습니다. 한 곡의 찬송을 연속적으로 부르게 하셨습니다.

찬송을 연속해서 부르는데 여기저기서 소리를 지르고 흐느끼면서 울부짖었습니다. 저역시도 몸을 가누지 못할 정도로 몸이 앞뒤로 흔들렸습니다. 가슴이 답답해졌습니다. 가슴에서 불덩어리가 올라오는 느낌을 받았습니다. 눈에서는 계속 눈물이 흘러서 양 볼에 흘러 내렸습니다. 그러면서 서러움이 속에서 올라왔습니다. 그래서 울음을 참지 못하고 터트렸습니다. 막 울었습니다. 몸은 가누지 못할 정도로 흔들렸습니다. 도저히 서서 찬송을 부르지 못할 지경에 이르렀습니다.

그래서 의자에 앉아서 찬송을 불렀습니다. 이제 몸에 진동이 오기 시작을 했습니다. 막 떨리는 것 이었습니다. 나도 모르게 막 팔을 흔들면서 소리를 질렀습니다. 그러면서 방언이 터졌습니다. 방언을 하면서 진동이 더 강하게 일어났습니다. 막 의자에서 30cm 정도 뛰면서 기도를 했습니다. 그러다가 중심을 잃고 의자 아래로 떨어졌습니다. 그러자 강요셉 목사님이 오셔서 안수를 해주셨습니다. 안수를 하면서 더 강하게 역사하여 주시옵소서. 하고 기도하니까, 내 속에서 비명이 나왔습니다. 그러면서 몸이 뒤틀리기 시작을 했습니다. 정말 내가 감당할 수 없었습니다. 몸이 뒤틀리면서 속에서 괴성이 계속 나왔습니다. 그러니까 강 목사님은 성령님 더 강하게 역사하여 주시옵소서. 하시면서 안수를 하셨습니다. 그러자 내 다리가 머리위로 올라오면서 발작을 했습니다.

자연히 그런 현상이 일어나니 내가 의자를 다 차고 다니면서 발작을 했습니다. 아마 그때 충만한 교회 일부 의자를 다 차고 다녔을 것입니다. 어느 정도 시간이 경과 되니 몸이 안정되는 것을 체험하게 되었습니다. 그러자 강 목사님이 "지금까지 이렇게 진동하게 한 더러운 영은 기침으로 떠나갈지어다"하며 명령을 하시는 것이었습니다.

그러자 기침을 멈출 수가 없을 정도로 기침이 많이 나왔습니다. 한참 기침을 하고 나니 이제 속에서 방언이 나오는 것입니다. 제가 그때까지 하던 방언소리와 다른 방언이 터져 나왔습니다. 방언을 한참 했습니다. 그러자 온몸이 뜨거워지는 것입니다. 내 몸이 불덩어리가 되는 것 같은 기분이 들었습니다. 너무 뜨거워서 성령님 너무 뜨겁습니다. 하며 소리를 질렀습니다.

한참을 그렇게 지내다가 잠잠해졌습니다. 그러나 몸은 여전히 뜨거운 것이었습니다. 그때 강 목사님이 저에게 이게 성령의 불세례라는 것입니다. 오늘에야 성령의 불세례를 받았습니다. 그러시는 것입니다. 정말 생전 처음 그런 신비한 현상을 체험했습니다. 그때 내가 직관적으로 느낀 것은 성령의 불세례는 내가 느끼도록 임한다는 것을 알게 되었습니다. 그 이후로 말씀을 보면 너무나 꿀맛입니다. 기도가 저절로 되었습니다. 항상 입술에는 찬양이 넘치고 있습니다. 혈기가 사라지고 있습니다. 마음이 너무나 평안해졌습니다. 십년동안 기도하던 소원이 성취되었습니다. 제가 성령의 세례와 불을 체험하고 느낀 것은 성령의 세례와 불세례를 받으려면 바른 영적인 원리를 가지고 사역하는 장소를 찾아가야 빨리 성령의 세례와 불을 체험한다는 것을 알았습니다. 성령의 불을 받으니 정말 기쁩니다. 저의 기도를 들어주시고 소원을 성취하게 하신 하나님 감사합니다. 전남 광주 박목사

12장 말씀을 통한 성령의 불세례

(행11:15-17)"내가 말을 시작할 때에 성령이 그들에게 임하시기를 처음 우리에게 하신 것과 같이 하는지라."

하나님은 예수를 믿는 성도들이 성령으로 세례를 받고, 또한 성령의 불세례를 받기를 원하십니다. 예수님도 누가복음 24장 49절에서 "볼지어다 내가 내 아버지께서 약속하신 것을 너희에게 보내리니 너희는 위로부터 능력으로 입혀질 때까지 이 성에 머물라고" 하셨습니다. 여기서 능력이란 성령의 불을 상징하는 것입니다. 그리하여 오순절 날 성령의 불세례가 위로부터 임한 것입니다. 성령의 불은 하나님의 권능을 상징합니다. 하나님의 말씀은 불이라고 했습니다.

기독교에서 불은 때로 하나님의 임재의 상징이었습니다. 에덴동산 입구를 지켰던 화염검, 아브라함에게 나타났던 타는 횃불, 하나님께서 모세에게 나타날 때 있었던 불타는 떨기나무, 이스라엘을 인도했던 구름기둥과 불기둥, 엘리야의 갈멜산 제단에 떨어졌던 하늘의 불, 그리고 오순절 날에 임한 성령의 불이 바로 성경에 나타난 예입니다. 성령의 불을 받았다는 표현은 성령으로 세례를 받았다라고 말하고 이해를 해야 합니다. 성도는 성령의 불이 마음안, 영 안에 계신 성령으로 부터 올라와야 되는 것입니다. 성령의 불을 받는다는 표현은 잘 생각해 보고 말해야 합니다.

1.하나님의 말씀은 불이다.

예레미야 23장 29절에 보면"여호와의 말씀이니라. 내 말이 불 같지 아니하냐. 바위를 쳐서 부스러뜨리는 방망이 같지 아니하냐." 하나님의 말씀은 불이고 방망이가 되는 것입니다. 사도행전 11장에서 베드로가 말씀을 전할 때 말씀 듣는 모든 사람에게 성령이 임했습니다.

> "내가 말을 시작할 때에 성령이 그들에게 임하시기를 처음 우
> 리에게 하신 것과 같이 하는지라. 내가 주의 말씀에 요한은 물로
> 세례를 베풀었으나 너희는 성령으로 세례를 받으리라 하신 것이
> 생각났노라. 그런즉 하나님이 우리가 주 예수 그리스도를 믿을
> 때에 주신 것과 같은 선물을 그들에게도 주셨으니 내가 누구이
> 기에 하나님을 능히 막겠느냐."(행11:15-17)

하나님은 말씀이십니다. 말씀이신 하나님은 영이십니다. 하나님의 말씀은 영으로 받아 기록한 것입니다.

> "예언은 언제든지 사람의 뜻으로 낸 것이 아니요 오직 성령의
> 감동하심을 받은 사람들이 하나님께 받아 말한 것임이라." (벧후
> 1:21)

말씀은 영이신 하나님이십니다. 그러므로 하나님의 말씀은 우

리가 성령으로 충만하여 영적인 상태가 되어야 영이신 말씀을 깨달아 알 수가 있습니다.

"그때에 예수께서 갈릴리 나사렛으로부터 와서 요단강에서 요한에게 세례를 받으시고, 곧 물에서 올라오실새 하늘이 갈라짐과 성령이 비둘기 같이 자기에게 내려오심을 보시더니, 하늘로부터 소리가 나기를 너는 내 사랑하는 아들이라 내가 너를 기뻐하노라 하시니라"(막1:9-11).

하늘에서 이 말씀을 하신 후에 성령의 인도에 따라 광야에서 40일 동안 주리시면서 마귀에게 세 번의 시험을 말씀으로 물리치신 후에 천사가 수종 드는 가운데 성령의 이끌림을 받으면서 공생애를 시작하신 것입니다.

"그 때에 예수께서 성령에게 이끌리어 마귀에게 시험을 받으러 광야로 가사 사십 일을 밤낮으로 금식하신 후에 주리신지라. 시험하는 자가 예수께 나아와서 이르되 네가 만일 하나님의 아들이어든 명하여 이 돌들로 떡덩이가 되게 하라. 예수께서 대답하여 이르시되 기록되었으되 사람이 떡으로만 살 것이 아니요 하나님의 입으로부터 나오는 모든 말씀으로 살 것이라 하였느니라. 하시니 이에 마귀가 예수를 거룩한 성으로 데려다가 성전 꼭대기에 세우고 이르되 네가 만일 하나님의 아들이어든 뛰어내리라 기록되었으되 그가 너를 위하여 그의 사자들을 명하시리니 그들이 손으로 너를 받들어 발이 돌에 부딪치지 않게 하리로다 하였느니라 예수께서 이르시되 또 기록되었으되 주 너의 하나님을 시험하지 말라 하였느니라. 하시니 마귀가 또 그를 데리고 지극히 높은 산으로 가서 천하만국과 그 영광을 보여 이르되 만일 내게 엎드려 경배하면 이 모든 것을 네게 주리라. 이에 예수께서 말씀하시되 사탄아 물러가라 기록되었으되 주 너의 하나님께 경배하고 다만 그를 섬기라 하였느니라. 이에 마귀는 예수를 떠나고 천사들이 나아와서 수종드니라."(마 4:1-11)

2.말씀 속에서 성령의 역사가 나타난다.

말씀을 전하는 자가 성령의 불세례를 체험하여 성령의 나타남이 있어야 합니다. 반드시 말씀을 전하는 자가 성령의 불세례를 체험해야 전하는 말씀에 성령의 역사가 나타나는 것입니다. 또한 말씀을 듣는 자는 마음의 문을 열고 마음으로 기도하며 영으로 말씀을 받아들일 때 성령의 불세례를 체험하게 되는 것입니다.

그러나 말씀에 대한 지식은 많지만 성령의 나타남이 없거나, 말씀에 대한 영안이 열리지 않은 자들이나, 성령의 가르침을 들을 귀가 열리지 않은 자는 이성적인 신학지식으로는 성경은 알 수 있으나, 말씀의 비밀은 알지 못하게 되는 것입니다. 또 말씀의 영적 비밀을 모르고, 말씀을 지식으로만 아는 자들은 말씀을 많이 알고 있다고 스스로 자찬합니다. 따라서 영안을 열어 말씀의 영적인 비밀을 알려고 하지도 않고, 더 사모하지도 않는데 문제가 있는 것입니다. 이것이 바로 영적인 교만입니다. 빨리 이 영적인 교만에서 탈피해야 자신의 영이 살고 자신이 자신의 영을 지킬 수 있는 영안이 열린 성도가 될 수가 있습니다. 영안을 열어 하나님의 말씀의 비밀을 깨닫게 해달라고 날마다 기도하시기를 바랍니다.

이들은 말씀과 영적 원리를 모른 채, 무조건 기도만 해도 신령한 능력은 나타납니다. 그러나 하나님으로부터 오는 말씀의 속성에서 벗어난 다른 신비한 능력을 받게 되거나 갖게 되기도 합니다. 지금 많은 영적인 사역자들이 하나님의 정확한 말씀의 속성에서 벗어난 능력을 가지고 영적인 사역을 하고 있는 경우도 종종 있습니다. 머리에서 나오는 지식적으로는 성령이 교회에게 말하는 '생명의 말씀'이나 말씀의 비밀이나 속성을 제대로 이해할 수가 없습니다. 하나님의 말씀은 영이기 때문에 성령으로만 말씀의 비밀이나 속성을 제대로 이해할 수가 있습니다.

그러므로 머리의 지식적으로는 말씀을 이해하기가 어렵습니다. 하나님의 말씀은 영이 십니다. 오직 성령으로만 하나님의 말씀의 비밀을 알 수가 있는 것입니다. 하나님은 이 성경 말씀을 통하여 태초에 천지를 창조하셨습니다. 그냥 말씀으로만 천지를 창조하지 않으시고 하나님의 영과 함께 천지를 창조하셨음을 말씀으로 보여주고 계십니다. "땅이 혼돈하고 공허하며 흑암이 깊음 위에 있고 하나님의 영은 수면 위에 운행하시니라."(창1:2). 말씀을 영안으로 보면 말씀 안에는 인간 삶 전반의 문제의 원인이 보입니다. 또한 말씀 속에서 인간문제의 처방과 해결의 원리들을 발견하게 됩니다. 그러나 바른 문제 진단과 처방과 해결 원리들은 영의 기도를 통하여 성령으로 충만한 영의 상태에서 성경 말씀을 보아야 보이게 됩니다.

육신적인 상태에서는 보이지 않고 반드시 영의 상태가 되어야 가능합니다. 왜냐하면 말씀은 영이신 하나님이시기 때문입니다. "태초에 말씀이 계시니라 이 말씀이 하나님과 함께 계셨으니 이 말씀은 곧 하나님이시니라"(요 1:1). 하나님은 이 말씀을 통하여 믿음을 주십니다. 이 믿음을 통하여 하나님과 그 아들 예수 그리스도를 알게 하시어 영안을 열어 가십니다. 그러므로 말씀을 믿는 믿음의 삶은 영안이 열려가는 길입니다. 성도가 말씀대로 삶을 살지 않으면 하나님은 연단을 주시고 말씀을 깨닫게 하시면서 영안을 열어 가십니다.

무엇보다도 성령으로 하나님의 말씀을 깨닫고 말씀대로 이루어지는 체험을 통하여 영안을 열어 가시는 것입니다. (계3:18)"내가 너를 권하노니 내게서 불로 연단한 금을 사서 부요하게 하고 흰 옷을 사서 입어 벌거벗은 수치를 보이지 않게 하고 안약을 사서 눈에 발라 보게 하라." 그래서 우리는 말씀으로 인간 제반사의 문제를 알고 이를 말씀으로 해결하는 영의 눈이 열려야 합니다.

성령의 불세례를 체험하는 가장 1차적이고 기초가 되는 성경말씀을 제대로 알아야 하는데 말씀의 실체는 한마디로 '살아계신 하나님의 말씀'인 것입니다. 그런데 오늘날의 신학적 태도와 자세는 성경말씀의 실체를 말씀으로 보지 않고 '성서'라 하여 성스러운 책으로만 보아 가는 태도나 경향은 얼마나 영적으로 눈이 멀어져 가게 하는 가를 알 수 있게 됩니다.

성도는 처음부터 성경을 접근하면서 성경을 영적인 존재인 살아있는 하나님의 말씀의 실체로 보아야 합니다. 성경을 살아있는 하나님의 말씀의 실체로 보려면 성령의 인도를 받는 영적인 상태가 되어야 가능합니다. 성경은 영이신 하나님의 말씀이기 때문입니다. 성경을 볼 때 성경에서 말씀의 실체를 보지 못하고, 역사적인 사건이나 내용으로만 보게 되면, 성경을 보는 안목이 타성에 젖어버리게 됩니다. 그래서 우물 안에 갇히게 되어, 이것이 고정관념으로 굳어버립니다. 또한 이러한 방법이 통념적인 방법이 되어 누구나 이러한 방법이 당연한 것으로 생각하게 되어 버립니다.

처음부터 성경을 살아있는 말씀으로 보지 않으면 영적인 눈을 뜨기가 그만큼 더 힘들어집니다. 첫 단추를 잘못 끼운 것처럼, 신앙이 깊어지거나, 성경의 연구가 깊어지면 깊어질수록, 이 잘못 끼운 단추는 틈이 더 벌어집니다. 신령한 말씀은 처음부터 신령한 눈으로 보기 시작해야 하는 것입니다. 그래서 살아있는 생명의 말씀으로 인식을 해야 합니다.

그러므로 성경을 바로 아는 것, 이것은 성경 속에서 말씀의 실체를 바로 아는 것에서 시작됩니다. 말씀의 실체는 요1:1에 '태초에 말씀이 계시니라'는 말씀의 의미를 해석하는 것에서 비롯됩니다. 그리고 말씀의 바른 해석은 말씀을 '영적존재'로 설명하고 있습니다. 그래서 성경을 바로 안다는 것은 하나님의 가르침을 기록한 책이나, 사건이 아니라, '성경'은 살아있는 하나님의 말씀을 체험적으로 이해한다는 것입니다. 살아서 초자연적으로 역사하는 '생명의 말씀'으로 알아야 성경을 제대로 이해 할 수 있다는 말입니다. 하나님은 하나님의 속성이 있고, 사단은 사단의 속성이 있고, 사람은 사람의 속성이 있습니다. 사람마다 이 속성에 따라서 특성이 있습니다. 하나님은 삼위일체의 속성을 가졌는데, 태초에 함께 계시던 '말씀'은 육신으로 이 땅에 오신 예수님입니다. 그러므로 말씀은 창조의 능력의 속성을 가지시고, 빛의 속성과 생명의 속성을 가지고 있습니다.

말씀의 속성은 말씀을 믿음으로 받아들이는 자를 하나님의 자녀로 변하게 하는 속성이 있습니다. 그러므로 살아있는 말씀을 받은 자의 영육이 변하지 않는다면 문제가 있는 것이므로 찾아서 치유해야 하는 것입니다. 사람은 믿음의 대상을 닮아가게 되어 있습니다. 그리고 믿고 사랑하는 대상으로도 변하게 되어 있습니다. 예수님을 마음 중심으로 믿고 사랑한다면 예수님을 닮게 되는 것입니다. 자신의 속에서 어느 성품이 올라오는지 볼 수 있는 영의 눈이 열리시기를 바랍니다.

3. 말씀을 들으면서 불세례를 받는 방법

성령의 불세례를 체험하게 하는 집회에서는 강단에서 말씀을 전하는 목사가 영의 자유 함이 있어야 합니다. 영의 자유 함이 있기 위해서는 먼저 목사가 성령세례와 성령의 불세례를 체험하고 성령으로 충만해야 합니다. 그리고 자신만의 레퍼토리를 가지고 있어야 합니다. 그래야 말씀을 전할 때 부담감이 없이 평안하고 담대한 마음으로 전할 수 있기 때문입니다. 성령은 마음이 평안할 때 역사합니다. 그러므로 무엇보다도 말씀을 전하는 목사의 영성이 대단히 중요합니다.

말씀을 듣는 성도도 강단에서 증거되는 말씀이 이해되고 심령의 귀에 들려서 아멘으로 화답할 때 성령의 불세례가 임합니다.

"베드로가 이 말 할 때에 성령이 말씀 듣는 모든 사람에게 내려오시니"(행10:44)

이런 성령이 임하는 말씀이란, 말하는 사람의 심령에 직접적인 성령의 기름부음을 통하여 듣는 사람에게 전하여지는 살아 있는 생명과 영의 전달을 예수님은 '말씀'이라고 말합니다. 성경에 기록된 말씀은 저자가 영감을 받아서 기록한 것입니다. 고로 말씀을 증거 하는 목사가 성경의 저자와 같은 성령의 임재 하에 영감이 풍성한 상태가 되어서 전해야 말씀의 비밀을 깨달을 수 있고, 생명의 말씀으로 역사하여 듣는 자가 살아있는 성령의 역사를 체험하게 되는 것입니다.

"살리는 것은 영이니 육은 무익하니라. 내가 너희에게 이른 말이 영이요 생명이라"(요6:63)

고로 말씀을 전하는 자에게는 성령의 기름부음이 있어 영감 있는 설교를 할 때에 성령의 나타남이 있게 되는 것입니다. (마 10:20) "말하는 이는 너희가 아니라 너희 속에서 말씀하시는 자

곧 너희 아버지의 성령이시니라" 그리고 말씀을 듣는 자의 마음이 열린 자에게는 성령의 감동이 있게 되나, 마음이 열리지 아니한 자에게는 악한 자가 빼앗아 가버리거나, 심령에 새겨지지 아니하고, 비판을 하게 되거나, 시험이 들게 됩니다.

"이에 저희 마음을 열어 성경을 깨닫게 하시고"(눅24:45) "그런즉 씨 뿌리는 비유를 들으라.아무나 천국 말씀을 듣고 깨닫지 못할 때는 악한 자가 와서 그 마음에 뿌리운 것을 빼앗나니 이는 곧 길가에 뿌리운 자요"(마13:18-19)

말씀을 전하는 자나 듣는 자나 다 같이 심령이 가난한 심령이어야 하며, 심령에 억눌림이 없이 자유스러워야 영적 흐름이 자유스러우며, 성령의 감동을 받을 수 있는 온유하고 부드러운 심령이라야 성령의 기름부음이 있게 되고 감동이 있게 됩니다. 부정적인 선입관이 있거나 교만하거나 인색하거나, 비판하고 판단하는 마음이나, 세상의 여러 가지 염려로 마음이 평안치 못한 심령에는 성령의 기름부음이 일어나지 않습니다. 환경이나 분위기에 눌리거나 억압당하면 성령의 기름부음의 역사가 일어나지 않습니다.

저의 경우는 말씀을 들을 때 기도하며 말씀을 듣습니다. 호흡을 들이쉬고 내쉬면서 성령님 임하여 주시옵소서. 저를 사로잡아 주시옵소서. 역사하여 주시옵소서. 계속 마음으로 성령의 임재를 요청하면서 말씀을 듣습니다. 그러면 성령께서 임재 하셔서 저를 만져주시는 것을 체험합니다. 얼굴이 화끈거리기도 합니다. 몸이 앞뒤로 흔들리기도 합니다. 몸이 뜨거워지기도 합니다. 머리가 상쾌해지기도 합니다. 좌우지간 전하는 말씀에 집중하면서 마음으로 성령님의 임재를 요청해야 합니다. 성령의 불세례를 체험하려면 무엇보다도 성령님에게 집중하고 성령님과 교통하는 것이 중요합니다.

4.말씀을 듣는 중에 불세례를 체험한 사례.

1) 말씀을 들으며 성령의 불을 얼굴과 등에 받은 체험

필자인 제가 성령집회에 참석하여 사모하며 열린 마음으로 말씀을 들으며 성령의 불을 얼굴과 등에 받은 체험입니다. 성령의 역사가 있는 집회에 참석하여 첫날 말씀과 기도에 은혜를 받고 밤에 잠을 자려고 하는데 얼굴이 뜨거워서 잠을 잘 수가 없었습니다. 저는 낮의 햇빛에 얼굴이 타서 뜨거운 것으로 알고 잠을 청하다가 새벽 2시가 넘어서 잠을 잘 수가 있었습니다. 그래서 그 다음 날 아는 목사님들에게 가서 어젯 밤에 얼굴이 뜨거워서 잠을 잘 자지 못했다고 하니까 그것은 성령의 불을 받은 것이라고 하였습니다. 그러나 나는 의심이 생겼습니다. 어찌하여 성령의 불이 임하면 얼굴에만 임하는가, 다른 곳도 불이 임해야지….

그래서 낮 예배시에 설교를 들으면서 성령님 왜 얼굴에만 성령의 불이 임하게 합니까? 다른 곳에도 불이 임하게 해주세요? 했더니 등부터 뜨거워지더니 가슴 아랫배 등으로 성령의 불이 임했습니다. 뜨거워서 설교를 듣기 힘들 정도로 성령의 불을 체험했습니다. 그리고 몸이 흔들리는데 말씀을 들을 수 없을 정도로 흔들렸습니다. 성령의 임재를 사모하며 말씀 듣는 중에 성령이 저를 사로잡은 것입니다. 성령의 불을 체험하고 집에 돌아와 우리 딸들을 안수기도 했더니 강한 성령의 역사가 일어나 내면의 상처가 치유되고 악한 영들이 떠나가는 등의 성령의 역사가 강하게 일어났습니다. 하나님이 저에게도 성령의 권능을 주신 것입니다.

2) 입술과 온몸에 강한 불이 임하는 체험

제가 어느 성령집회에 참석하여 말씀을 듣는 중에 입술과 온몸에 강한 불이 임하는 체험을 했습니다. 저는 성령의 불을 받는 것과 말씀을 아주 사모했었습니다. 그러던 어느 날 말씀과 성령의 역사가 강하게 일어나는 강사 목사님이 집회를 인도한다고 해서 말씀도 배우고 성령의 불도 받겠다는 믿음을 가지고 집회에 참석하려고 일찍 가서 맨 앞자리에 앉아서 말씀을 들으면서 은혜를 받았습니다. 저는 어느 집회를 가든지 한 두 시간 일찍 가서 좋은 자리를 잡고 기도하면서 기다리는 습관이 있습니다. 그런데 강사 목사님이 성령의 불의 역사도 강하게 일으키고 말씀도 그렇게 잘 전하시는 것입니다. 정말 저도 그 강사 목사님 같이 되었으면 좋겠다는 그런 어린 아이와 같은 사모하는 마음으로 말씀을 들었습니다. 그래서 말씀을 듣는 중에도 계속 마음으로 기도했습니다. 성령님 저에게도 저 목사님과 같은 성령의 불이 내 안에서 나오게 해주시고 말씀도 잘 전하도록 역사하여 주옵소서! 성령님 도와주세요. 성령님 도와주세요. 성령님 도와주세요. 성령님 역사하여 주

세요. 성령님 역사하여 주세요. 성령님 역사하여 주세요. 성령님 제 입에 지식의 말씀과 지혜의 말씀의 은사를 주셔서 저 목사님 같이 말씀을 잘 전하게 하여 주시옵소서 하면서 애절한 마음으로 간절하게 기도를 하였습니다. 그러자 갑자기 몸이 뜨거워지기 시작하는 것입니다. 그러다가 입술이 뜨거워지기 시작하는데 정말 감당하기 어려울 정도로 뜨거워서 견딜 수가 없었습니다.

그 날은 집회 마지막 날이라 강사목사님이 모두 안수를 해주는 날입니다. 그런데 저는 목사님에게 안수를 받기 전에 이미 내가 성령님에게 간절하게 기도한대로 이미 성령의 불이 임하여 온몸과 입술이 뜨거워지고 있었습니다. 정말 너무 뜨거워 입술이 다 타서 없어진 줄만 알았습니다. 마치 병원에 가서 위장 내시경 하기 전에 마취제를 입에 물고 있을 때 입이 얼얼한 그런 기분이었습니다. 정말 신비한 현상을 체험했습니다."때에 그 스랍의 하나가 화저로 단에서 취한바 핀 숯을 손에 가지고 내게로 날아와서 그것을 내 입에 대며 가로되 보라 이것이 네 입에 닿았으니 네 악이 제하여졌고 네 죄가 사하여 졌느니라 하더라"(사6:6-7).

약 3시간 정도 그런 현상을 체험했습니다. 점점 입술의 뜨거움이 사라져 갔습니다. 그러고 나니 이제 궁금했습니다. 입술이 과연 그대로 있을까 정말 두렵기도 하고 궁금하기도 했습니다. 그래서 화장실에 뛰어가서 거울을 보니 입술이 그대로 있었습니다. 정말 저는 입술이 타서 없어지는 줄 알았습니다. 그런 체험을 하고 난 다음에 말씀에 대해 사모하게 되고 말씀 전하는 것이 즐겁고 쉬워졌습니다.

13장 회개를 통한 성령의 불세례

(행2:38)"베드로가 이르되 너희가 회개하여 각각 예수 그리스도의 이름으로 세례를 받고 죄 사함을 받으라 그리하면 성령의 선물을 받으리니"

하나님은 회개를 잘하는 성도를 좋아하십니다. 성령의 불로 충만 함을 받으려면 회개를 잘해야 합니다. 성령의 임재 하에 영으로 회개해야 영의 차원의 죄악들이 사해집니다. 죄가 사해짐에 따라 죄악에 역사하던 귀신들이 떠나가는 것입니다. 회개를 깊이 하면 할수록 성령의 불로 충만해집니다. 귀신이 떠나가기 때문입니다. 대부분의 성도들이 영적으로 깊어지지 못하는 이유가 귀신의 역사 때문입니다. 귀신이 성령으로 충만하지 못하게 방해하는 것입니다.

1. 회개할 때 불세례가 임한다

하나님은 회개하고 돌아오는 자를 성령으로 인 치시고 치유하시고 복을 허락하십니다. 상처는 죄와 긴밀한 관계가 있습니다. 그리고 회개는 치유를 가져오는 것입니다. 용서와 죄사함은 예수를 믿음으로 이미 받은 것입니다. 그러므로 예수를 믿고 하는 회개는 십자가의 용서의 효과를 내게 적용하기 위한 것입니다. 즉, 내 상처의 치유를 위한 것입니다. 상처를 치유하여 아담이 에덴동산에서 죄를 짓기 이전의 영성을 회복하는 것입니다.

하나님은 용서해주시는 분입니다. 회개를 해야, 상처가 치유받고, 성령님이 우리 속에서 활동하실 수가 있게 됩니다. 성령의 인도하심 속에서 하는 회개는 상처의 치유를 위한 것입니다.

사도행전 2장의 베드로의 회개 설교는 기름부음 받은 자의 회개의 설교이고, 이러한 설교는 성령의 불세례와 성령의 충만을 일어나게 하는 설교입니다. 이러한 회개의 설교는 내적 치유를 통하여 성령의 불세례와 성령 충만을 받게 합니다. 성령님은 이러한 회개를 통하여 우리의 마음을 치유하시고, 자기의 활동영역을 늘리십니다. 우리가 회개하는 만큼 우리 속에서 성령님이 역사 하십니다. 회개하지 않고 죄를 붙잡고 있는 만큼 우리는 마귀에게 활동영역을 보장해주고 있는 것입니다.

회개함으로 성령님에게 더 넓은 활동영역을 내어드리라. 성령님에게 사로잡히라. 회개하고 성령을 선물로 받으라. 더 많이 받으라. 더 많은 부분을 성령님에게 내어드리라. 더 많은 부분에서 성령께서 역사하시게 하라. 이러한 회개는 우리 마음대로 할 수 있는 것이 아닙니다. 이미 우리 속에 내재하신 성령님의 도우심으로만이 가능합니다. 성령의 도우심을 받으려면 마음을 열고 성령의 역사에 순종해야 합니다.

그러므로 우리는 늘 성령님의 도우심으로 하는 회개를 통해서 악한 마음, 분노하는 마음, 상처들을 치유해야 합니다. 그리고 이 모든 것들이 있던 자리에 성령님이 임하고 활동하게 하는 것이야말로 진정한 성도의 모습입니다.

"또 새 영을 너희 속에 두고 새 마음을 너희에게 주되 너희 육신에서 굳은 마음을 제하고 부드러운 마음을 줄 것이며"(겔 36:26)

베드로도 회개하고 성령을 선물로 받으라고 했습니다. 회개할 때 마음의 문이 열리고 죄를 통해 들어온 악한 영이 떠나고 성령의 불세례를 체험하게 되는 것입니다. 회개는 성도의 심령을 정결하게 하는 적극적인 수단이기도 합니다. 여러분, 성령의 인도에 따라 회개하십시오. 그러면 성령의 강력한 불의 역사를 체험하고 권능 있는 성도가 될 것입니다.

2.회개는 내 영혼을 정결케 한다.

회개는 내 영혼을 정결케 하는 것이요, 내 마음을 치유하는 것이고, 원석을 가지고 보석을 만드는 것입니다. 하나님은 거룩하시고 정결하십니다. 또 우리와 함께 하시기 위하여 우리에게도 정결하고 거룩할 것을 요구하십니다. 회개는 그릇을 닦아내듯 내 영혼을 닦는 것입니다.

회개는 부패한 것을 신선하게 만드는 것입니다. 회개할 때, 하나님의 치유의 약이 우리에게 발라집니다. 죄는 참으로 무섭고 더러운 것입니다. 성령의 임재 속에서 회개하십시오. 내면의 상처를 치유하기 위해서 회개하기 바랍니다.

죄는 하나님을 외면하고, 하나님에게서 멀어지는 것입니다. 자꾸 세상으로 들어가면서 더러워지는 것입니다. 그러나 회개는 하나님에게로 돌아가는 것입니다. 왜 슬프고, 자신감이 없고, 평강이 없고 아픈가? 하나님과 멀어져 있기 때문입니다. 죄를 회개하십시오. 내면에 있는 하나님과 나 사이를 가르는 모든 담을 헐어버리십시오. 그리고 하나님과 가까이 하시길 바랍니다.

죄는 영적인 질병, 무거운 짐, 우리를 노예 삼는 폭군입니다. 죄는 스스로 성장하고 자꾸 세련되고, 자꾸 교활해지는 무서운 존재입니다. 죄는 스스로의 생명을 가진 무서운 놈입니다. 죄를 지을 때, 악한 존재가 우리 속으로 파고 들어옵니다. 죄를 향해서 공격하십시오. 죄를 예수 이름으로 잘라내십시오. 회개는 어려운 것이 아닙니다. 죄짓는 것에는 순간적 쾌락이 있으나, 오랫동안의 아픔이 따르게 됩니다.

그러나 회개는 순간적으로는 아프나, 오랫동안 하나님의 은총이 있고, 하나님과 맑은 관계를 가지게 하는 복중의 복입니다. 회개를 귀찮아하지 말고, 좋아하십시오.

회개는 자신에게 유익을 주는 것이고, 심령을 치유해주는 것이며, 하나님의 은총, 평강, 기쁨을 오게 하는 통로입니다. 회개는 이 모든 은혜를 나에게 오게 하는 통로를 열어주는 것이요, 통로를 청소하는 것입니다. 회개함으로 은혜를 가져오는 통로, 은혜가 흐르는 통로를 준비하십시오.

또 회개는 죄와 원수마귀, 상처가 들어오는 통로를 막아버리는 것입니다. 회개함으로 죄와 저주의 통로를 막아버리고 하나님의 은혜가 흘러 들어오게 만드는 통로를 준비하시길 바랍니다. 회개함으로 심령과 마음을 맑게 하십시오.

회개는 하나님이 주시는 은총을 받기 위해서, 내 마음에 하나님을 모시기 위해서 기쁨으로, 소망으로 자진해서 하는 청소입니다. 하나님의 능력을 받기 위해서 하는 기쁜 청소입니다. 성령님의 도우심을 받으면서 회개할 때, 엄청난 은혜, 능력이 임하게 되고, 모든 더러움, 상처가 다 사라지게 됩니다.

"만일 우리가 우리 죄를 자백하면 그는 미쁘시고 의로우사 우리 죄를 사하시며 우리를 모든 불의에서 깨끗하게 하실 것이요."
(요일1:9)

우리를 사랑하시는 하나님께서는 우리가 죄를 회개하면 사하시고 깨끗하게 하십니다. 사하심이 용서하심입니다. 깨끗케 하심은 치유하심입니다.

3.회개하면 마음의 상처가 치유된다.

우리가 회개하면 하나님께서는 우리 속에 남아서 자꾸 죄를 짓게 하는 상처를 치유하신다는 것입니다. 하나님의 용서로 말미암아 우리는 죄사함은 받으나, 죄성, 즉 쓴 뿌리는 그냥 남아 있는데, 회개함으로 그 쓴 뿌리를 뽑아내는 것입니다.

회개는 펌프에 붓는 프라임워터와 같습니다. 우리 마음에 회개함이 있을 때, 축복의 생수가 솟아올라오는 것입니다. 왜 회개하지 않습니까? 회개하십시오. 회개한 마음, 회개한 눈으로 보면 세상이 주는 것은 아무것도 아닙니다. 전혀 두려움, 미움, 슬픔이 필요 없는 것들입니다. 세상을 이기기 위해서 오직 필요한 것은 바깥세상과 환경이 없어지거나 변화되는 것이 아니라, 회개함으로 우리 속을 깨끗하게 만들어 하나님을 모시는 것입니다. 세상이 아니라 우리가 회개하고 성령 충만을 받는 것입니다.

회개는 하늘나라의 기쁨이 내 것이 되게 합니다. 나를 악한 원수의 지배에서 하나님의 나라로 장소를 옮겨주는 것입니다. 하나님의 은총의 손길이 닿게 하는 것입니다. 성령이 우리에게 주시는 모든 은사, 은총이 내게 한없이 흐르게 만드는 것입니다.

3. 회개함으로 성령님과 교제가 된다.

회개하여 성령으로 불세례를 받고 성령님과의 교제, 성령님의 도우심을 얻는 것이야말로 세상최고의 은혜입니다. 그리고 이것을 위해서 회개해야 합니다. 다윗은 이 비밀을 알고 있었던 사람입니다. 늘 회개함으로 하나님과 가까이 하며, 하나님의 은총과 복을 받고 살았습니다.

성령의 기름부음이 있는 사람, 성령이 누구 신가를 알고 있는 사람은 참으로 세상에서 가장 기쁨이 있는 사람입니다. 성령님과 늘 교제하는 사람은 진정 세상에서 가장 행복할 수 있는 사람입니다. 성령님에게 푹 빠져있는 사람, 성령님을 모시는 성도는 행복을 가슴 가득히 품고 있는 사람입니다.

세상이 불행으로 가득한 것은 세상이 성령님을 모르고 엉뚱한 곳을 헤매고 있기 때문입니다. 우리 하나님 한 분만으로 만족합시다. 그 이상, 이외에 어느 것도 하나님만큼 큰 능력, 행복, 은혜를 우리에게 줄 수 있는 존재가 없습니다. 예수님을 영접한 신자는 이미 그분을 우리 속에 모시고 있습니다.

회개함으로 그 길을 열어야 합니다. 공격적인 회개를 해야 합니다. 믿음이 떨어짐에 대한 회개, 첫사랑이 식은 것에 대한 회개, 하나님과 깊은 교제를 하지 못하는 것에 대한 회개, 성령님께서 주신 무한한 은총을 버려두고 엉뚱한 곳에서 헤매고 있었던 것을 회개해야 합니다. 이것이야말로 하나님이 기뻐하시는 회개요, 하나님의 중심 속으로 파고 들어가는 회개입니다. 이런 회개를 날마다 합시다. 하나님을 찾지 않음, 하나님을 더 뜨겁게 찾지 않고 사랑하지 않고 있음을 회개합시다. 성령님을 찾으세요. 성령님을 찾기만 하세요. 성령님을 부르기만 하세요.

> "나를 사랑하는 자들이 나의 사랑을 입으며 나를 간절히 찾는
> 자가 나를 만날 것이니라."(잠8:17)

하나님은 찾는 자에게 나타나시고, 부르는 자에게 나타나십니다. 내 영 안에 계시는 그분을 찾읍시다. 하나님을 부릅시다. 그러면 영혼이 살아나게 됩니다.

> "하나님의 성령을 근심하게 하지 말라 그 안에서 너희가

구원의 날까지 인치심을 받았느니라." (엡4:30)

4.육적자아를 죽여야 주님이 일하신다(갈5:24)(갈2:20)

우리가 죄지을 때, 우리가 성령을 찾지 않을 때, 성령께서 근심 하십니다. 참된 신앙인, 강한 크리스천일수록 육적자아가 약해져 야 합니다. 이 자아를 성령님의 능력으로 부수어야 합니다. 강해 지려고 하지 마십시오. 강해지려고 하면 악한 것이 찾아옵니다. 자꾸 내가 작아져야 합니다. 육적자아가 약해지면 성령님이 찾아 오십니다. 죄성을 죽여야 합니다. 죄성을 소멸시켜야 합니다. "도 와주세요. 도와주세요. 나는 약해요. 하나님 붙잡고 살게 해주세 요." 이렇게 자꾸 내가 죽으면 성령님이 역사하십니다. 내가 낮아 지면 내 안에서 성령님이 올라오십니다. 내가 약해지면 내안에서 성령님이 강해지십니다. 우리의 삶에서, 모든 일에서 준비는 철저 히 하되 힘은 빼내야 합니다.

"그러나 내가 나 된 것은 하나님의 은혜로 된 것이니 내게 주
신 그의 은혜가 헛되지 아니하여 내가 모든 사도보다 더 많이 수
고하였으나 내가 한 것이 아니요 오직 나와 함께 하신 하나님의
은혜로라."(고전15:10)

사도바울도 모든 일에서 남보다 더 수고한다고 하였습니다. 준 비는 누구보다도 더 철저하게 하였다는 것입니다. 그러나 역사는

자기가 아니라 하나님께서 하셨다는 것입니다. 이것이 성령으로 거듭난 성도의 삶입니다. 준비는 철저히 하되, 준비한 그것을 성령에게 드리십시오. 성령님이 사용하시게 하십시오. 내가 사용하지 말고, 성령님이 사용하시게 하여 나의 최선과 하나님의 최선이 하나가 되게 하십시오.

우리가 상처를 주고받는 까닭은 우리가 강하기 때문입니다. 약하고 부드러우면 상처를 받지도 주지도 않습니다. 준비는 철저히 하되 힘을 빼시고 어린아이가 되십시오. 모든 것을 성령의 손에 올려놓으시기 바랍니다. 심령을 찢는 회개, 진정에서 우러나오는 회개, 성령님의 도우심이 함께 하는 회개를 하시기를 바랍니다. 그리함으로 쓴 뿌리를 뽑아내고 치유함을 받으시기 바랍니다.

죄가 능력이라면 회개는 더 강한 능력입니다. 죄를 이길 수 있는 능력, 죄와 싸울 수 있는 능력, 죄가 내린 저주, 죄로 인하여 파괴된 관계, 잃어버린 것들을 다시 되찾는 능력입니다. 죄는 영적인 싸움에서의 패배의 선봉입니다. 성을 빼앗긴 자는 성안에 있는 모든 것도 역시 빼앗기며 노예가 됩니다. 회개는 빼앗긴 것을 다시 돌려받는 것입니다. 회개는 회복, 되찾음, 승리를 안겨 주는 것입니다.

5.구체적인 깊은 회개

교회에 다니며 예배에 참석한다고 회개가 아닙니다. 물세례를 받았다고 회개하는 것이 아닙니다. 자신이 하나님의 일을 열심히 한다고 회개가 되는 것이 아닙니다. 내가 현재 죄를 짓지 않는다고 회개함이 아닙니다. 회개는 한번으로 끝나지 않고 계속적으로 해야 합니다.

"알지 못하던 시대에는 하나님이 간과하셨거니와 이제는 어디든지 사람에게 다 명하사 회개하라 하셨으니"(행17:30). "내 이름으로 일컫는 내 백성이 그들의 악한 길에서 떠나 스스로 낮추고 기도하여 내 얼굴을 찾으면 내가 하늘에서 듣고 그들의 죄를 사하고 그들의 땅을 고칠지라."(대하 7:14). "그러면 이제 우리가 그의 피로 말미암아 의롭다 하심을 받았으니 더욱 그로 말미암아 진노하심에서 구원을 받을 것이니"(롬 5:9).

회개는 선택이 아닌 하나님의 명령이며 우리의 삶에 필수적인 부분입니다. 죄는 죄에 대한 보응인 저주를 스스로 부르는 무의식적인 행위이며 회개는 내게 임한 저주를 나와 가족에게서 쫓아내는 의식적인 행위입니다. 회개는 자신의 영혼의 치유약이 됩니다.

하나님에게 잘못한 것을 성령으로 찾아서 회개의 대상들을 하나씩 회개합니다. 하나님 섭섭하게 해드린 것을 찾아 회개합시다. 십계명을 가지고 내 생활과 행동을 대조하며 회개합시다. 사람에게 섭섭하게 한 것을 찾아 회개합시다. 자녀들에게 상처준 것을 찾아 회개합시다. 목회자의 마음을 아프게 한 것을 찾아 회개합시다(민12:1-16). 성령의 역사를 훼방한 죄를 회개합시다. 부모에게 잘못한 것을 성령으로 찾아 회개합시다. 남편이나 아내에게 상처주고 잘못한 일을 찾아 회개합시다. 친구들에게 친절하게 못하고 상처준 것을 회개합시다. 직장 상사들에게 잘못한 것을 회개합시다. 부하 직원들에게 잘못한 것을 찾아 회개합시다(히 12:14). 성령의 인도를 받는 깊은 회개는 대략 이런 순서를 가지고 해야 되는 것입니다.

1) 성령의 깊은 임재 하에 들어가야 합니다.

찬양이나 방언기도나 호흡기도로 임재 하에 들어가십시오.

외적인 침묵과 내적인 침묵을 유지해야 합니다.

2) 회개할 대상을 생각하세요.

회개기도에 들어가기 전에 기도하며 회개할 대상을 종이에 적어 나가도 됩니다. 대략 죄의 종류가 어떤 것이 있는지 생각하며 기록하고, 기록한 죄악들을 가지고 한 가지씩 회개하십시오.

3) 성령의 임재 하에 죄악의 현장 속으로 들어가세요.

성령의 임재 하에 현장에 들어가서 그때 했던 죄악들을 보면서 느껴야 합니다. 느끼면서 하나씩 회개하는 것입니다. 현장을 보면서 하는 회개야말로 성령의 이끌림을 받는 회개입니다.

4) 현장을 영상기도로 보면서 회개하세요.

자신이 죄를 짓고 있는 모습을 보면서 깊은 회개를 해야 합니다. 그 때의 상황을 직시하는 것입니다. 하나하나 회개하면서 풀어가야 합니다.

5) 죄악을 타고 들어온 귀신들을 쫓아내라.

죄악의 뒤에는 반드시 그 때 들어온 귀신들이 있습니다.

이 귀신들을 예수 이름으로 몰아내시기를 바랍니다.

"예수 이름으로 명하노니 내가 죄를 지을 때 죄를 타고 들어온 귀신은 떠나갈지어다"

6) 회개하고 귀신이 떠나간 곳에 성령과 말씀으로 축복하십시오.

예)죄를 통하여 역사하던 귀신이 떠나간 곳에 성령으로 충만해 질지어다. 말씀으로 채워질지어다. 믿음으로 채워질지어다. 항상 성령님과 교통하는 자가 될지어다.

7) 죄를 용서하여 주신 하나님에게 감사하라.

죄악을 회개하는 것은 죄로부터 돌아서는 것입니다. 다시는 그와 같은 죄를 반복해서 짓지 않겠다고 하나님에게 다짐합니다. 이런 순서를 가지고 성령의 깊은 임재하에 지속적으로 회개하여 자신의 영혼을 정화하시기를 바랍니다.

6.회개할 때 불세례를 체험한 사례.

저는 성령의 불세례를 받으려고 5년이란 세월을 보냈습니다. 그러다가 "하나님의 복을 전이 받는법"책을 읽고 충만한 교회를 알게 되었습니다. 충만한 교회에 가서 성령의 불세례를 체험하라는 성령의 감동이 강하게 왔습니다. 성령의 감동에 순종하여 성령의 세례를 체험하려고 충만한 교회 성령집회에 참석하였습니다. 말씀을 마치고 기도하는데 성령의 역사로 회개가 터진 것입니다.

제가 하나님의 부르심에 거부한 것들이 떠오르면서 회개가 터지는 것입니다. 몸이 불덩어리가 되면서 정말 말할 수 없는 눈물을 흘렸습니다. 눈물 콧물로 뒤범벅이 되었습니다. 그러기를 2박 3일 동안을 했습니다. 눈물이 나오는데 정말로 주체할 수가 없었습니다. 여성분들이 앞에 있는데도 절제가 되지 않고 나왔습니다. '내가 너를 얼마나 사랑하는 줄 아느냐! 그래서 내가 너를 불렀는데 너는 그것을 모르고 거부하느냐!' 그렇게 음성을 들려주시면서 회개하게 했습니다. '하나님 용서하여 주세요. 제가 잘못했습니다. 다시는 하나님의 부름에 거부하는 자가 되지 않고 순종하겠습니다. 이제 주 만 바라보고 순종하겠습니다. 좌로나 우로나 치우치지 않고 주님만 믿고 가겠습니다. 이 부족한 죄인을 용서하여 주옵소서'하면서 기도를 했습니다.

그러고 나니 기도문이 열리는 것입니다. 마음속에서 영의 기도가 올라왔습니다. 찬양 방언이 터졌습니다. 성령의 인도하시는 대로 기도를 했습니다. 성령의 불로 온몸이 불덩어리가 되었습니다. 그러면서 심령에서 나오는 소리로 회개를 하게 하셨습니다. 몸이 앞뒤로 사정없이 흔들렸습니다. 방언으로 기도하며 회개하게 하셨습니다. 이렇게 성령의 강한 역사로 깊은 회개를 체험 하면서 좌로나 우로 치우치지 않고 주님만 바라보고 달려가겠노라고 다짐하였습니다.

내가 이렇게 성령의 인도 하에 회개를 한 후에 생각하기를 역시 회개는 머리로 생각으로 하는 것이 아니고 성령의 인도를 받아야 한다는 것을 깨달아 알았습니다. 저는 이 체험을 한 후에 많은 영육의 변화를 체험하고 있습니다. 정말 성령의 불의 역사는 귀하고 좋은 것입니다. 서울 김목사

14장 안수를 통한 성령의 불세례

(행19:6-7)"바울이 그들에게 안수하매 성령이 그들에게 임하시므로 방언도 하고 예언도 하니 모두 열두 사람쯤 되니라"

하나님은 목회자의 권위를 나타내기 위하여 안수 사역을 하기를 원하십니다. 모두 안수 사역으로 성도들의 믿음을 활성화하는 사역자들이 다 되기를 바랍니다. 안수 사역은 영적인 사역 중에서 대단히 중요한 사역입니다. 그런데 일부 목회자는 안수사역을 하지 않는 분들도 있습니다. 그러나 성경을 보면 예수님도 병자들을 안수하여 치유한 사례가 많이 있습니다.

"열 여덟 해 동안이나 귀신 들려 앓으며 꼬부라져 조금도 펴지 못하는 한 여자가 있더라. 예수께서 보시고 불러 이르시되 여자여 네가 네 병에서 놓였다 하시고 안수하시니 여자가 곧 펴고 하나님께 영광을 돌리는지라."(눅13:11-13)

우리는 예수님의 치유사역의 본을 따라야 합니다. 저는 지금까지 십년을 넘게 성령치유 사역과 성령의 세례를 베푸는 사역을 했습니다. 그런데 안수를 하지 않을 때보다 안수를 할 때 더 강력한 치유의 역사가 일어났습니다. 그러므로 성령사역을 하는 사역자는 안수 사역를 하는 것이 좋습니다.

안수 사역시 영적 기름부음에 대한 집중을 해야 합니다. 즉, 안수 사역시 성령의 불이 들어가는가, 안 들어가는가? 어떤 느낌이 감지되는가? 어떤 기름부음이 오는가? 어떤 사람이 넘어지고 안 넘어지는가? 어떤 안수 방법을 사용할 것인가? 등등을 성령의 초자연적인 계시로 알아서 사역을 해야 합니다. 예를 든다면 불안수를 할 것인가? 손안수를 할 것인가? 눈안수를 할 것인가? 질병이나 통증이 일어나는 특정 부위에 안수할 것인가는 성령의 감동에 따라 행해야 합니다.

1. 안수 사역의 기능

안수를 어떤 부위에 할 것인가? 질문하는 분들도 있을 것입니다. 사람에게는 각각 부위별로 혈이 있습니다. 혈이 많은 부위에 손을 얹고 안수를 하면 됩니다. 예를 든다면 머리에는 백회라는 혈이 있습니다. 백회의 혈 부위에 손을 얹고 안수 사역을 하면 되는 것입니다. 발바닥의 경우는 용천혈이 있습니다. 이 부분에 손을 얹고 안수하면 혈을 통해서 성령의 불이 들어가 성령의 역사가 잘 일어나는 것입니다. 안수 사역을 하는 방법은 다음과 같습니다.

① 축복 기도는 말 그대로 축복하면서 기도하는 것입니다(창 48:9-14).

② 눈에 대한 안수 사역은 이렇게 합니다. 눈에는 혈이 많이 있습니다. 그러므로 양손가락을 눈과 눈 위의 뼈 부분을 겹치게 대고 성령의 불을 집어넣는 것입니다. 주의해야 할 것은 눈을 압박

하면 눈이 터질 수도 있으니 가만히 눈 위에 손가락을 올리고 안수하면 될 것입니다.

③ 손에 대한 안수는 손바닥에 혈이 많이 있습니다. 살며시 손바닥을 마주치면서 안수하면 됩니다. 특별히 이성간에는 주의가 요구됩니다.

④ 머리의 불안수는 피 사역자를 바르게 눕게 하고 머리에 오른손을 얹고 안수하면 되는 것입니다. 이 때 피 사역자에게 호흡을 들이쉬고 내쉬면서 안수를 받으라고 해야 합니다. 호흡은 성령의 역사를 돕는 활동인 것입니다.

⑤ 발에 대한 안수사역은 발바닥의 용천부위에 손을 얹고 안수하는 것입니다. 저는 특별한 사람에게만 합니다. 저는 저의 사모 외에 다른 사람에게 한 번도 발안수를 하지 않았습니다. 저의 사모는 저에게 발 안수를 많이 받았습니다. 지금 성령의 역사가 강하게 나타나고 있습니다. 어떤 날은 저에게 발 안수를 받고 몸이 뜨거워서 잠을 제대로 자지 못한 날도 있었다고 했습니다. 성령의 강력한 불이 들어가 머리끝까지 올라갑니다.

우리가 영적인 사역자, 성도가 되려면 안수하는 것을 두려워하지 말아야 합니다. 또한 안수 받는 것도 두려워 말아야 합니다. 그리고 실패를 두려워하지 말아야 합니다. 내가 한다고 생각을 하지 말고 전적으로 성령께서 하신다고 생각하고 편안하고 자연스럽게 손을 얹고 안수하면 됩니다. 많은 목회자가 안수 사역을 꺼리는 이유는 자신이 안수한 후에 질병이나 문제가 해결되지 않으면 망신을 당할 위험성이 있으니 안하는 것입니다. 그러나 성령의 역사는 전적으로 하나님의 뜻입니다. 치유가 되어도 하나님이 치유하신 것입니다. 치유가 되지 않아도 하나님이 하지 않은 것입니다. 그러므로 성령치유 사역자는 실습 대상을 많이 만들어서 안수사역을 많이 해보아야 합니다. 그래야 담대함이 생깁니다. 안수 사역시 안수 사역자는 권능이 있어야 하고, 안수를 받는 사람은 믿음이 있어야 합니다. 그리고 하나님의 역사가 함께해야 치유나 문제의 해결의 역사가 일어나는 것입니다.

안수 사역은 눈으로 보는 것이 아니라 성령의 임재로 느끼는 감동으로 보는 것입니다. 그러므로 안수를 많이 해보아야 합니다. 그러면 자연스럽게 느끼고 알 수가 있습니다.

2. 안수에 대한 견해들

① 케네스 해긴 목사 "나는 기적을 믿는다."의 저자의 경우는 안수는 교회사역에 있어서 행하는 사역자와 행하지 않는 사역자와는 근본적으로 틀립니다. 그 이유는 안수를 행하는 사역자에게는 성령께서 피사역자가 권위를 느끼게 만들어줍니다.

예를 든다면 어떤 교회는 목회자가 설교와 다른 것들은 별 볼일 없는데도 그 교회가 충만한 이유는 그 목회자가 예배 후에 30분 이상 통성 기도를 하게 한 후에 안수사역을 하기 때문입니다. 그런데 안수를 안 하면 교회에 문제가 생긴다고 합니다. 저에게는 많은 목회자가 찾아오셔서 상담을 합니다. 와서 이구동성으로 하는 말이 안수를 하지 않았더니 교회에 문제가 생겼다고 합니다.

안수를 하세요. 안수를 자주 받으세요.

② 오랄로버츠 목사의 경우는 오른 손의 민감성을 이용합니다. 즉 그는 안수를 하면서 그 사람에 대한 영적 상태를 알아낸다고 합니다.

③ 저의 경우도 오른 손의 민감성을 이용하여 사역을 합니다. 손을 얹으면 상대의 심령의 상태나 영의 막힘 등의 문제가 저의 손을 통하여 영으로 전이 되어 알게 됩니다. 이는 무어라고 글로 표현하기가 좀 난해합니다. 제가 조언하여 준다면 안수를 많이 해보라는 것입니다. 그러면 자연적으로 습득하게 될 것입니다.

3. 안수사역자가 알아야 할 사항

안수 받을 때 불세례를 체험합니다. 성령은 뜨겁게 기도하며 사모하는 자에게 역사하시어 체험하게 하십니다. 성령으로 뜨겁게 기도하는 자에게 안수 할 때 성령의 불세례가 임합니다.

> "이에 두 사도가 저희에게 안수하매 성령을 받는지라"(행
> 8:17)"바울이 그들에게 안수하매 성령이 그들에게 임하시므로
> 방언도 하고 예언도 하니"(행19:6)

이 말씀은 안수 자로부터 성령의 능력의 전이현상이 일어남을 의미합니다. 그러나 성령의 능력이 전이가 일어나는 사람이 있고 전이되지 않는 사람이 있습니다. 능력의 전이가 일어나는 사람은

마음이 열려 성령이 역사할 수 있는 심령이 준비된 영적인 사람입니다. 성령의 능력의 전이가 이루어지는 사람은 영적 교류가 이루어지고 있는 성령의 역사에 장악당한 사람입니다. 안수하는 사역자와 영적 교류가 이루어 질 수 있는 사람은 이는 믿음으로 받아드리는 사람이며 마음이 열려 있는 사람입니다. 강하게 성령의 능력전이가 이루어지면 안수 할 때 회개가 터지기도 하고, 방언이나 예언이 터지기도 하며, 질병이 치유되기도 하며, 잠복된 귀신이 발작하기도 하며 때로는 넘어지기도 하며, 혼수상태에 빠질 수도 있으며 심하면 입신의 경지에 이르게도 됩니다.

저는 보통 성령 집회 할 때에 안수를 많이 하는 편입니다. 그래서 안수 사역에 대하여 체험을 많이 했습니다. 그러나 아무렇게나 안수를 한다고 성령의 불세례를 받는 것이 아닙니다.

안수사역을 하는 영적인 방법이 있습니다. 우선 상대방이 안수를 받으려고 마음의 문을 열어야 합니다. 마음의 문이 열려서 안수를 받아야 성령의 역사가 일어나는 것입니다. 저는 상대방이 마음의 문이 열렸는지, 안 열렸는지 신체 일부에 손을 얹어보면 당장 압니다. 하도 안수를 많이 해왔기 때문입니다. 그러면 마음이 열린 사람에게 먼저 안수를 합니다. 마음이 열리지 않은 사람은 기다리는 것입니다. 보통 다른 사람이 안수 받고 성령으로 충만해지면 마음을 열게 됩니다. 그러면 손을 얹고 안수를 합니다.

한 손은 머리에 얹고, 한손은 등 뒤에 얹고 안수를 합니다. 그러면서 안수를 받는 사람에게 호흡을 하게 합니다. 호흡을 들이쉬고 내쉬라고 합니다. 이는 성령이 역사할 수 있도록 통로를 열어드리기 위하여 하는 영의 활동입니다. 그러면서 가만히 손을 얹고 안수를 합니다.

사역자는 이러한 사람들에게 안수 할 때는 성령의 능력이 빨려 들어가는 듯한 느낌을 느끼거나 안수 받는 자는 뜨거운 기운이 자신에게 들어오는 것을 지각하게 됩니다. 성령이 더욱 강하게 역사하는 상태와 조건을 이해하는 것이 능력이며, 말씀과 진리를 똑바로 알고 영적인 맥을 뚫어 평소에 영분별이 있는 영성훈련과 기도 훈련으로 더 큰 능력이 전이 될 수가 있습니다. 능력의 전이가 일어나지 않는 사람은 그리스도인이라 할지라도 말씀으로 영이 깨어나지 않는 영적인 어린아이 즉 육신적인 사람입니다. 여러 가지 장애 요인을 가지고 있는 사람으로서 ①영적 장애 또는, ②혼적 장애 혹은 ③육체적 장애를 지니고 있는 사람입니다.

안수할 때 이러한 것을 말해 속칭"기도가 쑥쑥 잘 들어간다."라고 말하기도 하며 생퉁이라서 "전혀 돌덩이 같다"라고 하기도 합니다. 사역자는 이러한 능력의 전이 현상이 잘 이루어지지 않는 장애요인을 잘 알고, 사역자는 영적인 장애를 제거하는 자신 만의 방법을 가지고 있어야 효과적인 성령사역을 할 수가 있습니다.

이런 장애가 있는 사람은 말씀과 영의기도 찬양을 통하여 장애 요인을 제거해야 합니다. 그러므로 사역자나 피 사역자 공히 성령 충만을 받는 자기 방법을 개발하여 자기 자신을 훈련시키며, 심령이 어린아이의 심령이 되는 영성훈련을 통하여 예수의 생명과 능력이 나타날 수가 있는 것입니다. 성도들에게 나타나는 이 장애요인을 처리 할 수 있도록 할 수 있는 자가 성령치유 사역자요, 영성

훈련을 인도하는 인도자가 될 수 있습니다. 이러한 영적 혼적 육신적인 장애요인을 잘 이해하고 분별하는 것이, 육신의 질병의 원인이나, 영과 혼 즉 심령의 문제를 진단하는 영안이 열리는 요인 중에 하나요, 하나님의 나라를 이해하고, 진리를 헤아리게 되는 열쇠라 할 수 있습니다. 구체적이고 세밀한 것은 각 장마다 설명되어지는 부분을 서로 연결하여 이해하게 되면 성령의 불세례를 베풀고 받는 영적인 원리의 맥을 뚫게 됩니다.

> "내 말과 내 전도함이 지혜의 권하는 말로 하지 아니하고 다만 성령의 나타남과 능력으로 하여 너희 믿음이 사람의 지혜에 있지 아니하고 다만 하나님의 능력에 있게 하려 하였노라"(고전 2:4-5)"우리 산 자가 항상 예수를 위하여 죽음에 넘기움은 예수의 생명이 또한 우리 죽을 육체에 나타나게 하려 함이니라" (고후4:11)

제가 성령치유 사역을 하며 안수 할 때 많은 분들이 성령의 불세례를 체험합니다. 십년 이상을 성령체험하려고 이곳저곳을 헤매고 다녀도 성령을 체험하지 못한 분들도 몇 번만 안수 받으면 성령의 불세례를 체험합니다. 성령은 말이 아니고 실제라는 것을 체험합니다. 그리하여 많은 분들이 마음의 상처가 치유되고 구습이 치유되어 영적으로 변하니 한번 오시면 계속해서 오시면서 성령의 은혜를 체험합니다. 그리하여 목회자는 영계와 영안이 열려 목회의 길이 열려 목회를 잘하고 있습니다. 성도들은 불치의 질병이 치유되고 부부관계가 회복되고 재정의 문제가 풀리니 모두들 기뻐하고 있습니다.

1) 안수 능력을 강화시키는 원리와 착안사항. 몇 사람을 놓고 각각에 대하여 안수를 시험해 보라는 것입니다. 그러면 각 사람에 대한 서로 다른 느낌이 있음을 알게 됩니다. 그것이 안수사역의 유익한 점입니다. 같은 사람에게 그냥 얼굴만 보고 감동을 대언을 해보고, 다시 안수하면서 감동을 대언 해보세요. 손을 얹고 감동을 대언하는 경우 더 명확한 감동의 대언을 할 수 있음을 알게 될 것입니다. 이것이 안수의 놀라운 능력입니다. 좌우지간 두려움을 버리고 많이 해보아야 합니다.

2) 안수시 생각할 점. 안수할 때 능력이 흘러들어가는가, 들어가지 않는가? 영적 사역자는 이 부분에서 민감해야 합니다. 일단 안수가 들어간다면 거기에는 어떤 희망이 있기 때문입니다. 만약 안 들어간다면 방해하는 세력을 분별하면서 제거하라. 영적인 눌림이 있다는 것입니다. 눌림을 제거해야 안수가 들어갑니다. 분별하고 명령하여 눌림을 제거하세요. 그래도 안 되는 경우 금식을 하게 하세요. 안수 사역시 자신이 지금 자신의 영이 어떠한 상태인가 자각할 줄 알아야 합니다. 자신의 영적인 상태를 아는가? 내 영의 감각으로 사역을 하는 지. 즉, 성령의 깊은 임재 하에 있는지. 성령이 충만한 상태인지. 아니면 내 혼의 감각(머리=지식)으로 사역을 하는지를 알아야 합니다. 분별하여 만약에 혼의 감각으로 사역을 한다면 고치고 발전시켜야합니다.

예를 든다면 내 영이 어디에 있는가? 내 영이 아래로 내려앉은 경우는 이렇습니다. 성령으로 충만하지 못하여 영이 침체 시에는 졸리기도 하고, 기도가 안 되고, 짜증이 잘 나고, 마음이 우울하고, 가슴이 답답하기도 합니다. 실제로 악령이 역사하면 영을 아래로 누르고 밀어 내립니다. 악령은 우리의 마음 안에 있는 영을 압박하여 충만하지 못하게 영을 누릅니다. 사역자는 자신의 영을 분별할 줄 알아야 합니다.

많은 사람들을 대상으로 성령집회를 인도할 때 자신의 영이나 피 사역자의 영이 눌려 있다면 영을 깨워야 합니다. 시간이 있고 장소가 허락되면 일으켜 세워서 영적인 찬양을 두곡정도 부르고, 피 사역자들에게 호흡을 들이쉬고 내쉬라고 하면서 성령의 불! 성령의 불하면서 불을 던지세요. 영이 눌려있으면 그 사람의 영적인 상태가 가리 워서 보이지 않으니 영을 깨워서 영이 눌림에서 뜨게 해야 합니다. 만약에 자신의 영이 눌려있다면, 호흡을 깊게 하면서 배에서 나오는 발성기도나 방언기도를 충분히 하여 자신의 영의 상태가 충만하게 된 다음에 사역에 임하는 습관을 들여야 합니다. 절대로 혼적인 사역이 되지 않도록 해야 합니다. 혼적인 사역이 길어지면 자신에게 육적인 문제가 나타나기도 합니다.

3) 안수 받는 사람이 알아야 할 사항

안수 받을 성도는 안수사역을 하는 사역자의 신앙상태를 알아야 합니다. 보이는 면만 보지 말고 열매를 보아야 합니다. 제가 지금까지 체험한 바로는 5년 이상 성령사역을 했는데 시시비비가 없었다면 문제가 없는 사역자입니다. 사역자가 믿을만 하다면 안수를 받는 것입니다. 사역자가 머리든지 어느 특정부위든지 손을 얹고 안수할 때 안수를 받는 성도는 다른 말이나 행동을 하지 말아야 합니다. 그냥 호흡을 들이쉬고 내쉬면서 사역자에게서 역사하는 성령의 기름부음을 끌어들이는 것입니다. 이때 호흡은 최대한 크게 해야 합니다. 호흡을 하는데 호흡이 배꼽아래까지 들어오도록 최대한 크게 호흡을 해야 사역자에게 역사하는 성령의 기름부음을 끌어들일 수가 있습니다. 숨을 깊이 들이쉬면서 사역자에게서 역사하는 성령의 불을 끌어들이는 것입니다. 깊은 호흡을 하면서 성령의 불을 끌어들이시기 바랍니다. 어느 정도 시간이 지나면 자신에게서 성령의 역사가 나타납니다. 이때에는 성령께서 하시는 일에 크게 반응해야 합니다. 이때 말과 행동에 있어서 크게 반응하기 바랍니다. 성령께서 하라는 대로 순종하는 것이 좋습니다. 될 수 있으면 크게 반응을 하는 것이 좋습니다. 더 강하게, 으으으아 뜨거워하면서 성령의 역사하심을 환영하고 받아들여야 합니다. 떨리면 떨어야 합니다. 울음이 나오면 울어야 합니다. 성령은 인격이기 때문에 자신이 받아들이는 만큼 역사하는 것입니다. 그러므로 성령께서 역사하는 대로 따라가는 것이 좋습니다. 이렇게 성령의 불을 끌어들이면 성령의 불세례가 임합니다. 말로 표현 할 수 없는 뜨거운 성령의 불을 체험하게 됩니다.

4) 영이 눌려있거나 자고 있을 때 해결하는 방법

① 영을 깨우라 입니다. 안수하며 피 사역자에게 호흡을 깊게 들이쉬고 내쉬라고 하고 명령하세요. 묶임은 풀릴지어다. 막힌 영은 뚫어질지어다. 자는 영은 깨어날지어다. 영의 통로는 열릴지어다. 하면서 영에게 명령하세요, 이때 본인이 아멘!, 아멘! 하고,

배에서 나오는 소리로 주여! 하고 부르짖게 하세요. 다른 방법 호흡을 최대한 깊게 들이쉬고 내쉬게 하세요.

② 영을 뜨게(올라오게)하라 입니다. 안수하면서 그 영혼에게 "영은 깨어날지어다." "영은 깨어날지어다." "막힌 영은 뚫어질지어다." "영의 기도가 터질지어다." "눌린 영은 올라올지어다." "영은 깰지어다." "영은 깨어날지어다." "깊은 곳에서 성령의 능력이 올라올지어다." "영의 기도가 터질지어다." "영을 막고 있는 악한 영은 떠나갈지어다." 하며 영에게 명령하세요. 그 이유는 귀신이 그 사람의 상처를 이용하여 영을 압박하고 누르기 때문입니다.

악한 영에게 강하게 눌린 사람의 경우에는 풀어, 풀어, 하면서 "영을 압박하는 귀신은 떠날지어다." "기침으로 올라올지어다." 본인에게는 깊게 호흡을 하면서 주여! 주여! 기도하라고 하여 막힌 영의 통로를 뚫어야 합니다.

③ 그저 성령을 흘려보내는 것입니다. "성령님 임하소서, 평안하게 하소서." 그러면서 본인에게는 호흡을 들이 쉬고 내쉬고 하라고 하면서 안수하세요. 그리고 명령하세요. "성령으로 장악이 될지어다." "평안이 임할 지어다." "막힌 영의 통로는 열릴 지어다."하고 낮은 소리로 명령하면서 1-2분간만 안수하세요. 너무 길게 하면 성령의 역사가 밖으로 나타나 성도가 두려워할 수도 있습니다.

세 가지 방법 중에 첫째 방법과 두 번째 방법은 성령의 체험을 한 성도에게 하는 것입니다. 강력한 성령의 역사가 나타나는 방법입니다. 그러므로 초신자들에게는 하지 않는 편이 좋습니다. 성령의 역사를 이해하지 못하여 두려워할 수가 있습니다. 아직 성령 체험을 하지 않은 초신자들에게 세 번째 방법이 가장 좋은 방법입니다. 좌우지간 안수를 많이 해서 시행착오를 겪어야 이를 이해할 수가 있습니다.

4. 안수를 받고 불세례를 받은 사례.

할렐루야! 먼저 나의 영육의 병을 치료하여 주신 하나님께 감사와 영광을 돌립니다. 그리고 매 시간마다 안수와 기도를 해주신 목사님과 사모님께 감사를 드립니다. 저는 서울 신사동에서 목회를 준비하고 있는 최○○ 목사입니다. 4년 전에 하나님의 은혜로 서울 강동에서 개척을 하여 목회를 하다가 도무지 교회가 되지를 않아서 다른 지역으로 이전을 하려고 준비하던 중 경제적인 어려움이 있어 목회를 접게 되었습니다. 그 후 우리 가정에 물질적으로 영적으로 환경적으로 너무나 어려운 일들이 찾아오게 되어 정말 하루하루를 살아가는 것이 지옥 같은 생활이었습니다.

그러던 중 우연한 기회에 기독 서점에 들렀는데 "영의통로가 뚫려야 성공한다" 와 "기독교인의 인생문제 치유하기1.2권" 라는 책을 구입하여 읽게 되었는데 거기에 충만한 교회에서는 주마다 성령내적치유집회를 한다는 글을 보게 된 것이 계기가 되어 충만한 교회를 알게 되었고 치유집회에 참석하게 되었습니다.

치유집회 참석하는 첫날부터 아주 놀라운 하나님의 역사가 나에게 일어났습니다. 불같은 성령의 역사가 나를 장악했습니다. 정말 뜨거웠습니다. 목회를 잘해보려고 성령의 불의 역사가 있는 곳이라면 안 가본 곳이 없을 정도로 다 다녀 봤는데 정말 강한 불을 체험했습니다.

목사님이 기도시간마다 안수할 때 뜨거운 성령의 불의 역사로 내 마음속의 깊은 상처와 더럽고 추한 악한 것들이 괴성을 지르면서 떠나는 것을 보게 되었습니다. 집회를 한 두주 참석하다보니까, 진정한 내가 보여지고, 내 속의 모든 문제들이 치유되면서 하나님의 평강이 내 마음 가운데에 임하면서 감사와 찬송과 기쁨이 찾아오게 되었고 생활의 활력이 넘쳐 나게 되었습니다.

또한 내가 왜 이렇게 영육으로 고통을 당했는지 알게 되었습니다. 그리고 왜 목회를 할 때마다 실패를 하는지도 알게 되었습니다. 그래서 먼저 내안에 있는 잘못된 원인을 알게 되니 무엇보다도 감사했습니다.

계속 은혜를 받아 장기적으로 집회에 참석하겠다는 믿음이 생겼습니다. 그래서 계속 참석한지 몇 달이 지나서 하나님은 나에게 아주 놀라운 은혜와 성령의 은사들을 주셨습니다. 상대방을 보면 과거와 미래가 다 읽어지는 지식의 말씀의 은사와 예언의 은사가 나타났습니다. 목사님에게 상담을 했더니 조금 더 치유 받고 사용하라고 권면해 주셨습니다. 앞으로 이 은사를 개발하여 교회를 다시 개척하여 목회할 때 사용할 것입니다. 제가 교회를 두 번 개척하여 실패를 하고 보니 목회는 말같이 쉽게 되는 것이 아니라는 것을 알게 되었습니다. 내 안에서 성령의 역사가 있어야 한다는 것을 알게 되었습니다. 이제 집에 가서 사모와 아들을 안수 기도할 때 성령의 역사가 일어나 사모가 치유되고 우리 아들도 치유가 잘 이루어집니다. 그리고 무엇보다도 많은 영적인 체계적인 지식을 쌓고 있다는 것입니다. 정말 이곳은 사람을 영적으로 변화 시키는 정말 성령의 역사가 있는 곳입니다.

매주 다른 과목을 배우고 성령으로 기도하고 목사님 안수할 때 치유 받고 성령의 불을 받았습니다. 제가 여기 와서 이제 목회에 자신감이 생겼습니다. 분명히 성령하나님은 저에게 다시 기회를 주실 것이라는 믿음을 가지고 개척을 위해 준비하고 있습니다. 이 제 어디에 가서 개척을 하더라도 자신감이 넘칩니다. 성령의 역사 가 저와 함께 한다는 것을 체험하자 자신감이 생깁니다.

그리고 담대함도 생깁니다. 저를 이곳에 인도하신 하나님께 감 사와 영광을 돌립니다. 그리고 매 시간 영적인 말씀과 체험으로 강의를 해 주시고 안수기도로 치유하여 주시는 목사님 사모님에 게 감사를 드립니다. 모든 영광을 하나님에게 돌립니다. 하나님이 저에게 주신 성령의 권능 하나님나라 확장에만 사용하겠습니다. 감사합니다.

15장 방언기도통한 성령의 불세례

(행 2:4)"그들이 다 성령의 충만함을 받고 성령이 말하게 하심을 따라 다른 언어들로 말하기를 시작하니라."

오순절에 다 성령의 충만함을 받고 성령이 말하게 하심을 따라 다른 방언으로 말하기 시작하는 것입니다. 우리 모든 사람들은 각자 자기 나라 말을 말하고 있는 것입니다. 그리고 오늘날 외국어를 하려고 할지라도 열심히 공부를 해야 외국어를 할 수 있는 것입니다. 그러나 오순절 날에 성령이 임하셨을 때는 사람들이 다 성령의 충만함을 받고 배우지도 아니하고 듣지도 아니한 성령으로 말미암아 다른 방언으로 말하기 시작한 것입니다.

1.불세례와 방언기도

성령의 불세례와 방언은 무슨 관계가 있을까요? 또 방언기도와 성령충만은 무엇일까요? 오늘날 예수 그리스도를 구주로 모시게 되면 하나님의 성령이 우리 속에 와서 거하시게 되는 것입니다. 하나님의 성령이 없는 자는 하나님의 백성이 아니라고 성경은 말하고 있는 것입니다. 그런데 오늘 이 성령이 우리에게 충만히 임하실 때 성령 충만을 받은 사람은 마치 세상 사람이 볼 때는 술에 취한 사람같이 보였었습니다.

사도행전 2장 12절로 13절에 보면 "다 놀라며 의혹하여 서로 가로되 이 어찐 일이냐 하며 또 어떤 이들은 조롱하여 가로되 저희가 새 술이 취하였다 하더라" 술을 조금 마신 사람은 술이 몸속에 들어있습니다. 그러나 완전히 술이 몸을 주장하지는 못합니다. 그러나 술을 많이 먹어서 술이 취하게 되면 완전히 술이 사람을 지배해서 다스리게 되는 것입니다. 성령을 술취함에 비유한다면 예수를 믿고 중생한 사람은 마치 술을 조금 마시는 것과 같은 것입니다. 성령이 속에 들어와 계십니다만 성령이 완전히 우리를 지배하지 못하고 계신 것입니다.

그러나 성령으로 불세례를 받고 성령의 충만을 받으면 마치 술에 취한 사람같이 술이 완전히 사람을 점령하고 술이 완전히 사람을 지배하는 것처럼 성령이 우리를 완전히 채우시고 우리를 붙드시고 우리를 지배하게 되는 것입니다.

오늘날 회개하고 예수 그리스도를 믿으면 성령께서 우리 속에 와서 거하시는 것입니다. 중생의 영으로 와서 계시며 하나님의 아들이 되었다는 확실한 증거를 마음속에 가져다주는 것입니다. 성령이 들어와 계시기 때문에 하나님을 알게 되고 예수님을 믿게 되고 성경을 깨닫게 되고 기도하게 되고 찬양하게 되는 것입니다.

성령의 빛이 비취지 아니하면 우리 사람의 힘으로써는 결코 하나님을 아버지로 모실 수 없고 예수를 구주로 믿을 수도 없는 것입니다. 그러나 성령이 충만하게 되면 이제 성령 충만으로 말미암아 방언이 나오게 되는 것입니다. 이것은 표적의 방언과 은사의 방언으로 나누어지는 것입니다. 성령으로 세례를 받고 성령이 충만했다는 표적으로서 우리 입에 방언이 나오는 것입니다. 그리고 난 다음에 이 방언을 계속 우리가 말하게 되면 이것은 은사의 방언으로 변화되는 것입니다. 이래서 항상 기도할 때마다 방언으로 기도할 수 있게 하나님이 은사를 주시는 것입니다. 똑같은 방언이나 처음 성령세례 받을 때는 표적의 방언으로 성령이 충만했다는 증거가 되는 것입니다.

성령의 충만함을 받고 난 다음 나중 계속해서 방언으로 말하게 되면 이것은 은사의 방언으로서 방언을 통하여 우리의 생활 속에 하나님께서 많은 은총과 축복을 주시는 것입니다.

방언기도를 하는데 목으로 습관적인 방언을 하면 성령의 불세례를 받을수 없습니다. 반드시 아랫배에서 올라오는 소리로 방언기도를 해야 합니다. 호흡을 들이쉴 때는 통변하고 내쉬면서 방언기도를 해야 성령의 불세례를 체험할 수가 있습니다.

2.방언기도의 유익

방언기도는 성령충만의 확신을 주십니다. 사도행전 2장 1절로 4절에 "오순절 날이 이미 이르매 그들이 다같이 한 곳에 모였더니 홀연히 하늘로부터 급하고 강한 바람 같은 소리가 있어 그들이 앉은 온 집에 가득하며 마치 불의 혀처럼 갈라지는 것들이 그들에게 보여 각 사람 위에 하나씩 임하여 있더니 그들이 다 성령의 충만함을 받고 성령이 말하게 하심을 따라 다른 언어들로 말하기를 시작하니라."고 기록되어 있는 것입니다. 사도행전 2장 33절에도 "하나님이 오른손으로 예수를 높이시매 그가 약속하신 성령을 아버지께 받아서 너희가 보고 듣는 이것을 부어 주셨느니라" 성령이 감화, 감동하고 우리 마음에 임하신 것과 성령 세례 받는 것은 또 다른 체험인 것입니다. 성령 세례 받으면 눈으로 보고 귀로 들을 수 있는 증거로써 나타났다고 성경은 말하고 있습니다. 마가복음 16장 17절에도 "믿는 자들에게는 이런 표적이 따르리니 곧 그들이 내 이름으로 귀신을 쫓아내며 새 방언을 말하며"라고 성경은 분명히 말하고 있는 것입니다.

왜, 방언으로 기도하느냐고 사람들이 묻습니다. 그 대답은 방언으로 기도를 하게 되면 내가 성령으로 충만했다는 확증이 마음 속에 생겨나기 때문입니다. 저도 성령세례 받기 위해서 오랫동안 기도를 했습니다. 어떤 날은 성령이 충만한 것 같아서 기분이 매우 좋다가 어떤 날은 기운이 스산하고 괴로울 때는 "아~ 성령 안 받았구나!" 하루에도 몇 번이나 성령 받은 것 같기도 하고 안 받은 것 같기도 하고 그러다가 제가 방언으로 기도하기 시작하자 비로소 마음속에 확증이 생겼습니다. 사도들이 성령 받고 방언으로 기도한 것처럼 나도 방언으로 기도 했으니 기분이 좋든 나쁘든 날이 맑은 날이나 날이 흐린 날이나 나는 성령 받은 사람이다. 왜, 그 증거가 내 입에서 나오는 방언이 있지 않느냐. 그래서 방언을 말하면 성령세례를 받았다는 확실한 증거를 가지고 의심하지 않고 믿음으로 나갈 수가 있기 때문입니다.

방언 기도는 하나님과 깊은 교통을 나누는 비밀한 언어입니다. 고린도전서 14장 2절에 "방언을 말하는 자는 사람에게 하지 아니하고 하나님께 하나니 이는 알아듣는 자가 없고 영으로 비밀을 말함이라" 고린도전서 14장 14절에도 "내가 만일 방언으로 기도하면 나의 영이 기도하거니와 나의 마음은 열매를 맺지 못하리라"한다고 말했습니다. 방언기도는 알아듣는 자가 없습니다. 내가 방언을 해도 나도 못 알아들으니까. 내 마음이 하는 것이 아니라, 내 영이 성령으로 더불어 하나님께 기도하고, 그것은 하나님과 우리 사람 사이에 비밀의 기도이기 때문에 사탄도 알아듣지 못합니다. 비밀이란 누가 알아들으면 비밀이 안 됩니다. 우리가 말로 하면 마귀가 알아듣고서 미리 훼방을 놓을 수 있지만 우리의 영이 마귀도 알아듣지 못하고 우리 마음도 알아듣지 못하게 우리의 속사정을 하나님께 방언으로 다 아뢰면 하나님이 알아들으시고 우리를 위해서 역사해 주기 때문에 마귀도 속수무책이고 훼방할 수가 없게 되는 것입니다. 그러므로 하나님과 비밀적인 언어로써 기도한다는 것은 굉장히 중요하고 그 비밀의 언어가 바로 방언인 것입니다.

방언기도를 하는 것은 깊고 오랜 기도를 가능케 하는 것입니다. 고린도전서 14장 15절에 "그러면 어떻게 할까 내가 영으로 기도하고 또 마음으로 기도하며 내가 영으로 찬송하고 또 마음으로 찬송하리라" 바울선생은 많이 기도하신 분입니다. 기도란 오래하면 오래할수록 신령해지고 하나님과 깊은 교제를 합니다. 여러분 바닷물도 찰랑거리는 해변가에 있는 것보다도 자꾸 깊이 걸어 들어가면 나중에 깊은 물속에 헤엄을 치잖아요. 에스겔의 환상에서 보면 그가 강을 건너는데 제일 처음에는 발목에 채이고 그 다음에는 무릎에 채이고 그 다음에는 강물이 허리에 채이고 그 다음 헤엄치게 되었다 했습니다. 오늘날 성령이 충만한 것도 발목에 충만한 정도는 교회에서 끌려 다니는 사람이고 무릎까지 충만한 사람은 꿇어 앉아 기도하는 사람이고 허리까지 충만한 사람은 이제 주님께 맡긴 사람이고 헤엄치는 사람은 충만한 사람인 것입니다.

성령 충만해지려면 오래 기도해야 합니다. 한 5분 10분 기도해서는 성령 충만할 수 없습니다. 오래 기도할 수 있으려면 어떻게 해야 합니까? 내가 아는 말로만 오래 기도할 수가 있을까요? 바울은 말하기를 내가 아는 말로 기도하고 영으로 방언으로 기도하고 아는 말로 찬송하고 영으로 방언으로 찬송한다. 방언기도를 하면 내가 알아듣지 못하지만 오래오래 기도할 수 있는 것입니다. 에베소서 6장 18절에 "모든 기도와 간구를 하되 항상 성령 안에서 기도하고 이를 위하여 깨어 구하기를 항상 힘쓰며 여러 성도를 위하여 구하라"

여기에 성령 안에서 기도하라는 것은 방언기도를 하라, 그 말씀인 것입니다. 제가 하루에 3시간 이상씩 기도한다고 하면 사람들이 눈을 휘둥그레 뜁니다. 3시간 이상 할 말이 없지 않는 가? 깊은 영의기도에 대한 강의를 할 때 적어도 하루에 1시간 이상 3시간 가까이는 기도해야 한다고 하면 할 말이 없다는 것입니다. 무슨 할 말이 그렇게 많으냐? 내 자신을 위한 기도와 가족을 위한 기도, 교회를 위한 기도하고 나면 할 말이 없는데 많이 했다고 시계 보면 5분밖에 안 지났다고 합니다. 그런데 어떻게 30분 이상 1시간, 3시간을 기도하느냐. 그것은 방언으로 기도 안하기 때문인 것입니다.

방언으로 기도하는 사람은 아는 말로 기도하다가 할 말이 없으면, 또 방언으로 기도하고 방언으로 한참 기도하면 또 은혜를 받아서 또 아는 말로 기도하고 아는 말로 기도하다가 또 지치면 또 방언으로 기도하고 밤새도록 할 수 있습니다. 하루 종일 할 수 있습니다. 며칠이고 계속 기도할 수 있습니다. 아는 말로 기도하고 방언으로 기도하고 아는 말로 기도하고 방언으로 기도하고. 그래서 방언기도는 기도의 언어로써 굉장히 좋은 것입니다. 필자가 지금가지 목회를 돌이켜 볼 때 내가 만일 방언으로 기도 안했으면 이 목회를 계속할 수 있었을까 생각이 됩니다. 그리고 영이 깊어지는 깊은 영의기도를 알지 못하고 체험하지 못했다면 정말 힘든 목회를 했을 것이라고 생각합니다.

그러나 지치고 피곤하고 영감이 오지 아니하고, 하나님께로부터 레마를 받지 못하고 할 때, 방언으로 계속 기도하면 마음이 상쾌해지고 변화 받고 깊은 은혜 속에 들어갈 수 있게 되고 1시간 이상 기도를 하기 시작하면 하나님의 계시가 오기 시작하는 것입니다. 오래 기도하지 않고 하나님의 계시를 받을 수가 없습니다.

3.방언기도를 통해 불세례를 체험하는 방법

방언기도는 성령의 세례를 받은 다음에 나오는 것이 보통입니다. 그리고 제가 지금까지 성령치유 사역을 하면서 체험한 바로는 방언기도를 유창하게 해도 성령의 불세례를 체험하지 못한 분들이 있다는 것입니다. 이는 마음을 열고 영으로 기도하는 방법을 모르기 때문입니다. 호흡을 들이쉬면서 통변을 하고 내쉬면서 방언을 해야 합니다. 그런데 대부분 이렇게 하지 않고 목을 사용하여 열심히만 하려고 하기 때문에 방언기도를 해도 성령의 불을 받지 못하는 것입니다. 한 번 호흡을 들이 쉬며 통변하고 내쉬면서 방언기도를 해보세요. 기도가 힘이 들지 않고 자신의 마음 안에서 영의 활동을 강화할 수 있습니다.

이렇게 집중하여 몰입해서 얼마동안 기도하면 몸이 뜨거워지면서 성령의 불세례가 임하는 것을 체험할 것입니다. 제가 부흥집회나 성령치유 집회할 때 기도하는 방법을 설명하고 기도를 하게 하면 모두 성령의 불세례를 체험했습니다.

4.방언 기도할 때 불세례의 체험사례.

1) 방언기도 할 때 성령의 불세례를 체험하다.
충만한 교회 성령치유 집회에 참석하여 은혜를 받았습니다. 영의 찬양을 부를 때부터 뜨거운 성령의 역사를 체험했습니다. 그리고 통성으로 기도할 때 벌써 나에게 성령이 강하게 사로잡고 있다는 것을 체험적으로 알게 되었습니다. 전하는 말씀을 열심히 들었습니다. 말씀을 들을 때 저의 가슴이 답답해지는 것을 느꼈습니다. 그래서 나는 직감적으로 성령의 역사로 인하여 나타나는 현상이라는 것을 알았습니다. 말씀을 듣고 찬양을 부르고 기도 시간이 되었습니다. 강 목사님이 알려주신 대로 숨을 들이쉬고 내쉬면서 배에서 나오는 방언기도를 열심히 했습니다. 숨을 들이쉬면서 마음에서 올라오는 감동을 받았습니다. 그리고 숨을 내쉬면서 방언기도를 했습니다. 이렇게 기도에 몰입을 했습니다. 그러자 저에게서 진동이 오기 시작을 했습니다. 손이 떨리기 시작을 하더니 온몸이 떨리는 것입니다. 그래도 기도에 몰입을 했습니다. 그러자 이제 손가락이 게발같이 오그라드는 것입니다. 그러면서 내 몸이 뒤틀리는 현상이 일어나는 것입니다. 이제 내의지로 무엇을 할 수가 없었습니다. 성령이 역사하는 대로 따라서 기도를 했습니다. 그러니까 내 안에서 불이 올라오는 것입니다. 아주 뜨거운 불이 올라옵니다. 온몸이 뜨거워집니다. 얼굴이 뜨거워집니다. 몸은 뒤틀립니다. 아주 정신을 차릴 수가 없이 성령이 역사를 하는 것입니다. 그러기를 한 30분 한 것 같습니다. 이제 제가 잠잠해지기 시작했습니다. 그러자 강 목사님이 오셔서 안수를 해주셨습니다. "이렇게 뒤틀리게 했던 더러운 영은 물러갈지어다." "기침을 통해서 떠나갈지어다."하며 명령을 했습니다. 그러자 기침이 사정없이 나오는 것입니다. 그러면서 내 속에서 방언기도가 터져 나오는 것입니다. 제가 지금까지 하던 방언이 아닌 제 3의 방언기도가 터지는 것입니다. 그때 나에게 감동이 오기를 이제 성령의 불세례를 체험하고 영에서 나오는 방언을 하는 것이라는 것입니다. 너무나 감사했습니다.

그래서 계속 방언기도를 하니 몸이 가벼워지면서 머리가 상쾌해졌습니다. 그러면서 마음에서 음성이 들리기를 "내가 너를 사랑한다. 내가 너를 높여주리라."하는 음성이 들렸습니다. 생전 처음 하나님의 음성을 들은 것입니다. 저는 이 체험을 하고 정말 말로 표현 못하는 여러 영적인 현상을 체험하고 있습니다. 이제 성경을 보면 말씀의 비밀이 보여 집니다. 하나님 감사합니다. 인천 오목사.

2) 마음으로 방언기도 할 때 신비를 체험하다.

충만한 교회 성령치유집회에 참석한지 2주가 지났을 때의 체험입니다. 제가 충만한 교회 성령치유 집회에 참석한 것은 신경성 위장병으로 10년 이상을 고생하며 지냈기 때문에 신경성 위장병을 치유 받으려고 집회에 참석한 것입니다. 한주가 지나고 두주가 되어 이제 마음속으로 방언기도를 하던 때입니다. 충만한 교회 성령치유 집회 때에는 매시간 30분 이상 기도 시간이 있습니다. 이때 강 목사님께서 개인별로 안수를 해줍니다. 첫 주에는 조금 생소했습니다. 점점 적응이 되면서 성령의 불이 임하는 체험을 했습니다. 무엇보다도 강 목사님이 성령을 체험하고 마음의 상처를 치유하는 기도에 대하여 자세하게 설명하여 주었습니다. 그래서 계속 기도를 하다가 보니 이제 숙달이 되었습니다. 그날도 영의 말씀을 듣고 찬송을 부르고 기도를 시작했습니다. 그런데 이 날은 강 목사님이 소리를 내지 말고 마음속으로 방언기도를 하라고 가르쳐 주었습니다. 그래서 순종하는 마음으로 호흡을 들이쉬고 내쉬면서 마음으로 방언기도를 했습니다. 오로지 방언기도에 몰입하여 마음으로 기도를 했습니다. 그러자 환상이 보이는 것입니다. 하얀 옷을 입은 사람 3명이 저의 몸을 만져주면서 지금까지 위장병으로 고생을 많이 했구나 하면서 배를 만져주는 것입니다. 그러면서 앞으로는 위장병으로 다시는 고생하지 않을 것이라고 말하면서 건강한 몸으로 영혼을 전도하라고 하면서 배를 계속 만져주는 것입니다. 그런데 너무나 배가 시원해지는 것을 체험했습니다. 그러더니 갑자기 기침이 사정없이 나오는 것입니다. 그래서 기침을 한동안 했습니다. 기침을 하고 나니 더 배가 시원하여 졌습니다. 배가 시원하여 지더니 속에서 불이 올라오기 시작을 하는 것입니다. 너무나 뜨거운 불이 마음에서 올라와 저를 태우는 것입니다. 그러면서 몸이 가벼워지는 것입니다. 마치 솜털같이 가벼운 기분이 들었습니다. 너무나 황홀하고 신비스러워 계속 마음으로 방언기도를 했습니다. 그러더니 이제 온몸을 마치 안마 하는 것같이 만져주었습니다. 그러면서 근육통증이 사라졌습니다. 너무나 좋아서 성령님 계속하여 주세요. 라고 기도가 저절로 되었습니다. 그렇게 신비한 현상을 체험하다가 어느덧 기도시간이 종료되었습니다. 집회가 끝나고 강 목사님에게 현상을 이야기 했더니 성령께서 임재 하여 육체의 모든 부분을 치유한 것을 보증으로 보이게 보여주신 것이라고 했습니다. 그 후 저는 신경성 위장병과 근육통증이 완전하게 치유가 되었습니다. 지금 생각을 하면 너무나 신비스럽습니다. 또 그런 성령님의 임재를 체험하고 싶습니다. 좌우지간 치유하여 주신 성령하나님에게 감사와 영광을 돌립니다. 강남 김집사

3) 방언기도하다 몸이 부상되는 체험을 하다.

성령의 세례를 체험하고 이것저것 영적인 것들을 사모하게 되었습니다. 영적인 책도 많이 사서보았습니다. 그러다가 강요셉 목사님이 저술한 "영적세계가 열려야 성공한다."를 읽다가 충만한 교회를 알게 되었습니다. 성령께서 저에게 충만한 교회 성령집회에 참석을 하여 은혜를 받고 싶은 강한 감동을 주셨습니다. 그래서 충만한 교회를 찾아갔습니다. 집회에 참석하여 성령이 역사하는 말씀에 은혜를 받았습니다. 충만한 교회 집회는 특색이 있었습니다. 말씀을 한 시간 이상 전하고 40분 이상 기도하는 시간이 있습니다. 이 기도 시간에 강 목사님이 개별적으로 안수를 해주면서 성령을 체험하게 하십니다. 제가 안수를 받으면서 느낀 것은 지금까지 받아보던 안수기도와 다르다는 것을 알게 되었습니다. 몸이 뜨거워지면서 영의 기도가 된다는 것입니다. 전기에 감전되는 것과 같은 강한 느낌도 받았습니다. 안수를 하실 때 내안으로 성령의 불이 들어오는 것을 체험했습니다. 그러면서 뜨겁게 방언기도가 나오는 것입니다. 방언기도에 몰입되어 기도를 했습니다.

기도하는 것이 힘이 들지 않고 술술 기도가 나왔습니다. 그런데 이상한 영적인 현상이 나타나기 시작했습니다. 갑자기 저의 몸이 불같이 뜨거워지면서 솜털 같이 가벼워지는 것이었습니다. 그래도 계속 기도를 멈추지 않고 계속 했습니다. 그러자 이제 몸이 지상에서 부상하는 느낌이 들기 시작을 했습니다. 계속 기도를 하다가 갑자기 이런 생각이 들었습니다. 내가 이렇게 기도하다가 하늘로 올라가 버리면 어떻게 한단 말인가 하고 인간적인 걱정이 들었습니다. 그럴 즈음에 강 목사님이 마침기도를 하셨습니다.

집으로 돌아가는 데 마치 구름 위를 걷는 그런 체험을 했습니다. 영으로 기도가 깊어지니까, 푹신푹신한 솜이불을 밟는 것과 같은 느낌을 체험하게 했습니다. 그리고 머리가 시원하면서 맑아지는 것을 느꼈습니다. 그래서 저는 성령으로 충만해지면 사람의 몸이 가벼워지고 머리가 맑아진다는 것을 체험적으로 알게 되었습니다. 이런 성령의 뜨거운 불을 체험하고 나니 입에서 찬송이 저절로 나오는 것입니다. 무엇인지 모르겠는데 마음이 평안하고 기쁩니다. 기도할 때 순간 성령으로 충만해지는 것을 알게 되었습니다. 충만한 교회에서 이런 체험을 한 후부터 환자에게 안수 기도할 때 성령의 역사가 나타나고, 질병들이 치유되고, 내적치유 사역할 때 많은 분들의 깊은 상처가 잘 치유되었습니다. 성령의 역사로 전하는 말씀대로 역사가 나타납니다. 교회에서 말씀을 전하면 성도들이 말씀을 들으면서 성령의 임재를 체험합니다. 어느 성도는 눈물을 흘립니다. 어느 성도는 말씀을 듣는 중에 몸이 뜨거워지는 것을 체험했다고 합니다. 말씀을 전하고 기도를 하면 성령의 역사가 대단합니다. 이렇게 큰 은혜를 체험하고 행하게 하시는 하나님에게 감사를 드립니다. 대전 권목사

16장 내적치유통한 성령의 불세례

(사61:1-4)"주 여호와의 영이 내게 내리셨으니 이는 여호와께서 내게 기름을 부으사 가난한 자에게 아름다운 소식을 전하게 하려 하심이라 나를 보내사 마음이 상한 자를 고치며 포로된 자에게 자유를, 갇힌 자에게 놓임을 선포하며 여호와의 은혜의 해와 우리 하나님의 보복의 날을 선포하여 모든 슬픈 자를 위로하되 무릇 시온에서 슬퍼하는 자에게 화관을 주어 그 재를 대신하며 기쁨의 기름으로 그 슬픔을 대신하며 찬송의 옷으로 그 근심을 대신하시고 그들이 의의 나무 곧 여호와께서 심으신 그 영광을 나타낼 자라 일컬음을 받게 하려 하심이라. 그들은 오래 황폐하였던 곳을 다시 쌓을 것이며 옛부터 무너진 곳을 다시 일으킬 것이며 황폐한 성읍 곧 대대로 무너져 있던 것들을 중수할 것이며"

인간은 대개 아버지에게 상처를 가장 많이 받습니다. 권위를 내세우는 가부장적인 아버지로 말미암아 어릴 적부터 많은 상처를 입고 삶을 배웁니다. 그리고 스스로도 이러한 상처를 주며, 자신도 그러한 아버지가 되어 갑니다.

이러한 아버지의 이미지가 그대로 하나님께도 투영되어 하나님 아버지에 대한 개념이 왜곡됩니다. 근엄하기만 하고 책망과 형벌을 주관하는 아버지의 개념으로 하나님에 대한 이미지가 왜곡되어 후손에게도 대물림됩니다. 이러한 잘못된 아버지의 개념이 유아기부터 계속되어 우리로 하여금 참 사랑의 하나님 아버지께로 나아가지 못하게 합니다.

그렇게 되면 참 크리스천이 아니라 막연한 종교인이 되어 버리고 맙니다. 말씀에 대해 불신하게 되고 죄에 대한 불감증에 걸린 종교인이 되어 버립니다. 신앙의 성장이 없게 됩니다. 내적 치유를 통하여 참 사랑의 하나님 아버지를 인격적으로 만나야 합니다. 하나님 아버지의 사랑을 받아야 합니다. 사랑을 체험해야 합니다. 인격체로 그분의 사랑을 느끼고 사랑을 받아야 합니다. 그래야 우리의 신앙이 성장하게 됩니다.

나를 용서하시고 사랑하시고 복을 주시는 아버지의 은혜를 늘 받아야 합니다. 지금도 나를 사랑하시는 하나님 아버지의 사랑으로 나를 채워야 합니다. 그래야 하나님을 제대로 의식하게 됩니다. 하나님의 사랑으로 두려움과 염려를 내어 쫓게 됩니다.

"사랑 안에 두려움이 없고 온전한 사랑이 두려움을 내어쫓나니 두려움에는 형벌이 있음이라 두려워하는 자는 사랑 안에서 온전히 이루지 못하였느니라"(요일 4:18).

하나님의 사랑으로 우리의 마음을 채워 놓지 못하게 되면 세상의 염려와 걱정과 근심이 우리의 마음을 채우게 됩니다. 내면이 너무 허약하므로, 쉽게 두려움을 느끼게 되고, 아무것도 하지 못하는 허약한 종교인이 됩니다. 우리가 진정 두려워해야 할 것은 바로 이러한 두려움입니다. 물질이나 건강이 없음으로 인한 두려움이 아니라, 우리의 마음에 하나님의 사랑이 없음을 두려워해야 합니다. 하나님의 사랑만 마음에 채워져 있으면 넉넉히 세상을 이길 수 있습니다. 이를 위해서 성령님이 오셔서 우리 마음에 하나님의 사랑을 부어주십니다.

"우리에게 주신 성령으로 말미암아 하나님의 사랑이 우리 마음에 부은바 됨이니"(롬 5:5).

이것이 바로 내적 치유입니다. 내적 치유와 함께 하나님의 사랑으로 내면이 채워지고, 풍성한 삶이 시작되는 것입니다.

1.내적인 상처는 만 가지 문제의 근원

1) 상처는 하나님의 사랑에 대한 확신이 결여되게 합니다. 왜곡된 마음으로 하나님을 보기 때문에 입으로는 하나님에 대하여 많은 말을 할 수 있지만 깊은 마음속에 하나님에 대해 가지는 인상은 심히 부정적입니다. 겉으로는 듣고 배운 대로 하나님은 사랑의 하나님이시고 신실하시고 은혜가 넘치시는 하나님이라고 말합니다. 그러나 정작 그 마음 깊은 곳에서는 하나님을 일관성이 없고 자기 마음대로 하는 하나님, 사람들에게 고통을 주는 것을 즐기는 것처럼 보이는 하나님, 항상 나에 대해서 불만이 가득하여서 인상을 쓰고 계시는 하나님으로 인식합니다. 그래서 하나님을 사랑의 하나님으로보다는 늘 높은 기준을 가지고 그것에 도

달하기만을 바라는 하나님, 그리고 그에 못 미치면 못마땅해 하시는 하나님으로 인식하게 됩니다.

2) 대인관계에 어려움이 있습니다. 상처받은 사람이 보편적으로 가지는 대인관계는 극단적인 모습을 보여주는데, 하나는 지나친 지배의 모습과 또 하나는 지나친 의존의 모습입니다. 지배하는 사람의 경우 어떠한 상황에서든 자신이 왕처럼 지배하려 할 뿐아니라, 모든 것을 간섭하려고 합니다. 모든 것을 자신의 뜻대로하려고 하며, 그것이 마음대로 되지 않으면 분노를 표하거나 그사람을 미워하게 됩니다. 이런 사람이 아버지가 된다면 그 집안에는 다른 사람의 의견은 없고 오직 아버지의 생각과 뜻대로 움직여야만 합니다. 이런 가정에서는 다시금 그 아버지로 인하여 자녀들이 큰 상처를 입게 되는 것입니다.

반대로 지나친 의존의 모습은 자신의 뜻과 생각은 없고, 어릴때는 부모의 의견대로 살다가 자라면서 친구의 의견대로 움직이고, 결혼해서는 배우자의 의견대로만 움직이는 지극히 피동적인삶을 살게 됩니다. 쉽게 말해서 항상 눌려서 기를 피지 못하고 인생을 살아간다는 것입니다. 그러니 자연적으로 마음의 분노나 한이 서려있기 마련입니다. 분노나 한이 시간이 가면 육체의 질병이 되어 고통을 당하면서 살아가기도 합니다. 이렇게 눌려서 인생을 살다가 자신이 의존하는 상대방에게 실망감을 느낀다면 온세상이 무너지는 절망감 속에 빠져 살게 되고, 누군가 의지할 대상을 새롭게 찾지 않으면 살 수 없게 되는 것입니다. 우리는 이런 사람에게 전도해서 성령님을 만나게 하므로 삶을 보람 있고 희망 차게 살아가도록 해야 할 것입니다.

3) 자신에 대한 자존감이 없어집니다. 삶에 있어서 바른 자존감을 갖는 것은 아주 중요합니다. 바른 자존감을 갖지 못할 때는 극단적인 모습을 보이는데 하나는 매우 교만한 모습을 보인다는 것입니다. 이런 사람은 다른 사람에게 비판적인 태도를 가집니다. 그리고 자신보다 나아 보이는 사람에 대해서는 별것이 아니라는 증거를 끝까지 찾으려고 합니다. 자신보다 못하다고 여기는 사람에게는 무시하는 태도로 대합니다. 반대로 자존감이 낮은 사람은 남의 눈치를 보고 남의 의견에 맹종을 합니다. 늘 자학을 합니다. 매사에 자신감이 결여되어 있어 삶에 활기가 없습니다.

그리고 마치 다른 사람을 위해 존재하는 양 행동을 하기도 합니다. 이 낮은 자존감은 우리가 예수를 믿고 하나님의 자녀가 되므로 낮은 자존감에서 해방 받고 나올 수가 있습니다. 우리 이렇게 낮은 자존감으로 인생을 무의미하게 살아가는 사람을 찾아서 복음을 전합시다. 이런 사람을 만나 그 심령을 읽으며 대화를 하다가 보면 금방 마음의 문이 열릴 것입니다. 왜요 사람은 자신의 심정을 알아주는 사람에게 마음을 열게 되어있는 심리적인 존재도 되기 때문입니다. 그래서 성도들을 보면 거의 친하게 지내는 사람들은 자신과 심정이 같은 사람하고 지내는 것입니다. 사람의 심정을 읽을 수 있는 능력을 받읍시다. 그리하여 능력전도를 합시다.

4) 삶에 대한 부정적인 태도를 갖게 됩니다. 자신이 이렇게 된 그 원인을 자신의 내부에서 찾기 보다는 부모나 다른 사람, 환경, 세상의 모순 탓으로 돌리기 때문에 원망이 끊이지를 않습니다. 심지어 하나님마저도 그에게는 서운하고 불공평한 분으로 인식을 합니다. 현재의 삶이 어려움이 닥칠지라도 그것을 이겨내려고 하기 보다는 남 탓으로 돌리고 그것에 안주하고 맙니다. 예를 들어 부부 불화가 심한 분들을 상담해보니 문제의 근본이 지신에게 있는데 모든 것을 상대편 탓으로 돌리고 있더라는 것입니다. 우리가 상대편의 하는 것이 미워 보이고 못마땅해 보인다면 그것은 그 사람이 잘못해서 그러는 것이 아닙니다. 내안의 상처 때문에 그렇게 보이는 것입니다. 내안의 상처가 자꾸 상대편을 못마땅하게 보게 한다는 것입니다. 상처를 치유하고 안경을 바꾸어 쓰게 되면 다르게 보이게 마련입니다.

5) 우울증과 강박적인 사고방식을 갖게 됩니다. 상처가 치유되지 않을 때 심하면 우울증에 걸리게 되고 강박관념에 사로잡히게 됩니다. 이 때 나타나는 것이 죄책감입니다. 죄책감에 사로잡혀 자신을 학대하고 심할 경우 사회생활을 하지 못하는 지경에까지 이르게 되며, 나 같은 사람을 하나님이 용서해주실 리가 없다고 생각하며 신앙생활을 포기하기도 합니다. 대부분 우울증으로 고생을 하는 사람들의 대부분의 마음의 상처의 원인으로 발생하게 됩니다. 문제는 우울증이 발생하기 전에 치유해야 한다는 것입니다.

6) 나이가 들면 이것저것 육신의 질병으로 고생을 합니다. 제가 지금까지 내적치유 사역을 하면서 임상적으로 경험한 바로는 나이가 들어 질병으로 고생하는 분들의 대부분이 유아 때나 성장기에 상처로 고생한 분들이 대부분이었습니다. 질병이 발생하는 부위도 보면 당뇨병이나, 위장병이나, 관절염이나, 우울증이나 치매 등등으로 고생을 한다는 것입니다. 또 영적으로 만족을 찾지 못하고 방황하는 사람들도 상처가 많이 있는 사람들입니다. 요즈음 유행어가 9988입니다. 9988을 위해서라도 내면의 상처를 치유 받아야 합니다. 사람은 영적인 존재입니다. 하나님이 친히 만드셔서 생기를 그 코에 불어넣으니 생령이 되었다고 했습니다. 사람의 마음에 하나님의 생기가 충만하지 않으면 여러 가지 문제가 발생하는 것입니다. 그런데 이 생기가 마음에 들어오지 못하도록 상처가 막고 있다는 것입니다. 그래서 상처가 상처를 끌어들인다는 것입니다. 영적인 것은 서로 연합을 잘합니다. 그래서 유유상종이라고도 하고 끼리끼리 논다고 하는 것입니다. 영이 통하기 때문입니다. 사람은 영을 담는 그릇이기 때문에 육체적이 되면 악령이 성령으로 영적이 되면 성령이 마음 안에 들어오는 것입니다. 그러므로 상처가 있는 사람의 마음에 들어오는 것은 누구나 이해가 갈 것입니다. 그래서 상처가 많은 사람들이 상처를 잘 받는 것입니다. 우리 모두 상처에 대하여 바로알고 세상에 마귀의 종으로 살아가는 불쌍한 인생들에게 복음을 전하여 새로운 삶을 살게 하시기를 바랍니다.

7) 영적 삶의 굴곡과 침체가 심해집니다. 하나님과 개인적인 관계에 대한 확신이 부족하기 때문에 신앙의 태도가 늘 환경에 좌우됩니다. 신앙연수가 오래 되었는데도 생활 속에 어려움이 생기면 금방 회의에 빠져서 하나님이 나를 버리셨는가, 아니면 계시지 않는 것은 아닌가 하는 유아기적 생각에서 벗어나지 못합니다. 평소에는 은혜가 넘치는 것 같다가도, 어떤 때에는 불신자보다 더 못한 모습을 보일 때도 있습니다.

이렇게 치유되지 않은 상처는 무엇보다도 하나님과의 관계 속에서 어려움을 초래하게 합니다.

하나님의 말씀을 듣고 은혜를 받고 체험을 했음에도 불구하고 자신의 과거의 삶 가운데서 경험했던 상처로 인한 부정적 기억에서 나오는 지식이나 감정이 하나님과의 친밀한 관계를 맺는 것을 방해합니다. 평소에는 믿음이 아주 좋은 것 같다가도 자신의 삶 가운데 어려움이 닥치면 금방 하나님이 나를 사랑하지 않으신다고 여깁니다. 하나님이 나를 사랑하신다면 나에게 이런 어려움을 줄 이유가 없다고 생각하고 하나님에 대한 원망하는 마음이 가득 찹니다. 쉽게 낙심하며 좌절합니다. 결국 우리 인생을 잘못되게 만들고 삶을 완전히 파괴시키는데 까지 나아가게 되는 것입니다. 이런 모습은 사실 그리스도인 가운데에서 얼마든지 볼 수 있습니다. 그러면 그 사람들이 모두 무늬만 그리스도인이기 때문일까요? 그렇지 않습니다.

"기억을 통한 정신치료"라는 책을 쓴 데이빗 씨맨즈목사는 그의 책에서 이렇게 말합니다. "나쁜 의식들은 그 의식을 밖으로 밀어내려고 애를 쓸수록 더욱더 강렬해진다. 그 기억들은 직접 우리의 마음에 들어올 수 없기 때문에 다른 어떤 것을 가장하여 아주 파괴적인 방법으로 우리의 인격 속에 들어오게 된다. 그리고 그런 고통스런 기억은 의식 깊숙이 들어 있다가 신체적 질병이나 불행한 결혼 생활, 영적 좌절 같은 형태로 찾아오게 된다. 그러므로 우리 인생을 파괴시키는 결정적인 역할을 하는 그 기억을 찾아내어 치유하는 일은 너무도 중요하다" 거듭난 그리스도인이라고 할지라도 그 내면 깊은 곳에 있는 상처를 치유할 필요가 있다는 것입니다. 그래야만이 하나님께서 주시는 은혜를 마음껏 맛볼 수가 있는 것입니다.

2.내적치유 받고 성령의 불세례를 받은 사례.

1)내적치유를 받고 성령의 불세례를 받았어요. 경상남도에서 올라오셔서 성령체험하고 치유 받은 목사님의 간증입니다. 이 목사님이 성령의 불세례를 체험하려고 7년을 서울로 수원으로 성령집회에 다녔다고 합니다. 이번에 가면 성령 체험 하겠지 하고 경남에서 서울까지 큰마음을 먹고 올라왔으나 허탕을 쳤답니다. 또 수원에 어느 교회에서 집회하는데 성령의 역사가 강하다고 하여 올라왔다가 허탕을 쳤습니다. 이 목사님이 이렇게 성령의 불세례를 체험하려고 하는 데는 이유가 있었습니다. 혈기와 분노의 상처로 인하여 사모님과 관계가 엉망이고 자녀들에게 혈기를 유발하여 가정이 하루도 평안하지를 않았습니다. 교회에서도 자

주 혈기 때문에 성도들에게 상처를 주어 성도가 떠나가는 일이 많았다고 합니다. 그래서 모든 것이 자신의 마음의 상처 때문이라고 인정하고 이것을 치유하려면 성령을 체험해야 한다고 생각하고 의지를 가지고 꼭 성령체험을 하고야 만다는 마음가짐으로 경남에서 서울 수원까지 7년을 다닌 것입니다. 그것도 사모님이 이 목사님이 변하는 것은 성령체험 밖에 없다고 생각하고 계속 등을 밀어서 서울로 수원으로 가도록 했다고 합니다. 그러다가 우리교회가 성령의 역사가 강하다는 소문을 듣고 오신 것입니다. 저는 목회자나 성도들에게 성령을 체험하게 하는 영적인 비결을 터득하여 사용하고 있습니다. 제가 인도하는 대로 만 하면 성령의 불세례를 체험하지 못하는 분이 없습니다. 이 목사님이 제가 하라는 대로 순종하여 몇 주 안 되어 성령을 체험했습니다. 성령을 체험하고 나니 목사님 속에서 역사하던 수많은 상처들이 떠나갔습니다. 상처가 떠나가니 목사님의 근본 문제인 분노의 영이 시골에서 돼지를 잡으려고 돼지 목을 따면 지르는 괴성을 한 50분간 지르다가 떠나갔습니다. 성령의 강한 임재로 얼굴이 어그러지고 손이 뒤틀리고 발버둥을 치며 귀신들이 떠나갔습니다. 차츰 목사님의 얼굴이 성령으로 충만해졌습니다. 성령으로 충만하여 치유되면 얼굴이 먼저 변합니다. 유순하고 평안한 얼굴로 변합니다. 그 멀리 경남에서 한 주도 빠짐없이 몇 주를 다니셨습니다. 많은 치유를 경험했습니다. 그렇게 은혜를 많이 받던 어느날 목사님이 저에게 식사를 대접하겠다고 했습니다. 식사를 하면서 목사님이 저에게 하시는 말씀이 이렇습니다. 목사님은 사역을 참 순진하게 하십니다. 뭐 그렇게 열심히 기도를 해주느냐고 하는 겁니다. 대충해서 오래오래 다니게 해야지 그렇게 오래 붙잡고 집중 기도를 하니 성령의 불세례를 체험하고 능력 받고 오지 않는 것이라고 이제는 슬슬하라고 하는 것입니다. 그래서 제가 목사님! 하나님이 저의 이런 모습을 보고 사용하십니다. 앞으로도 순진하게 사역을 하겠습니다. 했습니다. 그리고도 몇 주를 더 다녔습니다. 그러던 어느날 집회를 종료하고 목사님! 이제 치유가 어느 정도 되고 능력도 나타나니 교회에서 기도하며 유지하겠습니다. 그래서 그렇게 하라고 했더니 이제 올라오시지 않았습니다. 그러다가 년말이 되었습니다. 그 목사님으로부터 택배가 왔습니다. 물건을 열어보니 보약을 두 제를 지어서 보낸 것입니다. 그 안에 편지를 동봉하였습니다. 편지에 이렇게 씌어있었습니다. 목사님 감사합니다. 성령체험하게 하시고 치유 받고 변화되게 하시니 감사합니다. 내가 변하니 가정이 변하고, 가정이 변하니 교회가 성장합니다. 사모도 자녀들도 아주 좋아합니다. 가정이 천국이 되었습니다. 교회성도들도 무척이나 좋아합니다. 교회도 많이 부흥했습니다. 사역하시느라고 수고가 많으신데 제가 한약방에 가서 몸과 건강에 좋은 것을 지어서 보냅니다. 드시고 건강하게 저같이 고생하는 사람들을 치유해주세요. 감사합니다. 목사님의 교회성장과 사역의 번성을 기도드립니다. 할렐루야!

2) 상처는 주변 사람에게 고통을 준다. 어느 기도원에서 목회자 치유집회가 있다고 국민일보에 광고가 나서 사모의 성화를 이기지 못하고 참석했습니다. 가보니까 목회자들이 많이 참석하였

습니다. 그런데 3일이 지나니까 성령의 임재로 많은 분들이 고생을 하였습니다. 원래 성령이 임재하면 악한영이 도출되어 가슴이 답답해집니다. 이 상처를 사역자가 도와서 뽑아내 주면 굉장한 마음의 평안을 느끼는데 뽑아주지 아니하면 굉장한 고생을 합니다. 그런데 젊은 목사님 부부가 치유를 받으러 왔는데 사모님이 얼굴이 험상해 지면서 자꾸 쓰러지는 것이었습니다. 그때마다 성령께서 저에게 감동하시기를 안수기도를 해주라는 감동을 주었습니다.

그런데 거기서 남의 사모를 어떻게 주제넘게 안수 기도해주다 뺨을 맞습니다. 3번씩이나 성령께서 감동을 주어서 남편 목사님에게 사모님이 왜 저렇게 쓰러지는지 아느냐고 물었더니 모르는데 어제는 가래가 주먹만 한 것이 나왔다고 했습니다. 그래서 목사님 사모님은 상처가 드러났는데 빼내주지를 않으니까 가슴이 답답하여 저러는 것이라고 설명을 하였습니다. 그리고 사모님뿐만 아니라, 다른 분들도 다 그런 현상이라고 설명을 했더니 상처를 배출시켜줄 사람이 없다고 하였습니다.

그래서 제가 할 수 있다고 하니까 목사님이 자신도 빼내달라고 하였습니다. 그래서 강단 옆에서 약 2시간동안 상처치유를 했습니다. 성령의 임재를 요청하고 기도를 하니까, 사모님은 약 30정도 되니 절제가 되었는데 목사님이 엉엉 우시면서 가래를 토해냅니다. 제가 그 목사님 상처를 치유하며 많이 울었습니다. 야! 이 젊은 목사님이 대관절 무엇을 하셨기에 이렇게 상처가 많이 있단 말인가, 그래서 사모님에게 목사님이 상처가 엄청납니다. 왜 이렇게 상처가 많습니까, 그랬더니 부교역자를 8군데 다니면서 했는데 가는 곳마다 담임목사님과 관계가 좋지 못하여 10개월 만에도 나오고, 8개월만에도 나오고 했답니다. 그러니까 마음에 용서 못할 사람이 8명이나 있는 것입니다.

　두 시간이 지나도 절제가 되지를 않습니다. 그때 가래가 나온 것을 그릇에 담았다면 아마 한 말은 되었을 것입니다. 금방 끝날 줄 알았는데 두 시간을 넘게 사역을 한 것입니다. 나중에 알고 보니 목사님이 이렇게 상처가 많으니까, 사모님이 머리가 너무 많이 아파서 생활을 제대로 하지 못하여 치유를 받으러 온 것입니다. 얼마 전에는 머리가 너무나 아파서 119구급차를 두 번이나 타고 종합병원에 가서 MRI를 찍어도 아무런 문제가 없다는데 머리가 아파서 생활을 거의 못한다고 합니다. 그런데 그 사모님이 목사님이 치유를 받고 나니 머리가 깨끗하게 나았습니다. 그때 그래서 두 분을 기도하여 드리고 저희 교회에 오시게 하여 치유하여 드렸습니다. 하루는 사모님이 이렇게 말하는 것입니다. 목사님 우리 교회 성도들이 목사님의 찬양하는 소리가 달라졌다는 것입니다. 영으로 찬양을 하신다는 것입니다. 그래서 제가 생각하기를 이 목사님이 내적치유를 받고 성령으로 불세례를 받으니 영적으로 변해가는 것입니다. 사모님이 하시는 말씀이 너무나 평안하고 좋다는 것입니다. 그때 나는 이런 감동을 받았습니다. 아 하나님이 나에게 이런 성령의 능력을 준 것은 목회자들의 상처를 치유하라고 주셨다고 감동을 받았습니다. 그 뒤로 사명을 가지고 성령치유 사역을 하였습니다.

3) 상처는 목회도 실패하게 한다. 60대 초반의 목사님의 이야기입니다. 제가 이 목사님을 기도원에서 만났습니다. 제 옆에서 주무시던 이 목사님은 13년간 하던 목회를 접고 은혜를 받으러 다니던 길이었습니다. 그때 한참 저도 말씀의 은혜를 받으러 다닐 때입니다. 그때 저는 조금 눈이 열려서 사람을 보면 상처가 있는지, 질병이 있는지, 영적으로 눌려있는지 알 수 있던 시기였습니다. 그 목사님에게 상처가 아주 많아 보였습니다. "목사님은 말씀이 없어서 목회를 못 하신 것이 아니라, 상처가 많아서 목회를 잘못한 것입니다. 내적 치유를 받으셔야 합니다."

그랬더니 그 후에 그 목사님이 저희 교회에 찾아오셔서 치유를 받으셨는데 목사님이 방언기도를 하시는데 잘 들어보니 "에이 시팔! 에이 시팔!" 하면서 기도를 하십니다. 이런 분들이 종종 있습니다. 이런 분들은 90%는 분노가 있는 분들입니다.

그러더니 악을 정말 크게 쓰시는데 약 1시간 30분을 악을 쓰면서 치유를 받았습니다. 그러다가 속에서 더러운 상처들이 수없이 나왔습니다. 옆에서 계속 기도를 해드리니까 잠잠해졌습니다. 일어나시더니만 아무도 없으니까, 저보고 감사하고 미안하다고 하면서 저녁식사를 같이 했습니다.

"목사님, 상처가 정말 많이 있었습니다. 어렸을 때 상처를 많이 받으셨나 봅니다." 이렇게 묻자 말씀하셨습니다. "목사님 제가 어려서 우리 아버지께 정말 많이 얻어맞았습니다. 치유 받을 때 그때 모습이 보이면서 악을 썼습니다. 목사님, 제가 오늘 치유 받으면서 느낀 것은 신학대학과 신대원에 다니는 분들은 모두 내적

치유를 받아야 된다는 사실입니다. 제가 조금이라도 일찍 상처에 대하여 알았더라면 목회에 실패하지 않았을 것입니다. 목회하면서도 분노가 올라와 고생을 많이 했습니다."

목사님은 계속 다니면서 기본적인 치유를 받았습니다. 그리고 치유의 원리들을 적용하면서 차차로 영성이 회복되고 얼굴에 성령 충만이 나타나고 새 사람으로 변화되어 지금 목회를 아주 잘하십니다. 성령의 능력도 내면이 치유되어야 강하게 나타납니다. 시간 낭비하지 마시고 내면부터 치유하시기를 바랍니다.

3. 내적인 상처 치유기도 하는 방법

1) 마음이 평안한 상태가 되어야 합니다. 마음이 외부의 영향을 받지 않는 상태(성령 임재로 평온한 상태)가 되어야 합니다. 치유에 집중하는 마음 상태가 되어야 깊은 곳에 숨겨진 상처를 성령님의 도우심으로 치유 받을 수 있습니다. 외적 침묵과 내적 침묵이 되어야합니다.

2) 성령님의 임재를 간구합니다. 영에서 마음으로, 이성으로 임재가 나타나시도록 간구합니다. 성령님의 도우심으로 자신의 과거로 돌아가서 과거에 묻혀 있는 크고 작은 상처의 기억을 떠올리며, 상처와 함께 그때 겪었던 당황함, 부끄러움을 회상한 후, 하나씩 그 상처를 주님께 드립니다.

3) 당시에 받았던 상처로 말미암는 감정이 내면에 떠오르거나 감정이 되살아나면(수치감, 답답함, 분노, 좌절감, 깊은 슬픔,

두려움 등) 억제하거나 감추지 말고 의식수준으로 표현하십시오. 그리고 그것을 주님에게 드리세요.

4) 이 때 자신의 상처와 관련된 사람을 용서하는 작업을 해야 합니다. 용서하지 않고 단순히 감정만 처리하는 것은 상처의 근원은 그냥 두고 감정만 치유하는 것이며, 이러한 치유는 후에 다시 재발됩니다. 큰 사건, 큰 상처일수록 이 부분에 세심한 주의를 기울여야 하며, 세심한 치유를 했어도 같은 감정이 오면 몇 번이고 계속해서 치유해야합니다. 자신의 마음에 상처를 준 사람을 용서하지 않으면 진정한 치유가 되지 않습니다. 어두움과 저주의 세력에게 자신을 묶어놓고 있는 것입니다.

5) 성령님의 능력으로 치유 받은 후에는 마음에 평안함을 느끼게 됩니다. 계속하여 이 평안을 유지하는 것은 자신의 책임입니다. 오래된 상처나 깊은 상처는 일회적인 치유보다 장기적이고 지속적인 치유를 해야 합니다. 또 다른 상처의 요인이 생길 수 있기 때문입니다.

6) 성령님과 교제를 통하여 악한 생각이 나지 않도록 기도생활을 해야 합니다. 진정한 치유란 지속적인 성령 하나님과의 동행입니다. 늘 마음에 하나님을 느끼고, 하나님과 동행하고 하나님을 의지하여야 합니다. 그리함으로 늘, 점점 마음이 맑아지고, 자유해지고, 평안해지는 삶을 살아야 합니다.

17장 불세례가 임하는 예배인도 방법

(행4:28-31)"하나님의 권능과 뜻대로 이루려고 예정하신 그 것을 행하려고 이 성에 모였나이다. 주여! 이제도 그들의 위협함을 굽어보시옵고 또 종들로 하여금 담대히 하나님의 말씀을 전하게 하여 주시오며 손을 내밀어 병을 낫게 하시옵고 표적과 기사가 거룩한 종 예수의 이름으로 이루어지게 하옵소서 하더라. 빌기를 다하매 모인 곳이 진동하더니 무리가 다 성령이 충만하여 담대히 하나님의 말씀을 전하니라"

하나님은 우리가 예배나 기도나 상담이나 치유사역이나 가정예배 때에 성령의 역사를 인정하고, 성령을 인격으로 모시어드리고 마음껏 역사하게 하기를 원하십니다. 성령은 인격적이시라 요청해야만 오셔서 일하시는 분입니다. 성령의 역사와 능력은 다양합니다. 사람의 육의 눈으로는 성령의 역사와 능력을 알지를 못합니다. 반드시 성령의 불세례를 체험하고 영안이 열려 성령의 인도를 받아야 알 수 있게 되는 것입니다. 성령은 인격적이시라 요청해야 임하시고 일하십니다. 시기 장소에 따라 성령을 요청하여 역사하게 하는 것은 영적인 생활이나 집회에서 대단히 중요합니다.

성령의 역사의 실제를 알고 임재를 요청하여 성령께서 마음껏 일하시게 하십시오. 그리하여 필요한 사람들에게 필요한 성령의 역사로 치유와 변화, 능력이 임하게 하세요. 성령의 임재의 현상을 바로 이해하고 임재를 요청해야, 성령 충만한 성도, 예배, 집회가 될 수가 있습니다. 영적인 깊은 집회를 인도하기 위해서는 본인이 먼저 영적인 사람이 되어야 합니다. 성령이 보증하여 주는 사람이 되어야 합니다. 성령님과 인격적인 관계가 되라는 것입니다. 이는 자신이 죽고 내 안에 예수로 계시게 해야 가능한 것입니다.

1. 성령의 나타남.

성령 집회나 성령치유 사역할 때 성령이 나타나야 합니다. 성령의 나타남이란 내주하시는 성령님이 각 사람의 영. 혼. 육을 다스림이 나타남을 말하는데, 이를 성령의 나타남(파네르시스)이라 합니다. 성령의 기름부음 즉 흐름의 결과로 "지혜나 지식의 말씀"을 받게 되거나 가르침을 받고 알게 되며(요일2:20-27) 방언과 예언과 통변을 하게 됩니다. 이러한 기름부음이 환자에게나 다른 사람에게 전이 즉 안수할 때 치유가 일어나거나 능력이 임하게 되는 것입니다.

저희에게 나타나시나니(막16:12)

저희에게 나타나사 저희의 믿음 없는 것과(막16:14)

그 행위가 하나님 안에서 행한 것임을 나타내려고 함이라(요3:21)

그에게서 하나님의 하시는 일을 나타내고자 하심이라(요9:3)

내가 아버지의 이름을 나타내었도다.(요17:6)

또 제자들에게 자기를 나타내셨으니(요21:1)

안개 속에서 안개가 걷히면 사물이 분명하게 나타나듯이 성령의 불세례를 체험하고 성령의 은사의 나타남이 우리로 하여금 신령한 세계를 분명하게 보게 합니다. 고전12:7의 은사는 특별하게 어떤 사람에게만 주어진 것이 아니라(디아코니아), 성령의 불세례를 받아 성령의 기름부음이 있는 사람에게는 누구에게나 내주하시는 성령께서 기름 부음의 (흐름)결과로 인간의 영. 혼. 육을 지배하여 수시로 나타난다(파네르시스)는 것입니다.

그러므로 성령의 나타남은 각 사람의 기질과 영성에 따라 "나타남"의 형태나 강도의 차이가 있을 뿐입니다. 사람마다 성령께서 원하는 어떤 조건과 상태가 되어야 나타난다고 이해하고 보는 것이 맞는 것입니다. 성령의 나타남은 주어지는 하나님의 선물이지만 한편으로는 체험하여 개발하고 연구되고 훈련과 기도로 되어져야 하는 것입니다.

기도는 무엇인가? 바로 성령 은사의 즉 성령의 나타남과 훈련의 과정이며 방편인 것입니다. 성령의 은사는 크게 사모하고 부르짖고 구하며 찾고 두드리는 자에게 주시고 나타납니다. 성령으로 기도하고 훈련하면 더 큰 은사를 받는 것입니다. 성령의 나타남을 구할 때 확실한 결과가 올 때까지 구해야 합니다.

초대교회는 120문도의 성령을 구하는 기도와 우리의 기도 사이에 분명한 차이가 있습니다. 그들은 눈에 띄는 확실한 결과가 올 때까지 구했다는 것입니다. 자신이 성령의 도구가 될 때까지 인내하며 기다려야 합니다. 준비해야 합니다. 하나님은 준비된 사람을 사용하십니다.

내가 성령의 도구가 되려면 하나님이 원하시는 영. 혼. 육의 상태가 되어야 한다는 것입니다. 하나님의 마음에 합한자가 되어야 합니다. 이렇게 되려면 심령을 깨끗하게 해야 합니다. 심령을 깨끗하게 하려면, 내 의지로 내 심령을 깨끗하게 하려고 하지 말고, 주님이 내 안에 들어오실 수 있도록 여건을 만들어야합니다. 성령이 내안에 오셔서 마음대로 역사하시게 해야 합니다. 자신의 자아나 의지나 욕심을 버리고 그분에게 순복해야 합니다. 성령의 불세례를 받고 성령님이 내 영 안에 들어와야 내가 깨끗하게 되는 것입니다. 성령께서 나를 깨끗하게 하는 것입니다. 내 힘으로는 되지 않는 것입니다.

2. 성령집회에 성령의 역사를 일으키는 방법

성령집회에는 성령이 역사해야 합니다. 성령이 주인 되어 집회를 이끌어가게 해야 하는 것입니다. 그러면 성령께서 역사하여 청중들에게 성령의 불세례를 체험하게 하십니다. 성령의 불세례를 체험하면 내면의 상처가 치유되고, 악한 영들이 떠나갑니다. 치유의 목적은 어디까지나 영적 구원의 하나님 나라가 그 심령 속에 도래하는데 목적이 있기 때문에 성령의 역사가 있어야 합니다. 그러나 성령의 기름부음이나 임재 없이 하는 치유 사역은 세상적인 방법, 즉 기공술이나 정신적인 암시법이나 심리적인 최면법이나 다를 바 없는 것입니다.

만약에 이렇게 하여 치유가 일어난다 하더라도 영적인 변화는 기대하기 어려울 것입니다. 뿐만 아니라 치유의 성과를 높이기 위하여서나 혹은 환자에게 심령 상 유익한 변화를 주기 위해서는 성령의 인도함을 받는 사역자의 능력이 필요합니다. 반드시 예수 그리스도의 십자가를 통과한 성령의 역사와 영성이라야 합니다. 성령의 불세례가 임하는 성령집회를 인도하는 방법은 이렇습니다.

1) 찬송으로 성령이 임재하게 한다.

성령집회에서 찬송은 정말로 중요합니다. 그래서 찬양인도자는 성령의 불세례를 체험하고 성령의 인도를 받는 찬양사역자가 되어야 합니다. 성령의 임재는 찬양인도자의 영성을 통하여 역사하기 때문입니다. 찬양을 인도하는데 청중들이 잘 따라서 부를 수 있는 영감이 있고 성령의 역사가 있는 곡을 선택하여 부릅니다. 앉아서도 부르게 합니다. 때로는 서서 부르게도 합니다. 그때그때마다 성령의 인도에 따라 찬양을 부릅니다. 찬양은 청중들로 하여금 마음을 열고 성령의 임재를 받게 하는 기초적인 수단입니다. 그러므로 찬송이 잘못되면 성령집회가 어려워지는 것입니다.

2) 통성기도를 하여 성령의 충만함을 구한다.

찬송을 통하여 어느 정도 성령의 임재가 되었다고 성령님이 감동하시면 이제 통성으로 기도하여 성령을 충만하게 합니다. 그런데 통성기도를 하지 못하는 성도들도 있습니다. 그러므로 통성기도를 시작하기 전에 잠깐 안내를 합니다. 통성기도를 못하는 분들은 호흡을 들이쉬고 내쉬면서 주님! 주님! 주님! 하면서 소리를 내라고 합니다. 소리를 해야 마음의 문이 열려서 성령의 역사가 나타나기 때문입니다.

3) 말씀을 전한다.

성령의 불세례가 임하고 성령으로 치유가 임하는 집회를 인도하는 목회자는 반드시 성령의 불세례를 체험해야 합니다. 말씀을 전하는 자가 성령의 불세례를 체험하여 영으로 말씀을 전하여 성령의 나타남이 있어야 합니다. 반드시 말씀을 전하는 자가 성령의 불세례를 체험해야 전하는 말씀에 성령의 역사가 나타나는 것입니다. 또한 말씀을 듣는 자는 마음의 문을 열고 영으로 말씀을 받아들일 때 성령의 불세례를 체험하게 되는 것입니다.

분명하게 말씀으로 영성 훈련된 자에게 살아 계시면서 역사 하시는 말씀 하나님이 말씀을 전하는 심령을 통하여 나타나게 됩니다. 그러나 말씀에 대한 지식은 많지만 성령의 나타남이 없거나, 말씀에 대한 영안이 열리지 않은 자들이나, 성령의 가르침을 들을 귀가 열리지 않은 자는 이성적인 신학지식으로는 성경은 알 수 있으나, 말씀의 비밀은 알지 못하게 되는 것입니다. 그래서 말씀을 들어도 성령의 불세례를 체험하지 못합니다. 그래서 성령집회를 인도하는 목회자는 자신만의 레퍼토리를 가지고 있어야 합니다. 목회자가 말씀을 어떻게 전하느냐에 따라서 성령의 역사가 따라오기 때문입니다. 말씀을 전할 때 영육의 자유 함이 있어야 합니다. 성령은 영육의 자유 함이 있을 때 강하게 역사합니다. 그래야 말씀을 전하는 목회자의 영에서 생명이 청중들에게 흘러가는 것입니다. 이 생명의 역사가 청중들의 영을 깨워서 성령의 불세례를 체험하게 하는 것입니다.

4) 성령이 나타나게 하는 여러 조치를 한다.

① 먼저 준비 단계로서 성령님이 자신을 통하여 나타나기를 간구합니다. 집회 인도자는 집회 간에 성령의 인도함을 받을 수 있도록 간구하는 것입니다. 성령님은 여러 가지 영감과 느낌과 환상으로 깨우쳐 주십니다. 체험을 통하여 확신을 갖게 되고, 마음속에 일어나는 느낌으로 새로운 사실에 대한 지식의 말씀이나 지혜의 말씀을 하나님께서 주시는 것을 알게 되는 것입니다. 집회 인도자는 성령님이 자신을 통하여 나타난다는 믿음이 있어야 합니다. 치유사역은 자신에게 나타난 성령의 역사를 환자에게 전이시켜서 치유가 일어나게 하는 것입니다. 그러므로 성령의 깊은 임재를 유지하도록 깊은 영의기도를 해야 합니다. 그리하여 집회할 때 성령의 임재를 상대방들에게 일어나게 하는 것입니다.

② 다음으로 성령의 임재를 기원하며 기다립니다.

성령이 임재하시어 역사하기 위해서는 시간이 필요하다는 사실을 결코 잊지 말아야 합니다. 성급하게 먼저 성령이 역사하기를 구하는 기도에 임하지 않고 성령의 임재를 기원하는 기도가 앞서야 합니다. 많은 집회 인도자들이 여기서 습관이 되어있지 않습니다. 먼저 성령의 기름부음을 위하여 상대방의 장애요인들이 제거되어야 합니다. 이를 위해 마음의 문을 열도록 긴장을 풀게 해야 합니다. 만약에 영적인 분위기가 되어있지 않는다면 하나님에 대한 믿음을 고백하게 하고, 마음의 죄를 깨닫도록 간절하고 절실한 중보의 기도가 먼저 드려져야합니다.

다음으로 성령의 임재가 조용하게 상대방에게 임하는 모습을 볼 때까지 기다리는 습관과 훈련이 필요합니다(5분이상). 기다리는 시간에 청중들이 여러 가지 형태와 모습을 할 수가 있습니다.

성령을 모셔드리거나 능력을 받으려는 자세와 모습은 이렇게 하면 됩니다.

ⓐ 앉아서 조용히 찬송을 부르면서 성령의 임재를 기다립니다.

ⓑ 앉아서 조용히 묵상기도하면서 성령의 임재를 기다립니다.

ⓒ 무릎을 꿇고 부르짖고 기도하면서 성령의 임재를 기다립니다.

ⓓ 일어서서 임재를 기다리는 묵상기도의 자세로 성령의 임재를 기다립니다.

ⓔ 일어서서 찬송하거나 부르짖으면서 성령의 임재를 기다립니다.

ⓕ 격렬하게 춤을 추거나 부르짖으면서 성령의 임재를 기다립니다.

앞의 순서는 보다 강력한 성령의 역사가 일어나기 쉬운 순차로 기록한 것입니다. 참고하기를 바랍니다. 찬양을 앉아서 하거나 일어서서 하거나 다 같은 현상들이 나타나지만, 일어서서 하면 더 강력한 역사가 일어납니다. 일어서서 하는 이러한 방법은 생소하고 강력한 역사가 일어나기 때문에 거부반응이 있을 수 있습니다.

더구나 격렬하게 손을 흔들면서 춤을 추거나 부르짖으면 광신자로 취급하기 십상입니다. 주의를 요합니다.

③ 그 다음으로는 성령님이 역사하시기를 간구하거나 명령합니다. 성령께서 능력과 권세로 역사해 주시기를 간절한 마음으로 조용히 기도하거나, 예수님의 이름으로 확신과 권위에 찬 명령을 할 때, 혹은 예수님의 이름으로 죄 사함을 선언할 때, 성령께서 역사하시는 여러 가지 현상들을 보게 될 것입니다.

저는 보편적으로 말씀을 마치면 찬양을 한 곡 이상 부릅니다. 성령의 인도에 따라 앉거나 서거나 하게 하여 찬양으로 성령의 깊은 임재를 이끌어 냅니다. 서서 하는 것이 더 성령의 역사가 강하게 일어납니다. 자신만의 노하우를 개발하는 것이 좋습니다.

"임재하신 성령님이여 역사하여 주옵소서."

"예수님의 이름으로 마음의 문이 열릴지어다."

"심령에서 성령의 역사가 일어날 지어다."

"심령에 불이 임할지어다." "심령에 능력이 임할 지어다."

"성령의 역사가 체험적으로 느껴질 지어다."

"지금 이곳에는 성령의 강한 역사가 있으므로 숨만 쉬어도 성령을 받습니다."

"여러분 숨을 깊게 들이쉬고 내쉬며 성령을 받으세요."하며 선포하기도 합니다. (요20:22)"이 말씀을 하시고 그들을 향하사 숨을 내쉬며 이르시되 성령을 받으라."

상대방이 뒤로 넘어지거나 성령께서 임하시어 역사하시는 여러 가지 현상과 모습에서 성령께서 역사하시는 것을 느끼거나 알 수 있게 됩니다.

④ 다음으로 성령이 깊고 강하게 사로잡아 주실 것을 간구 합니다. 성령이 깊고 강하게 모든 사람들을 사로잡으면 여러 가지 역사가 일어납니다.

넘어지는 자는 그대로 방치하지 말고, 누운 데로 이마나 가슴에 또는 머리에 안수하면 회개가 일어나는 자나 방언이 터지는 자가 생기기도 합니다. 성령의 불세례를 체험하게 됩니다. 그리고 신령한 은사를 받게 되거나, 치유의 역사가 일어나기도 합니다. 혹은 잠복되어 있던 악령이 표면 의식에 떠오르거나 발작하기도 합니다.

이때에는 안수하거나 명령하여 귀신의 정체를 들추어내고 축사합니다. 혹은 입신(성령의 깊은 임재)으로 들어가는 경우도 많이 있습니다. 그렇기 때문에 이럴 때는 여러 가지 특별한 사역을 통하여 질병의 정확한 진단이나 불치의 병을 치유하거나 문제를 해결하는 사역을 할 수가 있습니다.

반응이 없는 사람도 있는데, 이러한 사람은 마음을 열지 않았기에 굳어진 마음으로 심령상태가 성령님이 역사할 수 있는 영적인 상태가 이루어지지 않는 초심자일 경우입니다. 이것을 영적인 차원에서 설명하면 능력 받거나 치유가 일어날 수 없는 여러 가지 문제나 이유가 하나님과의 관계에서 남아 있기 때문에 하나님의 응답의 때가 덜 된 사람입니다.

또는 치유사역자의 편에서도 성령의 역사나 능력의 흐름이 약하거나 나오지 않는 경우도 있을 수 있습니다. 이렇게 반응이 없는 사람은 다음 항목을 참조하여 문제 해결을 시도합니다. 예를 든다면 특별한 방법으로 숨을 들이쉬고, 내쉬고 합니다. 또 주여! 주여! 하게 합니다. 사역자가 명령하여 영을 뜨게 하거나, 깨어나게 하거나, 정신없게 하는 등등이 있습니다. 이러한 사역들이 개별적인 사역과 단체적인 사역 간에 차이가 있습니다. 그러나 거의가 짧은 순간에 이루어지는 현상이나 사역들입니다. 때로는 동시에 혹은 좀 더 많은 시간을 필요로 하면서 이루어지는 경우도 있습니다.

나타나는 현상이 조용하게 이루어지는 경우나, 혹은 요란하게 법석을 떨거나, 발작하거나, 흐느껴 울거나, 울부짖는 경우나, 또는 웃거나, 헐떡거리거나, 여러 가지 현상이 나타납니다. 이러한 현상은 하나님의 능력 아래에서 일어나는 현상이지만, 성령의 역사로 말미암아 회개의 역사가 일어나는 경우도 있고, 여러 가지 은사가 임하는 경우도 있지만, 억압된 잠재의식이 발로되거나 폭발하는 경우도 있으며 때로는 악령의 발작 현상도 있습니다.

몸부림을 치거나 울부짖거나 헐떡거리는 경우는 잠복된 귀신이 외부적으로 드러나는 현상으로 이때에 사단이나 악령이 축사되어지는 현상 중에 하나일 경우입니다. 이러한 현상을 성령충만한 현상이라고 오해하는 사역자와 성도가 많습니다. 이는 상처가 노출되면서 일어나는 현상이므로 축귀해야 합니다.

3.성령이 역사할 때의 육체적 반응.

영적 무지는 이 성령 사역을 이해하지 못하고, 내 심령 속에 성령의 기름부음이나 다른 사람들의 심령 속에 역사 하시는 성령의 사역을 이해하지 못함으로 영안이 열리지 않는 것입니다.

자신에게서 성령이 나타나 영적인 사람이 되려면 기도로 영성을 개발하고 영안을 열어서 자신의 영적인 상태를 보아야 합니다. 자신이 성령의 인도하심을 따르지 못하고, 육신적인 사람으로 지내거나, 더욱이 하나님께 열심은 있으나, 지식을 쫓아 사는 것은 아닌지, 또 자기의 의를 들어내고, 하나님의 의를 힘써 대적하는 어리석은 자가 아닌지 스스로 분별해야 합니다.

성령 사역을 성경에서 상징적으로 여러 가지로 표현하고 있습니다. 이러한 성령의 사역을 이해하기 위하여 관념적인 생각이나 선입관에서 판단 할 것이 아닙니다. 좀 더 실제적이고 현실적인 성령의 사역을 체험한 사람의 판단이라야 할 것입니다. 이단 시비는 성령 사역을 분명하게 상징적인 것과 현실적인 것을 분별하지 못하는 현실 때문에 무조건 조금만 이상하고 인간의 이성과 상식에서 벗어나면 이단이라 하게 되는 것입니다.

악령들의 사역이 우리들의 이성으로 이해되지 않기 때문에 초능력이라는 신비의 사역인 것처럼 보이는 것입니다. 성령의 신비한 사역도 우리들의 이성으로 이해되어지지 않는 부분들이 있을 수가 있기 때문입니다. 이럴 때는 절대 상관하지 말고 하나님에게 집중하여 사명을 감당하면 됩니다.

성령의 불세례가 임하면 다음과 같은 현상을 체험하게 됩니다. 눈까풀이 떨리거나 눈동자가 움직입니다. 호흡이 깊어지거나 빨라집니다. 손가락이 움직이거나 손을 떨거나 양손이 위로 올라갑니다. 몸이 심하게 떨리는 현상을 체험하기도 합니다. 몸이 껑충 껑충 뛰는 현상을 체험하기도 합니다. 몸의 균형을 잃고 뒤로 넘어지는 현상을 체험하기도 합니다. 상체가 반복적으로 앞으로 꺾이는 현상을 체험하기도 합니다. 몸이 사시나무 떨 듯이 떠는 현상을 체험하기도 합니다. 큰소리로 웃거나 우는 현상을 체험하기도 합니다. 넘어진 상태로 가만히 있는 현상을 체험하기도 합니다. 넘어진 상태에서 물결이 일 듯 심하게 진동하는 현상을 체험하기도 합니다. 넘어진 상태에서 몸이 심한 경련을 일으키는 현상을 체험하기도 합니다. 악을 쓰듯이 큰 소리를 지르는 현상을 체험하기도 합니다. 이외에도 이해하기 힘든 여러 현상이 일어나기도 합니다. 반드시 바른 분별이 필요합니다.

그러나 전혀 아무런 느낌과 현상이 없는 때도 있습니다. 마음이 평안하기만 합니다. 비둘기 같은 성령이 임한 순간입니다. 어떤 느낌과 체험 현상만이 중요한 것이 아닙니다. 고요할 때 역사하시는 하나님을 전적으로 의지하는 믿음이 더욱 중요합니다.

4. 교회의 모든 예배를 성령 충만하게 인도하라.

우리 교회는 모든 예배를 성령이 역사하는 집회로 인도합니다. 왜냐하면 성도들이 주일날 하루만 교회에 나오는 성도들이 있기 때문입니다. 그래서 주일 낮 예배도 동일하게 성령 집회 식으로 인도를 합니다. 왜냐하면 성도들에게 성령의 충만을 항상 유지하게 하기 위해서 입니다. 그리고 성령이 역사하는 체질을 만들기 위해서입니다. 우리 교회 주일 예배 순서를 요약설명하면 이렇습니다. 먼저 찬양을 20분간 합니다. 그리고 통성기도를 합니다. 통성기도를 한 후에 제가 성령의 임재를 구하는 기도를 합니다. 그리고 사도신경하면서 예배를 시작합니다. 교독문을 낭독합니다. 찬양 단이 나와서 찬양을 합니다. 그리고 대표기도를 합니다. 대표기도를 한 후에 바로 헌금시간을 갖습니다. 헌금시간을 앞에 둔 것은 성령이 충만한 예배를 인도하기 위해서입니다. 말씀을 전하고 바로 기도시간에 들어가기 위해서 헌금시간을 앞으로 돌렸습니다. 헌금기도를 하고 광고를 간단하게 합니다. 그리고 본문 말씀을 읽습니다. 그리고 서로 인사를 합니다. 인사하고 말씀을 전합니다. 말씀은 30-40분 정도 전합니다. 말씀을 전하고 모두 일어서서 성령의 임재가 있는 찬양을 부릅니다. 대략 한곡을 두 번 연속해서 부르는 것이 보통입니다. 그러면 여기저기서 성령의 임재 현상이 일어나기 시작을 합니다. 몸을 앞뒤로 흔드는 성도도 있습니다. 기침이나 하품을 하는 성도도 있습니다. 우는 성도도 있습니다.

저는 계속하여 성령의 임재를 요청하는 기도를 합니다. 기도내용은 앞에 11장 찬양을 통한 성령의 불세례를 참고하세요.

그리고 안수를 받기 위하여 앞에 나와 있는 성도들을 안수합니다. 사모하고 나와 있기 때문에 대부분 성령의 은혜를 체험합니다. 이렇게 약 35-40분간 기도를 합니다.

그리고 성도들의 기도를 정리하고 제가 선포기도를 합니다.

상처와 질병의 치유. 가정의 문제의 치유. 물질 문제의 치유를 선포합니다. 그리고 축도하고 예배를 마칩니다.

우리교회 성도들은 아주 강퍅한 사람을 제외하고 주일날 하루만 나오더라도 모두 성령의 불세례를 체험합니다. 성도들이 성령의 불세례를 체험하면 발에 발동기를 달아준 것과 같은 효과가 납니다. 이렇게 주일날 신령한 하늘의 능력을 받아 한 주동안 세상에 나가 마귀와 대적하며 승리하는 삶을 사는 것입니다. 정말 주일이 중요합니다. 모두 중요한 주일을 잘 활용하시기를 바랍니다. 평일 날 교회에 나와서 은혜는 받고 싶으나 먹고 살아가기 위해서 여건이 되지 못하는 분들이 많습니다. 성도는 하늘의 양식을 먹고 능력을 받아야 합니다. 하늘의 양식을 먹는 시간이 예배시간입니다. 예배를 성령이 역사하는 예배를 드려야 합니다. 그래야 성령으로 말씀을 깨달을 수가 있습니다.

영-혼-육으로 말씀이 들려야 심령이 영적으로 변합니다. 정말로 주일은 중요합니다. 우리 성도들이 주일날 이와같이 성령의 충만함을 체험하면서 심령의 상처와 세상 것들을 몰아내야 깊은 영성을 유지할 수가 있습니다. 예배를 거룩하게 드려야 한다고 하는분들이 있습니다. 거룩하게 드리는 것이 영과 진리로 드리는 것입니다. 우리는 항상 말씀을 영적으로 해석을 해야 합니다. 영과 진리로 드리려면 성령을 체험하여 임재 가운데로 들어갈 줄을 알아야 합니다.

3부 불같은 성령의 역사하심

18장 성령님이 오순절 날에 임하신 비밀

(행2:1-4)"오순절 날이 이미 이르매 그들이 다같이 한 곳에 모였더니 홀연히 하늘로부터 급하고 강한 바람 같은 소리가 있어 그들이 앉은 온 집에 가득하며 마치 불의 혀처럼 갈라지는 것들이 그들에게 보여 각 사람 위에 하나씩 임하여 있더니 그들이 다 성령의 충만함을 받고 성령이 말하게 하심을 따라 다른 언어들로 말하기를 시작하니라"

구약시대 이스라엘 백성이 광야를 지나 요단강을 건너서 젖과 꿀이 흐르는 가나안 땅에 들어가서 농사를 지었을 때 그들이 첫 보리수확을 해서 그 보릿단을 들고 하나님의 성전에 들어가서 흔들어서 요제로 제사를 드린 그 날로부터 시작해서 계산하여 50일 후에 대 추수가 다가옵니다. 바로 그 대 추수의 날을 오순절 날이라고 하는데 그 날에는 밀을 전부 베어들이고 혹은 무화과나무 감람나무를 거두어들일 때인 것입니다. 이러므로 오순절 날은 추수기, 대 수확을 기념하는 날을 오순절 날이라고 했습니다.

성령이 오순절 날에 임하신 것은 하나님의 아들 예수께서 오셔서 우리를 위하여 십자가에서 몸 찢고 피를 흘려 죽으심으로 인류의 죄를 다 속하시고 죽은 지 사흘만에 부활하셨을 때 인간이 부활한 첫 열매가 된 것입니다.

예수님은 첫 열매로서 하나님의 성전에 들어가서 하나님께 제물이 되신 것입니다. 예수님이 부활을 한 그 날로부터 계산해서 50일 만에 주의 제자 120명이 마가 다락방에 모여서 열심으로 기도할 때 갑자기 하늘로부터 강한 바람 같은 소리가 나고 불의 혀 같이 갈라지는 것이 각 사람의 머리 위에 하나씩 임했습니다. 그들이 성령의 충만함을 받고 성령의 말하게 하심을 따라 다른 방언으로 말하기 시작했습니다.

그 날로부터 시작해서 복음은 예루살렘에서 온 유대로 사마리아로 땅 끝까지 이르러 거대한 추수로 나타나기 시작한 것입니다. 예수님께서 첫 열매가 된 이후 50일 만에 거대한 영혼의 추수기가 다가와서 그 때부터 시작해서 오늘날 2000년 세월이 지나는 동안에 온 세계 방방곡곡에 성령의 역사로써 영혼을 추수하여 천국나라를 예비하는 역사가 지금도 계속하고 있는 것입니다.

그러므로 이 시점에서 오늘 우리는 성령이 처음 마가 요한의 다락방에 강림한 그 모습을 바라보고 우리와 함께 계신 성령님께 대한 이해를 더 깊이 하고자 하는 것입니다.

1. 급하고 강한 바람 같이 임하신 성령님

바람이란 강한 공기의 이동으로 묵은 것은 불어내고 새로움을 가져오는 것입니다. 멕시코시가 온 세계에서 가장 공기가 나쁩니다. 그곳은 화산의 분지인데 분지 안에 도시를 건설했기 때문에 거기에 모든 도시 가스나 배기가스 모든 나쁜 공기가 분지에 꽉 들어차서 나가지를 않습니다. 한번씩 거대한 바람이 불어와야 그 공기를 맑혀 주는 것입니다.

그러므로 세계에서 가장 공기가 나쁜 곳이 멕시코시입니다. 우리 서울도 요사이 보면 굉장히 스모그 현상이 일어나고 있습니다. 산 위에 올라가 보면 뿌옇게 되어서 도시가 안개 낀 것 같습니다. 이것은 바람이 불어와야 이 모든 배기가스들을 다 밀어내고 신선한 공기로 채워주는 것입니다. 바람은 이와 같이 새로움을 가져오는 것입니다.

성경에 보니 하늘로부터 급하고 강한 바람이 왔다고 했으니 오늘날 우리에게 다가오는 이 새로움은 이 세상 운동이 아닙니다. 이 세상의 인간이 가져오는 사회적 개혁이나 신학적인 운동이 아니라 하나님 아버지와 예수께로부터 오는 거대한 변혁의 운동인 것입니다. 예수 그리스도가 십자가에 못 박혀 몸 찢고 피를 흘리심으로 값을 주고 사 놓으신 용서와 사랑과 치료와 축복과 영생의 바람이 성령을 통해서 우리에게 강하게 불어오는 것입니다.

성령은 우리 속에 있는 썩어져 가는 구습을 좇는 세속을 불어내고 천국의 기운으로 채우셔서 우리에게 참으로 새로움을 가져오는 것입니다. 회개하라 천국이 가까이 왔다고 했는데 그 천국을 성령 바람이 불어와서 우리 가운데 거대한 변화로써 새롭게 만들어 주는 것입니다.

성경은 말하기를 그 바람이 저희 앉은 온 집에 가득했다고 말했는데 성령은 충만하게 하는 역사를 베푸시는 것입니다. 성령은 우리 영을 가득 채우고, 우리 마음을 채우고, 우리 육체를 채우고, 우리 가정과 사회와 국가와 세계를 채웁니다. 그 가운데 죄를 몰아내고, 의를 가져오고, 미움을 몰아내고 사랑과 화해를 가져옵니다. 질병을 몰아내고 건강과 생명을 가져오고 저주와 가난을 몰아냅니다. 축복과 성공을 가져오며, 사망을 밀어내고 영원한 생명을 가져오는 거대한 생명의 운동을 성령께서 우리에게 가져오는 것입니다.

그러나 성경은 말씀하기를 "세상은 능히 저를 받지 못하나니 이는 저를 보지도 못하고 알지도 못하느니라 그러나 너희는 저를 아나니 저는 너희와 함께 거하시며 너희 속에 계심이라"고 말했습니다. 세상은 성령운동을 받아들이지 않습니다. 세상은 마귀에게 속했습니다. 마귀는 죄로써 세상을 잡고 있습니다. 미움과 원수 됨으로 잡고 있습니다. 세상을 병들게 하고 세상을 저주로 채워놓고 세상을 죽음으로 채워놓고 세상을 파멸하려고 합니다. 도적이 오는 것은 도적질하고 죽이고 멸망시키는 것뿐입니다.

이러한 세상에 하나님의 성령이 불어온 것입니다. 그리스도의 복음을 가지고 불어오는 것입니다. 그리고 이 세상을 변화시키는 것입니다. 이 세상을 뒤엎어 놓습니다. 성령의 바람이 불어오지 아니하고는 그리스도의 십자가의 위대한 복음이 이 세상에 큰 변혁의 힘이 되지를 못하는 것입니다.

그러므로 오늘날 우리가 참으로 필요한 것은 강한 바람 같고 불같은 성령의 역사인 것입니다. 우리 마음속에 변혁의 강한 바람이 불어와야 됩니다. 우리의 가정에 우리 사회에 우리 국가에 우리 세계에 거대한 변화의 바람이 불어와야 됩니다. 이 바람은 세속의 바람이 아닙니다. 하늘나라에서 불어오는 바람인 것입니다. 이 바람은 죽이는 바람이 아닙니다. 이 바람은 살리는 바람인 것입니다. 우리 영혼이 잘됨 같이 범사에 잘 되며 강건하고 생명을 얻되 넘치게 얻도록 변화시키는 바람이 하늘에서 불어오는 것입니다.

이 바람이 바로 2000년 전에 불어왔고 이 바람은 지금 우리와 함께 거하시고 우리 속에 들어와서 거하시는 것입니다. 이 성령을 우리가 인정하고 환영하고 모셔 들이고 의지해서 이 성령의 거대한 운동으로 우리 가운데서 나타나면 우리 가운데 있는 모든 세상은 물러가는 것입니다. 모든 마귀는 물러가 버리는 것입니다. 죄악은 물러갑니다. 모든 미움과 원한은 물러갑니다. 성령바람이 움직이면 우리 속에 있는 모든 병이 다 사라져버리고 마는 것입니다. 저주가 사라지고 가난이 사라지고 죽음이 사라져 버리는 것입니다. 하늘나라가 임하는 것입니다. 천국의 역사가 일어나게 되는 것입니다. 새롭게 되는 것입니다.

새로운 운동력이 우리 가운데 나타나게 되는 것입니다. "이는 힘으로도 되지 아니하고 능으로도 되지 아니하고 나의 힘으로 되느니라"라고 성경은 말씀하고 있는 것입니다. 옛 세계를 변화시킨 것은 오순절 다락방 성령의 역사였습니다. 성령이 임하자 어부요 세리요 사회의 하위계층이었던 그들이 성령바람에 잡히자 온 예루살렘을 복음으로 유대와 사마리아를 복음으로 변화시켜 놓고 그 복음이 땅 끝까지 몰아쳐 가서 온 세계를 변화시켰습니다.

성령의 바람이 불어 가는 곳마다 구습은 사라졌습니다. 마귀의 파괴는 사라졌습니다. 생명운동이 일어났고 문화가 일어나고 문명이 발전되고 질서가 생겨나고 도덕이 살아나고 하나님의 역사가 부활했습니다. 성령의 바람이 불어 가는 곳마다 나라는 부흥하고 문명국이 되어 버리고 만 것입니다. 이와 같이 성령의 역사는 놀라운 은혜로 우리를 변화시키는 것입니다.

우리 한국 땅에 지금 필요한 것은 이와 같은 하늘에서 불어오는 불과 같은 성령바람으로 다가오는 변화가 이 땅 이 민족에게 필요한 것입니다. 어떠한 세상의 주의나 사상이 우리를 변화시킬 수가 없습니다. 지금은 그리스도 안에서 성령바람이 불어와서 회개운동이 일어나고 우리가 죄악을 떠나고 미움과 원한을 저버리고 치료를 가져오고 축복과 생명을 가져오는 운동이 이 나라와 이 민족에게 절실히 필요한 때가 온 것입니다.

2. 불의 혀같이 임하신 성령님

이 성령은 불의 혀같이 갈라짐으로 임하였다고 말한 것입니다. 성령을 불로 상징한 것은 불은 어두움을 밝히기 때문입니다. 이 세상에 사는 사람들은 본다고 하나 장님입니다. 밝다고 하나 어둡습니다. 왜냐하면 어디서 와서 왜 살며 어디로 가는지를 모릅니다. 칠흑같이 어두운 세상에 무엇을 먹을까 무엇을 입을까 무엇을 마실까만 생각하고 부귀영화 공명만 찾는데 정신을 기울이다가 모두 다 캄캄한 지옥으로 떨어져 가는 것입니다.

이 세상이 얼마나 어두운지 말로 다 할 수 없습니다. 그러나 이 어두움에 성령바람이 불어오면 우리 마음속에 그리스도의 밝은 빛을 비춥니다. 천국 가는 빛을 비추어 줍니다. 어디서 와서 왜 살며 어디로 가는지를 알게 하여 주는 것입니다. 삶의 의미와 가치를 보여주는 것입니다.

성령이 불로 표현된 것은 불은 따뜻하게 만듭니다. 이 세상이 얼마나 매몰차고 몰인정하고 쌀쌀합니까? 그러나 성령바람이 불어오면 성령은 우리 마음속에 불같이 임하여서 우리를 따뜻하게 만듭니다. 우리를 녹아지게 만듭니다. 우리를 훈훈하게 만듭니다. 인정 있게 만듭니다. 사랑이 있게 만듭니다. 성령운동이 일어나야 오늘날 이와 같이 몰인정한 사회가 변화될 수 있습니다. 교육으로 사람의 심성이 변화되지 않습니다.

오늘날 성령운동이 일어나서 회개하고 깨어지고 성령이 충만해 지면 성령은 불같이 와서 우리를 녹여버리고 마는 것입니다. 흉악한 마음들을 녹이고 몰인정한 마음을 녹이는 것입니다. 얼음장 같은 마음을 녹이는 것입니다. 사랑으로 채우고 인정으로 채우고 훈훈하게 만드는 역사를 베풀기 때문에 성령은 불로 상징된 것입니다.

불은 또한 동력입니다. 모든 움직이는 기계와 동력은 불의 힘으로 움직이는 것입니다. 성령의 불이 임하면 비로소 우리 마음속에 천국 동력이 생겨납니다. 믿음의 힘이 생기고 찬송의 힘이 생기고 전도의 힘이 생기고 신앙생활에 힘이 생깁니다. 오늘날 많은 사람들이 형식적으로 예수를 믿고 왔다 갔다 하면서 마음속에 그리스도를 사랑하는 힘이 생기지 않습니다.

교회 안 나갈 수 없어 할 수 없이 나가기는 나갑니다. 그러나 신앙이 내 마음의 중심에 어필되지 않습니다. 내 영혼을 부여잡는 힘이 없습니다. 신앙에 동력이 생기지 않습니다. 왜냐 성령의 불을 받지 않았기 때문에 성령의 불이 타지 아니하므로 매사에 형식과 의식만 남아있고 생명력이 없습니다. 그러나 성령이 오시면 성령의 동력이 일단 붙어버리면 우리의 영혼 속에 힘이 생겨나는 것입니다. 믿음 소망 사랑이 힘이 되고 기쁨이 힘이 되는 것입니다. 능력이 생겨나고 신앙생활이 정말 즐겁고 힘 있게 되어버리고 마는 것입니다.

그 뿐만 아니라 불은 변화와 창조의 원천입니다. 불로서 태우고 불로서 녹여서 새롭게 만드는 것처럼 성령의 불이 임하면 우리의 생각이 달라지고 우리의 인격이 달라집니다. 생활패턴이 달라지는 것입니다. 이와 같이 우리에게 변화가 다가오고 새로운 창조를 가져오는 위대한 힘은 바로 성령의 불이 임하면 그렇게 변화의 역사가 생겨나는 것입니다.

그뿐 아니라, 이 성령은 혀같이 우리 위에 나타났다는 것입니다. 혀가 얼마나 힘이 강한지 아십니까? 성경은 말하기를 혀는 우리 지체 중에 지극히 작은 것이로되 온 몸을 다스린다고 말한 것입니다. 사람이 입으로 말한 것이 그 인격을 형성하고 마는 것입니다. 그러므로 성령께서 오시면 제일 먼저 우리의 언어생활을 바꿔놓는 것입니다. 하나님의 성령은 오셔서 불같은 능력으로 우리 혀를 잡아서 진리를 말하게 하고 사랑과 온유를 말하게 합니다.

하나님을 의지하고 긍정적이고 힘 있는 말을 하게하고 예수님의 의와 화해와 치료와 축복과 영생과 구원을 전달하게 하는 것입니다. 그래서 성령은 우리의 말을 변화시키는 것입니다. 그 사람이 성령 받은 사람이냐 아니냐는 말을 들어보면 압니다. 불의 혀같이 성령이 우리의 혀를 잡아서 하늘나라의 일을 말하게 하고, 하늘나라의 정의를 말하게 하고, 하늘나라의 생명력을 우리 입술을 통해서 말하게 합니다. 그 하는 말을 들어보면 그 사람이 성령이 같이 계신지 그렇지 아니한지를 알 수가 있는 것입니다.

그런데 그 불의 혀같이 갈라지는 것이 각 사람 위에 하나씩 임하였다고 그랬습니다. 성령은 각 사람 밑에 임하였다고 말하지 않았습니다. 위에서 임하였다는 것은 우리를 성령은 다스리기 위해서 오신 것입니다. 하나님의 성령을 우리는 사용할 수 없습니다. 성령이 우리를 사용합니다. 우리가 성령을 다스리는 것이 아니라, 성령은 위에서 내려와서 우리를 다스리며, 성령은 위에 계시므로 우리를 가르치시며 성령은 위에 계시므로 우리를 인도하시는 것입니다.

하나님의 성령은 그러므로 오늘날도 우리와 함께 계시나 우리 위에 우리 보다 높은 데 계셔서 우리를 다스리시고 우리를 가르치시고 우리를 인도하시고 우리를 도와주십니다.

'보혜사'라는 말은 하나님께로부터 보내심을 받아서 항상 우리 곁에 계시고 우리와 함께 거하시면서 우리를 도와주려고 기다리는 분이라는 것입니다. 예수 믿지 않는 사람들은 이 성령의 도우심을 받지 못합니다.

그러나 주를 믿는 사람은 인간을 초월해서 인간의 한계점을 넘어 우리에게 지혜를 주시고 총명을 주시고 카운슬링을 주시고 능력을 주시며 하나님에 대한 지식을 주시고 참 예배를 가르치는 성령의 도우심을 받을 수가 있는 것입니다.

우리 사람들은 모두 다 한계점에 부딪칩니다. 한계를 뛰어넘지 못해요 그러나 성령은 우리의 한계를 뛰어넘어서 우리로 더 위대한 하나님 세계 속에 속한 삶을 살게 만들어 주는 것입니다.

이러므로"세상은 저를 능히 보지도 못하고 알지도 못합니다. 그러나 성령은 너와 함께 거하시며 너희 속에 계심이라"고 말했습니다. 저를 따라 말씀하십시오. "바람이 우리 곁에 있고 우리 속에 들어와 있습니다. 성령께서 바람처럼 우리 곁에 계시고 우리 속에 와서 계십니다." 성령은 바람과 같습니다. 그러므로 헬라원어에는 바람이라는 말과 성령이라는 말이 똑같은 말입니다. '퓨뉴마토스'라고말합니다. 이러므로 하나님의 성령께서는 우리와 함께 계셔서 우리에게 하나님의 능력으로 우리를 도와주기를 원하시는 것입니다.

이렇기 때문에 우리의 삶 속에 항상 성령님을 인격적으로 인정하고 환영하고 모셔 들이고 의지하고 성령의 도우심을 구하게 되시기를 주님의 이름으로 축원합니다. 우리가 사업을 할 때도 성령님이여 도와주시옵소서. 우리가 이 세상에서 살아갈 동안에 성령이여 나를 이끌어 주옵소서. 하나님의 성령이 위대한 돕는 자로서 우리와 함께 와서 계시는 것입니다.

성령은 지식이 있고 감정이 있고 의지가 있는 인격자인 것입니다. 인격자는 무시해 버리면 소멸되고 마는 것입니다. 이처럼 성령님을 무시하면 성령이 소멸돼 버리고 마는 것입니다. 성령을 매일같이 매시간 마다 인정하고 환영하고 모셔 들이고 의지하고 예배하고 감사드리십시오. 아버지는 보좌에 앉아 계시고, 예수님은 보좌 우편에 앉아 계시고, 성령은 우리를 도와주시기 위해서 이 땅에 와서 계신 것입니다.

이러므로 성령은 우리를 도와주셔서 영혼이 잘 되게 하기를 원하시고, 당신의 범사를 형통케 하기를 원하시고, 강건하게 만들기를 원하시는 것입니다. 성령은 도우셔서 우리를 승리자로 만들기를 원하시고 계시는 것입니다. 이러므로 성령이 우리 위에 계셔서 우리를 다스리시고 가르치시고 인도하시고 도와주시는 성령이신 것입니다. 이러므로 오늘 성령께서는 불의 혀같이 갈라지면서 임하여서 역사하고 계신 것입니다.

3. 성령의 체험

우리는 예수를 믿고 중생해서 성령을 체험하고 있는 것입니다. 한번은 예수님이 계신 곳에 유대인의 선생인 니고데모라는 사람이 찾아 오셨습니다. 그는 밤에 사람들의 눈을 피해서 몰래 몰래 예수님께 찾아 왔습니다. 그날은 달이 밝고 그리고 바람이 많이 부는 날로써 예수님이 계신 집주위의 나무가 바람에 흔들리고 있었습니다. 그런데 니고데모가 예수님께 찾아와서 말했습니다. "선생님이여, 내가 볼 때는 선생님은 하나님께로부터 온 분이십니다. 그렇지 않고야 이런 위대한 기적을 행하실수가 있겠습니까?"

그러니까 예수님께서 니고데모에게 말씀하기를 "내가 진실로 진실로 네게 이르노니 사람이 거듭나지 아니하면 하나님 나라를 볼 수 없느니라" 단도직입적으로 거듭나라고 말했습니다. 벌써 그때는 니고데모는 나이가 많고 백발이 성성한 사람이었습니다. 깜짝 놀랐습니다. 그래서 그는 말했습니다. "사람이 늙으면 어떻게 날수 있삽나이까? 두 번째 모태에 들어갔다가 날수 있삽나이까?" 도저히 니고데모는 이해가 되지 않습니다.

그때 예수님이 말씀하기를 "예수께서 진실로 진실로 네게 이르노니 사람이 물과 성령으로 나지 아니하면 하나님 나라에 들어갈 수 없느니라 육으로 난 것은 육이요 성령으로 난 것은 영이니 내가 네게 거듭나야 하겠다 하는 말을 기이히 여기지 말라" 다시 말씀하시기를 "육으로 난 것은 끝까지 육이다. 구정모혈로 태어난 인간은 아담과 하와의 자손으로 영이 죽은 육인데 육으로 난 사람은 아무리 공부를 많이 해도 공부 많이 한 육이요, 종교를 가지면 종교를 가진 육이요" 수양과 도덕을 많이 닦았으면 수양과 도덕을 많이 닦은 육이요. 육은 육이지 육이 영으로 변화되지 않는다는 것입니다. 그러나 물과 성령으로 거듭나면 영으로 변화된다는 것입니다.

그러면 어떻게 성령으로 거듭날 수 있다는 말입니까? 물이라는 것은 회개를 의미하는 것입니다. 물로 씻어 깨끗함을 받지 않습니까? 성령이 오셔서 우리를 씻었으면 우리가 죄를 회개하고 통회하고 자복하면 성령이 우리 마음속에 예수 그리스도를 계시하여 주신다는 것입니다. 우리가 예수 믿게 된 것은 우리가 지혜가 많아 믿은 것도 아니고 우리가 학식이 많아 믿은 것도 아닙니다. 우리의 마음속에 하나님의 성령이 불가항력적으로 예수가 구주인 것을 깨닫게 해주셨기 때문에 믿게 된 것입니다.

우리가 알아서 믿은 것이 아닙니다. 성령이 마음속에 예수가 그리스도인 것을 계시해 주셨기 때문에 우리는 불가항력적으로 성령께 끌려서 예수를 믿게 된 것입니다. 그러므로 성령의 비취심을 받아 회개하고 예수가 그리스도인 것을 우리가 알고 믿고 받아들이게 되면 거듭나게 되는 것입니다. 왜냐하면 성령의 계시로 예수님을 주와 그리스도로 깨닫고 모시게 되면 그리스도의 영인 영생의 영, 성령이 우리 속에 와서 거하시는 것입니다.

그래서 우리는 육의 사람이 변하여서 신령한 사람이 되는 것입니다. 그러므로 세상 사람들은 다 육으로 태어나서 육으로 사는 사람이요, 우리는 예수를 구주로 모시고 성령으로 말미암아 변화 받아서 영생을 얻은 신령한 사람들로 되어 버리고 말은 것입니다. 똑같은 사람이지만은 생명의 질이 다릅니다. 세상 사람은 영이 죽었고 우리들은 예수로 말미암아 영이 살아났습니다. 세상 사람은 '푸스케' 혼의 생명만 가지고 있고 우리는 '조오에' 영의 영생을 가지고 있는 것입니다. 생명의 질이 다릅니다. 육에 속한 사람은 육으로 살다가 육이 죽으면 영원한 지옥으로 버림을 당하고 영으로 태어난 사람은 신령하게 살다가 육이 무너지면 영원한 영광의 집, 영의 아버지 되시는 하나님이 계신 곳으로 우리가 들어가게 되는 것입니다.

그렇기 때문에 고린도전서 3장 16절에 "너희가 하나님의 성전인 것과 하나님의 성령이 너희 안에 거하시는 것을 알지 못하느뇨"성령이 우리 안에 와서 거하시는 것이 우리가 거듭나서 신령한 사람들이 된 것입니다. 우리는 모두 다 세상으로 태어나지 않고 예수를 믿어서 하나님께로 태어났습니다.

요한복음 1장 12절로 13절에 "영접하는 자 곧 그 이름을 믿는 자들에게는 하나님의 자녀가 되는 권세를 주셨으니 이는 혈통으로나 육정으로나 사람의 뜻으로 나지 아니하고 오직 하나님께로서 난 자들이니라"

저는 강씨 가문에 태어났는데 강씨 혈통으로 제가 거듭난 것 아닙니다. 그리고 또 아버지, 어머니를 통해서 내가 거듭난 것 아닙니다. 내가 거듭난 것은 하나님 아버지를 통해서 예수 믿음으로 성령이 나를 다시 태어나게 만들어 주신 것입니다. 그렇기 때문에 하나님을 향하여 아바 아버지라고 부릅니다. 육으로 태어난 사람은 하나님을 알지 못하기 때문에 하나님을 아바 아버지로 부르지 않습니다. 영으로 태어난 사람은 하나님의 자녀가 되고 하나님을 앎으로 하나님을 아바 아버지라고 부르게 된 것입니다.

그리고 우리가 성령을 모시고 거듭나서 영생을 얻었으면 그 다음 또 권능으로서 성령을 체험하게 되는 것입니다. 한 여성이 처음 결혼하면 아내가 되는 것입니다 . 그러나 아내로서 남아 있습니까? 아닙니다. 얼마 안 있으면 어린 아이를 잉태하게 되고 낳게 되면 어머니로 변화되게 되는 것입니다. 똑같은 여성이 아내가 되었다가 그 다음 어머니가 되는 것처럼 똑같은 성령인데 예수를 믿어서 구원받게 할 때는 중생의 영으로 역사하시다가 똑같은 성령을 우리가 또 성령세례를 받게 되면 권능의 영으로 체험하게 되는 것입니다.

사도행전 1장 4절로 5절에 보면 "사도와 같이 모이사 저희에게 분부하여 가라사대 예루살렘을 떠나지 말고 내게 들은바 아버지의 약속하신 것을 기다리라 요한은 물로 세례를 베풀었으나 너희는 몇 날이 못되어 성령으로 세례를 받으리라 하셨느니라"

예수님의 제자들이 예수님이 부활하신 이후에 주님이 동분서주 하면서 40일 동안 그리스도의 제자들을 불러 모았습니다. 그리고 그들을 데리고 감람산에 가서 축복하시고 승천하셨습니다. 그리스도의 승천한 것을 본 500여명의 제자들인데 그중에 약 120여명이 마가요한의 집에와서 다락방에서 한 열흘동안 열심히 기도하다가 성령의 충만한 세례를 받게 된 것입니다.

사도행전 1장 8절에 "오직 성령이 너희에게 임하시면 너희가 권능을 받고 예루살렘과 온 유대와 사마리아와 땅 끝까지 이르러 내 증인이 되리라 하시니라"

우리가 예수를 믿고 구원은 받았으나 증인이 되기 위해서는 권능을 받아야 됩니다. 그냥 내가 예수 믿어서는 입이 떨어지지 않아요. 그러나 성령세례 받으면 권능이 넘쳐나서 앉으나 서나 사람들에게 그리스도의 증인이 되는 것입니다.

예수를 믿어 구원 받는 것은 내 속에 영생하는 샘물이 들은 것과 같습니다. 샘물이 들어온 것 내 마음속에서 그냥 퍼마실 수 있지 온 도시와 나누어 마실수는 없습니다. 그러나 성령세례 받으면 너희 속에서 생수의 강이 넘쳐 나리라. 강물이 넘쳐 나오면 온 도시가 그물을 마실 수 있습니다.

우리 속에 샘물이 있으면 서울 시민과 다함께 나눌 수는 없지만 넘실넘실 흘러가는 이 한강물은 온 서울시민이 다 나누어 마실 수가 있게 되는 것입니다.

그러므로 중생한 사람은 샘물을 얻은 것과 같지만 성령세례 받은 사람은 성령이 강물같이 우리 속에서 넘쳐나게 되는 것입니다. 오순절날에 제자들은 바로 이 성령세례를 받아 갑자기 성령이 강물같이 넘쳐 나면서 권능을 허락하여 주신 것입니다. 그들은 아무도 알아주지 않는 무력한 사람들이었습니다. 그들은 어부들이요, 세리들이요, 그 사회속에서 멸시받고, 천대받고, 보잘것 없는 사람들이었는데 성령이 임하시자 권능을 받고 그들속에서 놀라운 능력이 넘쳐 나오기 시작한 것입니다.

사도행전 2장 1절로 4절에 보면 "오순절날이 이미 이르매 저희가 다 같이 한곳에 모였더니 홀연히 하늘로부터 급하고 강한 바람 같은 소리가 있어 저희 앉은 온 집에 가득하며 불의 혀 같이 갈라지는 것이 저희에게 보여 각 사람 위에 하나씩 임하여 있더니 저희가 다 성령의 충만함을 받고 성령이 말하게 하심을 따라 다른 방언으로 말하기를 시작하니라"고 말한 것입니다.

그래서 그들이 성령을 충만히 받자 그렇게 무서워서 벌벌 떨며 밖으로 못나간 그들이 문을 박차고 나와서 복음을 증거 합니다.

베드로의 설교를 듣고 하루에 3천명이 회개하고, 그 이튿날에는 미문가의 앉은뱅이를 예수 이름으로 일으키고 난 다음에 복음을 전하니 5천명이 회개하고 돌아오고, 예루살렘에 예수 그리스도의 복음이 충만하게 된 것입니다. 보잘 것없는 겁쟁이들. 그들이 성령을 받자 놀라운 권능이 생겨나게 된 것입니다. 그러면 제자들만 성령 세례 받았는가? 아니요. 주후 30년에 성령의 역사가 예루살렘에서 일어났는데 4년이 지난 후에 주후 34년경에 바로 사마리아인들이 성령을 받게 되었습니다.

빌립이 사마리아에 가서 복음을 증거 하니 많은 사람들이 그 복음을 듣고 귀신이 쫓겨 나가고 앉은뱅이와 절름발이가 나았고 기쁨이 충만했습니다. 그런데 거기에 요술쟁이 시몬이라는 사람이 큰 요술을 해서 많은 사람을 미혹하다가 빌립의 사역을 보고 너무 심취해서 따라 다니며 자기도 회개하고 세례를 받고 따라 다녔는데, 그러나 빌립의 선교를 통해서 구원받고 귀신이 쫓겨 나가고 병은 나았지만은 성령 세례 받은 사람이 없어요. 사마리아에 크게 부흥이 일어났다는 말을 듣고 예루살렘에서 베드로와 요한이 사마리아에 와서 그들에게 안수하매 그들이 성령을 받았습니다.

그러자 요술쟁이 시몬이 베드로에게 와서 "내가 돈줄 터이니까 나도 그런 권능을 주어서 안수 할 때마다 성령 받게 해주십시오." 그러다가 베드로에게 혼이 났습니다. "야 이놈아! 하나님의 선물을 돈 주고 살줄 아느냐?" 혼비백산 했습니다. 그런데 이 요술쟁이가 빌립이 다니면서 귀신 쫓아낸 것 보고도 돈 주고 그 권능 달라고 안했습니다. 수많은 앉은뱅이와 절름발이가 낫는 것을 보고도 돈 주고서 그 권능 달라고 안했습니다. 그러나 베드로와 요한이 안수하매 성령 받는 것을 보고는 돈 주고서 그 권능을 달라고 했었습니다. 성령을 받을 때 조용히 받았으면 돈주고 받으려고 할턱이 없잖아요. 굉장한 능력이 나타난 것을 보았습니다.

다시 말하면 사도행전 시절 오순절 날 성령이 임할 때 사람들이 성령의 충만함을 받고 다른 방언으로 말하는 것을 보고 놀란 것처럼, 아마 요술쟁이 시몬도 귀신 쫓겨 나가는 것 보고도 놀라지 아니하고 병 낫는 것 보고도 놀라지 않았지만 베드로와 요한이 안수하매 성령 받고 방언 말하는 것을 보고 놀래가지고 돈 주고 살려고 한 것입니다.

19장 성령께서 하시는 사역의 핵심

(요16:7)"그러나 내가 너희에게 실상을 말하노니 내가 떠나
가는 것이 너희에게 유익이라 내가 떠나가지 아니하면 보혜사
가 너희에게로 오시지 아니할 것이요 가면 내가 그를 너희에게
로 보내리니"

예수님이 부활하신 이후 40일 동안 동에 번쩍 서에 번쩍 하면
서 제자들에게 나타나셨습니다. 그리스도의 십자가에 죽으심을
보고 혼비백산하여 도망을 쳤던 제자들은 예수님이 부활하셔서
여기에서 나타나시고, 저기에서 나타나심으로 그들은 점점 마음
의 안도감을 얻고 함께 모였습니다. 그러나 그들은 어리둥절했습
니다. 왜 예수님이 죽으셔야만 했었나! 또 왜 예수님이 부활하셔
서 동에 번쩍 서에 번쩍하면서 나타나야만 했는가?

그리고 주님께서 말씀하시기를 예루살렘을 떠나지 말고 내게
들은바 아버지의 약속하신 것을 기다리라. 요한은 물로써 세례를
베풀었거니와 너희는 몇 날이 못 되어 성령으로 세례를 받으리라
는 주의 분부의 말씀도 들었습니다. 그래서 그들은 그리스도께서
승천하신 것을 본 이후로 예루살렘 시내의 마가 다락방에서 한 열
흘 동안 전심전력으로 기도를 했습니다. 하늘나라 역사는 성령의
기도를 통해야만 이루어지는 것입니다. 기도를 게을리 하면 하나
님의 역사는 일어나지 않습니다. 저들은 주님이 승천하신 것을
본 이후로 한 열흘 동안 불철주야 열심으로 주님께 간절히 매달려

서 기도를 드렸습니다.

　이런 기상천외의 놀라운 체험을 그들은 하게 되었습니다. 성령이 오심으로 말미암아 제자들에게 많은 변화가 일어났습니다.

1.성령은 예수님의 십자가 사건의 해석자로 오셨다.

　예수님의 제자들은 예수께서 십자가에 못 박혀 죽은 것을 도저히 해석할 수 없었습니다. 왜 메시야가 죽어야만 하는가? 왜 하나님의 아들이 십자가에 처참하게 몸 찢고 피 흘려 죽고 장사 지낸 바 되어야 하는가? 그 이유를 알 수가 없었습니다. 그러므로 그들은 온전히 마음속에 혼돈에 빠졌습니다. 왜 주님이 부활하셔서 동에 번쩍 서에 번쩍 나타날 바에는 죽지 않는 것이 좋을 것인데 왜 죽으셨는가 알 수가 없었습니다.

　그러나 성령께서는 십자가 사건을 마음속에 해석해 주셨습니다. 성령이 오셔서 가르친 것은 예수님의 십자가 죽으심은 우연히 일어난 것도 아니요, 예수님이 연약하여 잡혀 별 수 없이 죽은 것도 아니요, 하나님이 만세 전에 계획하신 뜻이라는 것을 그들은 깨닫게 된 것입니다.

　사도행전 2장 22절로 24절에서 베드로가 이렇게 말합니다. "이스라엘 사람들아 이 말을 들으라 너희도 아는 바와 같이 하나님께서 나사렛 예수로 큰 권능과 기사와 표적을 너희 가운데서 베푸사 너희 앞에서 그를 증언하셨느니라. 그가 하나님께서 정하신 뜻과 미리 아신 대로 내준 바 되었거늘 너희가 법 없는 자들의 손을 빌려 못 박아 죽였으나 하나님께서 그를 사망의 고통에서 풀어 살리셨으니 이는 그가 사망에 매여 있을 수 없었음이라"

여기에서 베드로가 성령을 받자마자 깨달은 것이 무엇이냐 하면 예수님은 하나님이 정하신 뜻과 미리 아신 바대로 내어준바 되었다는 것입니다. 하나님의 계획과 뜻을 따라 그리스도가 죽은 것이지 우연히 할 수 없어서 무능력하여 죽은 것이 아니라는 것입니다. 그리스도의 죽으심은 하나님의 계획이요, 우연한 것이 아니라는 사실을 제자들은 성령이 오셔서 깨닫게 된 것입니다.

그리고 예수 그리스도의 십자가의 죽음은 놀라운 대속의 은총인 것을 깨달았습니다. 무의미하게 죽은 것이 아니라 주님께서 십자가에 죽은 것은 우리를 위하여 대신 죽은 것이다. 그리스도가 십자가에 죽으심으로 우리가 죄를 용서받고, 그 많은 죄가 영원히 도말을 받고 용서와 의를 얻게 하기 위해서 죽으셨다. 예수님이 십자가에 죽은 이유는 마귀와 세상을 우리 속에서 내어쫓고 우리를 마귀와 세상에서 해방시켜 천국 백성이 되고, 성령이 충만하게 하기 위해서 주님이 십자가에 죽으셨다는 것을 깨달았습니다.

그들은 예수님의 십자가의 죽음은 우리의 그 많은 슬픔과 염려 근심 불안 초조 절망에서 해방시켜 주셨다. 우리의 마음을 슬픔에서 대속시켜 주셨다. 우리의 몸을 질병의 고통에서 놓여나게 하셨다. 기쁨과 건강과 생명을 주시기 위해서 대가를 지불하신 것을 알았습니다.

그들이 또 깨달은 것은 아담 하와 이후로 저주에 시달리며, 가시와 엉겅퀴에 찔리고 피투성이가 된 인생들을 대속하여, 아브라함의 축복과 예수 그리스도의 은혜를 받게 하기 위해서 주님이 대신 저주를 받은 것을 깨달았습니다.

그들이 깨달은 것은 예수님이 십자가에 죽으심으로 우리의 죽음을 안고, 그 죽음을 멸하시고, 사망과 음부를 철폐하시고, 우리에게 부활과 영생과 영원한 하늘나라를 주시기 위해서 주님이 그 대가를 지불하기 위해서 고난 받으신 대속의 고난이라는 것을 그리스도는 그 백성들에게 성령으로 깨닫게 해 주신 것입니다.

성령이 오시기 전에는 그들은 왜 예수께서 십자가에 죽었는지 이유를 알 수가 없었어요. 예수의 죽으심은 하나의 거대한 비극이요 실패라고 생각했는데, 예수 그리스도의 죽으심이 위대한 성공이요, 승리요, 아담과 하와 이후로 버림받은 인생을 아버지 하나님께서 다시 구원하시는 하나님의 계획의 성취인 것을 깨닫게 된 것입니다. 이것이 성령이 오셔서 그들은 깨닫게 된 것입니다.

그리고 성령이 그들에게 임하시자 그들은 용기백배했습니다. 왜냐하면 예수 그리스도는 어제나 오늘이나 영원토록 동일한 것을 마음속으로 느끼게 된 것입니다. 예수님께서 볼찌어다. 내가 세상 끝 날까지 너희와 함께 같이 있겠다는 그 말씀대로 성령이 임하시자. 성령을 통하여 예수님께서 그들과 영원히 같이 있겠다는 것을 깨닫게 됨으로 용기를 크게 얻었습니다.

예수 그리스도를 십자가에 못 박은 원수들을 보고, 두려워해서 예수를 버리고 떠난 제자들이 이렇게 변합니다. 그리스도의 성령이 오심으로 그리스도가 이제는 영원히 떠나지 아니한다. 자기들과 함께 계신다는 것을 깨닫게 되고 마음속에 한없는 용기와 힘을 얻게 된 것입니다.

2.증거의 영으로 오셨다.

하나님의 성령이 오신 것은 그들이 이제 놀라운 증거의 사역자가 되기 위해서 증거의 영으로 오셨다는 것을 깨닫게 되는 것입니다. 성령이 오시지 않았더라면 예수 그리스도의 십자가 사건은 저 팔레스타인의 한 구석에서 일어난 비극적인 사건으로 끝나고 말았을 것입니다. 영원히 그리스도의 죽으심은 사람들에게 잊어버린바 되고 말았을 것입니다.

그러나 하나님의 성령이 오셔서 예수님의 십자가 사건을 전 역사적 인류적 전 세계적 구원 사건으로 만들어 버린 것입니다. 하나님의 성령이 예수 그리스도를 높이셔서 온 천하 만민이 그리스도를 보고 구원받을 수 있는 위대한 구속사건으로 만드신 것입니다. 성령이 오시지 않았다면 그리스도의 십자가 죽으심은 하나의 비극으로써 팔레스타인의 구석에서 일어난 사건으로 인간의 기억 속에 영원히 잊혀져버리고 말았을 것입니다.

누가복음 24장 46절로 49절에"또 이르시되 이같이 그리스도가 고난을 받고 제 삼일에 죽은 자 가운데서 살아날 것과 또 그의 이름으로 죄 사함을 얻게 하는 회개가 예루살렘으로부터 시작하여 모든 족속에게 전파될 것이 기록되었으니 너희는 이 모든 일의 증인이라. 볼지어다 내가 내 아버지의 약속하신 것을 너희에게 보내리니 너희는 위로부터 능력을 입히울때까지 이 성에 유하라 하시니라"고 예수님이 말씀하셨습니다.

성령이 오시면 그리스도의 구원 사건이 온 천하만국에 전파되는 역사적인 사건으로 인류적인 사건으로 우주적인 구속사건으로 나타날 것을 말씀한 것입니다. 그러므로 성령이 오셔서 비로소 그리스도는 우주의 세계의 역사적인 구주가 된 것입니다.

사도행전 2장 38절로 39절에"베드로가 가로되 너희가 회개하여 각각 예수 그리스도의 이름으로 세례를 받고 죄 사함을 얻으라 그리하면 성령을 선물로 받으리니 이 약속은 너희와 너희 자녀와 모든 먼데 사람 곧 주 우리 하나님이 얼마든지 부르시는 자들에게 하신 것이라 하고"말한 것입니다.

그러므로 성령이 오심으로 예수님은 만민의 구주가 되신 것입니다. 그리고 성령은 강한 증거의 영으로서 우리의 마음속에 임하십니다. 개인적으로 심령 속에 예수님에 대한 확신을 심어줍니다. 그냥 예수 믿고 교회 왔다 갔다 하는 사람도 성령을 받으면 눈이 번쩍 뜨이고 정신이 납니다. 살아계신 그리스도가 순식간에 자기의 영혼 속에 임재하여 계심을 느끼게 되는 것입니다.

물론 예수를 믿음으로 구원은 받았지만 구원을 받고 난 다음에도 확신이 없어서 세상에 한 발자국 두고, 하늘나라에 한 발자국 두고, 들락날락 하는 사람도 성령이 오시면 순식간에 그리스도의 살아계신 역사가 그 영혼 속에 뚜렷이 나타나게 되는 것입니다. 예수 그리스도의 증거가 그들이 부인할 수 없을 정도로 마음에 확실하게 인을 쳐주시는 것입니다.

요한복음 14장 26절에"보혜사 곧 아버지께서 내 이름으로 보내실 성령 그가 너희에게 모든 것을 가르치고 내가 너희에게 말한 모든 것을 생각나게 하리라" 성령이 비로소 그리스도를 깨닫게 하고 그리스도의 말씀을 기억나게 합니다.

> "이 예수를 하나님이 살리신지라 우리가 다 이 일에 증인이
> 로다. 하나님이 오른손으로 예수를 높이시매 그가 약속하신 성
> 령을 아버지께 받아서 너희가 보고 듣는 이것을 부어 주셨느니
> 라"(행2:32-33)

예수님이 부활하셔서 승천하셨음으로 하나님께로부터 성령을 받아 우리의 마음속에 부어주셨다는 것입니다. 그러므로 성령으로 오셔서 그리스도의 죽으셨다 부활하시고 우리와 같이 계심을 뼈저리게 체험하게 만들어 주시는 것입니다.

그리고 성령께서는 정열과 사랑으로 타인에게 증거 하게 해 주시는 것입니다. 복음을 증거하는 것은 성령의 불길이 마음속에 설레기 때문에 그렇게 한 것입니다.

요한 웨슬레는 원래 미국에 선교사로 떠났으나 미국에서 선교하다가 실패했습니다. 그리고 법망에 걸려서 그는 도망을 쳐서 배를 타고 영국으로 갔습니다. 영국으로 건너가던 중에 큰 풍랑이 일어남에 파도가 치고 배가 파산직전에 이른지라 너무나 무서워서 죽을 지경이었습니다. 그런데 같은 선교사로 왔던 성령 받은 선교사는 그 자녀들과 함께 두려워하지 않고 내내 찬송을 부

르는 것을 보고 이상하게 생각했습니다. 그는 런던으로 돌아와서 할 일 없이 왔다 갔다 하다가 하루는 올더스게이트란 곳의 루터란 교회에서 성경 공부가 있다는 것을 듣고 가서 로마서 강해를 듣고 있다가 성령을 받은 것입니다. 성령의 불이 그 마음속에 임하자, 그 마음속에 그리스도가 죽었다가 부활하셔서 살아계신 하나님 의 아들이라는 것을 확실하게 마음속에 알게 된 것입니다.

그가 대서양을 건널 때 파도를 만나 불안과 공포와 좌절과 절망에 처했을 때도 같이 온 선교사는 가족들과 두려워하지 않고 찬송을 부르고 있는 것을 봤는데 그 이유를 깨닫게 된 것입니다. 그는 죽음을 초월한 위대한 믿음을 얻었습니다. 그리고 그는 말을 타고 온 영국을 다니면서 복음을 증거하고 그 결과로 감리교회가 세워졌습니다. 그는 말하기를 내 마음속에 설레는 성령의 불길이 있었습니다. 그 불길에 사로잡혀 평생에 복음을 전했다는 것입니다. 우리에게 열정과 사랑을 마음속에 부어주시는 것은 성령인 것입니다. 성령의 불길이 마음속에 설레면 우리는 앉아 있을 수 없습니다. 나가서 전도해야만 하는 것입니다. 온 천하만국에 나가서 예수는 그리스도라는 말씀을 전해야만 마음이 시원합니다. 왜 그러냐? 마음에 불길이 설레기 때문인 것입니다.

"내가 아버지께로부터 너희에게 보낼 보혜사 곧 아버지께로부터 나오시는 진리의 성령이 오실 때에 그가 나를 증언하실 것이요. 너희도 처음부터 나와 함께 있었으므로 증언하느니라"

(요15:26-27)

성령은 증거의 영이신 것입니다. 우리를 통해서 증거하지 않고는 견딜 수가 없습니다. 그뿐 아니라 성령은 능력과 권능을 주십니다. 사람들은 말하기를 나는 아무 것도 아닙니다. 저는 평범한 가정주부요. 나는 평범한 인생이요. 아무 특기도 없고 능력도 없습니다. 그러나 성령이 오시면 하나님의 성령께서 우리에게 능력과 권능을 주십니다.

요한복음 14장 12절에 "내가 진실로진실로 너희에게 이르노니 나를 믿는 자는 내가 하는 일을 그도 할 것이요 또한 그보다 큰 일도 하리니 이는 내가 아버지께로 감이라" 예수께서 아버지께로 가는데 왜 큰 일도 합니까? 내가 아버지께로 가면 성령을 너희에게 보내겠다고 말씀하신 것입니다. 성령이 오시면 예수님이 하신 일을 우리도 할 것이요 더 큰 일도 하리라고 말씀하셨습니다.

우리는 이 사실을 베드로를 통해서 알 수 있습니다. 베드로가 성령 받고 난 다음에 성전 미문가에 앉아 있던 앉은뱅이를 예수의 이름으로 살리고 설교하매 하루에 오천명이 구원을 받았습니다. 베드로의 그림자만 지나가도 병든 자가 나았고 바울의 앞치마를 귀신들린 자에게 얹고 병든 자에게 얹은즉 귀신이 떠나고 고침을 받았습니다.

그것은 성령이 능력과 권세를 주기 때문인 것입니다. 성령이 우리에게 오셔서 그냥 가만히 계신 것 아닙니다. 우리 각 사람에게 성령의 은사를 나눠주는 것입니다. 성령은 계시적 은사로서 지혜의 말씀의 은사, 지식의 말씀의 은사, 영분별 은사를 나눠주십니다. 발성의 은사로서 방언과 방언통역과 예언을 주십니다.

권능의 은사로서 믿음과 병고침의 은사와 기적의 은사 같은 은사를 주십니다. 우리에게 도저히 인간적으로 소유하지 않은 초인적이고 초자연적인 능력이 주어지는 것입니다. 그 능력을 가지고 그리스도의 복음을 파죽지세로 전할 수 있도록 그렇게 만들어 주는 것입니다.

성령은 이렇게 아홉가지 은사뿐 아니라, 우리 인격상의 중대한 변화를 일으켜 주시는 것입니다. 사랑과 희락과 화평과 오래 참음과 자비와 양성과 충성과 온유와 절제와 같은 인격적인 변화의 열매도 주신 것입니다. 이와 같이 그리스도 안에서 우리는 초인적인 능력도 받고 성령의 열매도 맺게 되는 것입니다.

3. 우리가 성령과 교통하게 하신다.

하나님은 성령으로 오셔서 이제 우리는 적극적인 교통을 하고 살게 되는 것입니다. 가족이란 아버지와 어머니 형제자매들과 함께 교통하면서 가장 친밀하게 사는 것이 가족인 것입니다. 가족의 코이노니아가 없으면 가족이 아닙니다. 하나님의 성령이 오셔서 하나님의 성령이 우리를 이끌고 아버지와 아들 예수 그리스도와 교제하게 만들어 주는 것입니다. 하나님의 성령은 교통이 있는 것입니다. 성령이 없으면 우리의 영적인 교통이 이루어지지 않습니다. 하나님의 성령은 바람이나 물이나 그런 무생물로 생각하는데 성령은 인격을 가지고 계십니다. 성령은 지식과 감정과 의지를 가지고 계십니다.

고린도전서 2장 10절에 보면"오직 하나님이 성령으로 이것을 우리에게 보이셨으니 성령은 모든 것 곧 하나님의 깊은 것이라도 통달하시느니라"성령은 지식을 가지고 있습니다. 성령은 감정을 가지고 있습니다.

에베소서 4장 30절에"하나님의 성령을 근심하게 하지 말라 그 안에서 너희가 구원의 날까지 인치심을 받았느니라"성령은 기뻐하고 슬퍼하고 근심하시는 감정을 가지고 계십니다. 하나님의 성령은 의지를 가지고 있습니다.

고린도전서 12장 11절에"이 모든 일은 같은 한 성령이 행하사 그의 뜻대로 각 사람에게 나누어 주시는 것이니라"성령은 당신의 뜻대로 각 사람에게 은사를 나눠주십니다. 그러므로 지성과 감정과 의지가 있음으로 성령은 눈에 보이는 몸을 가지고 있지 않으나 인격자인 것입니다. 성령은 바람과 같이 이 자리에 임하여 계시나 이곳에 우리 남편과 아내가 인격자요, 부모와 자식이 인격자인 것처럼, 분명한 인격자로서 우리 가운데 와 계신 것입니다.

그리고 성령은 보혜사로서 와 계신 것입니다. 보혜사란'알로스 파라크레토스'라는 말인데 성령은 우리에게 하나님께로부터 보내심을 받아 우리를 돕기 위해서 항상 곁에 계시는 돕는 자인 것입니다. 보혜사란 말은 돕는 자, 가르치는 자, 위로하는 자, 변호사, 우리를 잘 돌보아주시는 이와 같은 역사를 하기 위해서 우리 가운데 와 계십니다.

그렇기 때문에 예수께서 내가 너희를 고아와 같이 버려두지 않고 너희에게 오리라 내가 아버지께 구하겠으니, 그가 또 다른 보혜사를 너희에게 주사 영원토록 너희와 함께 있게 하리라고 말씀하신 것입니다.

우리 기독교인이 다른 사람과 다른 것은 우리가 고아와 같이 버림받은 것이 아닙니다. 우리에게 성령이 오셔서 성령이 우리의 안내자가 되시고, 위로자가 되시고, 선생이 되시고, 인도자가 되시고, 교훈자가 되시고, 거룩하게 만드는 자가 되시고, 우리를 가르치시는 자가 되셔서 우리와 같이 계십니다. 우리는 하늘나라의 소년, 소녀가장이 아닙니다.

우리에게는 성령이 함께 와서 계신 것입니다. 그러므로 성령께서는 우리에게 시시각각으로 같이 계셔서 그는 지혜의 영이요, 총명의 영이요, 모략의 영이요, 재능의 영이요, 지식의 영이요, 하나님을 경외하는 영이요, 거룩한 영으로서 우리에게 지혜를 주십니다. 총명을 주십니다. 우리에게 어려울 때 카운슬링을 해주십니다. 재능을 주십니다. 지식을 주십니다. 하나님을 경외케 해주십니다.

거룩하게 삶을 살게 할 수 있는 능력을 주십니다. 우리로 하여금 이 땅에서 크리스천으로서 흠도 없고 점도 없이 살 수 있는 은혜를 베풀어주시는 것입니다. 성령의 도우심 없이 우리가 지식적인 신앙으로써 성공적인 인생을 살아갈 수 없습니다. 이러므로 하나님의 성령께서는 이와 같이 보혜사로 와 계시기 때문에 우리는 성령과 친밀한 교통을 하고 살아야 하는 것입니다.

요한복음 14장 20절에 "그 날에는 내가 아버지 안에, 너희가 내 안에, 내가 너희 안에 있는 것을 너희가 알리라"고 말했습니다. 이와 같은 친밀한 교통은 성령을 통해서 일어납니다. 성령이 오시면 우리와 교통하고 교제하시고, 우리와 동업하시고 모든 일에 참여하셔서 사업을 이루시는 것입니다. 그리고 바울선생은 고린도 교인들에게 말하기를 "아버지 하나님의 사랑과 예수 그리스도의 은혜와 성령의 교통하심이 너희 무리와 함께 있을지어다."라고 말한 것입니다.

성령은 먼저 우리와 함께 계십니다. 성령은 우리 곁에서 우리와 함께 계십니다. 그러나 우리가 예수 그리스도를 구주로 믿고 보혈로 씻음 받으면 우리의 영혼 속에 들어와서 계시는 것입니다. 그리고 우리가 하나님의 은혜를 간구하면 성령은 새롭게 우리에게 옷을 입혀 주십니다. 성령이 위에서 임하여서 권능을 받게 해 주시는 것입니다.

성령은 우리와 함께, 우리 안에, 그리고 우리 위에 임하셔서 우리에게 권세와 능력을 허락하여 주십니다. 그러므로 우리는 항상 우리의 삶속에 성령님을 인정하고 환영하고 모시어 드리고 의지해야 됩니다.

오늘날 우리들의 교회에 가장 큰 맹점은 우리가 성령을 받으면 권능을 얻는다는 것만 자꾸 주장을 합니다. 그래서 성령께로부터 권능을 받아서 성령을 이용하려고 하는 잘못된 신앙 행태를 가지고 있습니다. 성령은 하나님이십니다. 성령은 교회의 주인이 되십니다. 성령은 추수꾼의 주인이 되시는 것입니다. 우리는 하나님께 보냄을 받은 종이요, 성령의 일꾼들이요 머슴들인 것입니다. 우리가 성령을 이용하려고 하면 안 됩니다.

많은 주의 종들이 성령을 이용하려고 하다가 낭패와 실망을 당한 적이 많습니다. 성령은 주인이요 우리는 일꾼이요 머슴인 것입니다. 성령이 시키시는 일을 하기 위해서 성령 앞에 기다릴 따름인 것입니다. 안디옥 교회에서 성령께서 바울에게 말씀하기를 나의 시키는 일을 위하여 바울과 바나바를 따로 세우라고 말씀하십니다. 나의 시키는 일을 위하여 선택하였다고 말씀하신 것입니다. 성령은 그러므로 우리 추수꾼의 주인이 되시지 우리 마음대로 성령을 좌지우지할 수 없습니다.

그리고 성령은 우리에게 제3위 하나님으로 오셔서 아버지 하나님의 사랑을 우리 가운데 가져다주시고 예수 그리스도의 은혜를 우리에게 체험하게 해주시는 것입니다. 성령이 오시지 않으면 우리는 지식적인 신앙밖에 가질 수가 없습니다. 그러나 성령이 오시면 이 지식적인 신앙이 아닌 가슴을 뭉클하게 하고 뜨겁게 하는 이 인격적인 변화를 가져오는 따뜻한 교제를 만들어 주시는 것입니다. 이러므로 성령과의 교제가 있어야 합니다.

이렇기 때문에 우리는 성령님을 늘 인격적으로 인정하고 환영하고 모셔 들이고 의지해야 합니다. 우리는 기도할 때마다 성령님 인정합니다. 환영합니다. 모셔 들입니다. 의지합니다. 매일 그렇게 해야 합니다. 저는 매일 그렇게 합니다. 성령님 인정합니다. 환영합니다. 모셔 들입니다. 인격적으로 성령을 대우하는 것입니다.

사람이 세상에 살면서 인격적인 무시를 당하는 것은 거대한 모욕감을 느끼는 것입니다. 성령님을 무시하면 성령님이 모욕감을 느껴서 소멸되는 것입니다. 역사하지 않습니다. 이와 같이 성령과의 교통이 늘 있어야 되고 이 성령과 모든 일에 함께 해야 되는 것입니다.

성령은 우리의 동업자요 우리의 선배가 되십니다. 그러므로 모든 일에 하나님의 성령과 함께 일해야 하는 것입니다. 성령이여 가르쳐 주옵소서. 성령이여 이끌어 주옵소서. 성령이여 인도하여 주옵소서. 우리가 성경을 읽을 때도 그냥 읽지 말고 성령님! 내 눈을 밝히사, 그리스도의 진리를 깨달아 알게 하여 주시옵소서. 성령이여 내가 설교를 들을 때 내 마음에 진리가 깨달아지게 하여 주시옵소서. 왜냐하면 믿음은 들음에서 나며 들음은 그리스도의 말씀으로 말미암습니다.

나는 성경만 읽으면 된다. 그렇지 않습니다. 성경을 읽어서 믿음을 얻지만 그러나 참 믿음은 설교 들을 때에 얻는 것입니다. 그냥 성경이나 책을 읽을 때에 얻는 믿음은 조그마한 믿음에 불과합니다. 본격적인 믿음은 설교를 들을 때에 마음속에 성령이 가져다주시는 것입니다. 그러므로 설교 들을 때도 성령이여 내 마음속에 말씀하셔서 깨닫게 하여 주시옵소서. 내가 일을 할 때도 성령이여 함께 기름 부어주셔서 이 일을 능력있고 성공적으로 이행하게 도와주시옵소서.

저는 하나님 말씀을 증거 하러 나갈 때마다 그렇게 합니다. 보혜사 성령이여 함께 갑시다. 성령님과 함께 모든 일을 합니다. 성령이 기름 부어 주시면 모든 일을 능력 있게 이룰 수가 있습니다. 그러나 인간의 힘으로 하려면 피와 땀과 눈물을 흘리고 많은 상처를 입고도 일을 이루지 못합니다. 그러므로 성령과 우리는 함께 일하는 자가 되어야 하는 것입니다.

그리고 성령님을 통해서만이 하나님의 사랑과 예수 그리스도의 은혜를 공급받을 수 있습니다. 하나님은 보좌에 계시고, 예수님은 일을 마치시고, 보좌 우편에 계시고, 성령은 우리와 같이 계셔서 하늘나라와 교통을 이루게 해 주시는 것입니다.

그러므로 성령을 통해서 하나님의 사랑이 우리 마음속에 부은 바 되고 성령을 통해서 예수 그리스도의 은혜가 우리에게 부은바 되는 것입니다. 그러므로 성령이여! 우리를 통해서 교통하여 주시고 기도를 통하여 하나님의 사랑과 예수 그리스도의 은혜를 얻게 하여 주시옵소서. 기도가 하늘나라와 교통인데 성령의 기름 부으심으로 말미암아 기도가 능력 있게 이루어질 수 있는 것입니다.

오순절 날 성령이 오셔서 첫 교회가 세워졌습니다. 성령께서는 교회를 세우시고 추수꾼의 주인이시며, 하나님의 사랑과 예수님의 은혜를 나타내시는 분이십니다. 우리는 매사에 항상 성령님과 함께 일할 때에 능력 있고 승리하는 성도가 되어서 넉넉히 천국에 들어가게 되는 것입니다.

20장 급하고 강한 바람 같은 성령

(행 2:1-4)"오순절 날이 이미 이르매 그들이 다같이 한 곳에 모였더니 홀연히 하늘로부터 급하고 강한 바람 같은 소리가 있어 그들이 앉은 온 집에 가득하며 마치 불의 혀처럼 갈라지는 것들이 그들에게 보여 각 사람 위에 하나씩 임하여 있더니 그들이 다 성령의 충만함을 받고 성령이 말하게 하심을 따라 다른 언어들로 말하기를 시작하니라"

구약 때에 오순절 날은 두 가지 의미가 있는 행사였습니다. 첫 번째는 이스라엘 백성이 유월절을 지내고 애굽에서 탈출하여 시내산에서 모세가 하나님께 율법을 받은 것을 기념하는 날로 오순절 날을 지냈었습니다. 두 번째는 통상 유월절로 50일째 풍성한 수확으로 복을 주신 것을 감사하여 밀 추수의 첫 열매로 빵 두덩어리를 만들어서 염소새끼 한 마리와 함께 하나님께 흔들어서 예물을 드리는 제사가 바로 오순절인 것입니다.

예수님께서 유월절 양 잡는 날에 십자가에서 우리 구원의 어린 양으로 죽으시고, 부활하신 50일 만에 오순절에 하나님께서 성령을 부어 주시고 마가요한의 다락방에서 첫 교회가 탄생한 것입니다. 이는 비유하건데 신약에서 율법대신에 성령을 주시고, 예수 그리스도의 보혈로 말미암아 처음 익은 열매인 교회가 시작되게 하신 것입니다. 그런데 오순절 날에 강한 바람같이 성령이 임하셨다고 했습니다. 그 성령은 이렇게 임하셨습니다.

1. 급하고 강한 바람 같이 임하신 성령님

이 강한 바람같이 임하신 성령님이 누구신지 우리가 알아야 됩니다. 바람은 하나님의 영을 상징하는 것입니다. "아담을 지으시고 그 코에 생기를 불어 넣으시니 생령이 된지라고" 성경은 말하고 있습니다.

창세기 2장 7절에 "여호와 하나님이 땅의 흙으로 사람을 지으시고 생기를 그 코에 불어넣으시니 사람이 생령이 되니라"고 말하고 있습니다. 그 생기는 히브리어로 '내 샤마로' 하나님의 숨 혹은 하나님의 호흡이라고 말하는 것입니다. 하나님의 숨 즉 호흡은 아담과 하와를 만드시고 난 다음 '훅'하고 불어 넣으시니 아담과 하와가 생령이 되어서 살아난 것입니다. 그러므로 하나님의 호흡이나 숨은 바로 하나님의 영을 말씀하는 것입니다. 또한 에스겔 골짜기에 마른 뼈다귀가 살아난 장면을 보십시오.

에스겔 37장 5절에 "주 여호와께서 이 뼈들에게 이같이 말씀하시기를 내가 생기를 너희에게 들어가게 하리니 너희가 살아나리라"여기에 있는 생기는 히브리어로 '루아흐'라고 하는데 이는 숨, 호흡, 바람, 영등을 말하는 것입니다. 다시 말하면 마른 뼈다귀에 하나님의 숨을 내어 뿜었다. 하나님의 생기를 불었다. 그러니까 그 뼈다귀가 모두 다 살아나서 대군대가 되었다고 성경은 말하고 있는 것입니다. 또한 부활하신 후 예수님께서 제자들이 모인 곳에 나타나셔서 숨을 내어 쉬시며 성령을 받으라고 말씀하셨습니다.

예수님이 숨을 내쉬고 성령을 받으라. 예수님의 숨이 즉 하나님의 영, 성령이라는 것입니다. 그러므로 성령님은 하나님의 숨이요, 하나님의 입 바람인 것입니다. 오순절 날에 강한 하나님의 입 바람, 숨 즉, 성령이 임하신 것입니다. 강한 바람이 불었다는 것은 하나님의 성령이 강하게 역사하신 것을 말하는 것입니다. 침체하고 오염된 썩은 공기를 몰아내고 신선한 생명과 깨끗한 공기를 얻기 위해서는 깨끗하고 신선한 강한 바람이 불어와야 분위기를 변화시킬 수 있습니다.

옛날에 우리가 가난할 때에 집집마다 연탄을 피웠지 않습니까? 많든지 적든지 연탄가스가 조금씩은 새어서 방안의 공기가 탁합니다. 아침에 일어나서 창문을 활짝 열어놓고 방문을 활짝 열어 놓으면 바깥의 신선한 공기가 와서 탁하고 오염된 공기를 다 불어내고 방안의 공기를 신선하게 했던 것을 우리는 느끼고 체험하곤 했습니다. 우리나라에서 강릉의 공기가 가장 좋은데 이는 바람 때문입니다. 대관령으로부터 거센 바람이 불어 내려서 강릉에 모여 있던 모든 오염된 공기를 몰아내고 맑고 신선한 공기로 채워지기 때문에 강릉에 사는 사람들이 제일 장수한다고 말합니다.

바람은 이와 같이 새로움을 가져다줍니다. 성령도 바람과 같습니다. 성령의 강한 바람이 세상에 꽉 들어찬 오염되고 침체된 공기를 몰아내고 깨끗하고 신선한 공기와 분위기로 변하게 만들어 주시는 것입니다. 이 세상은 마귀와 귀신들로 오염된 세상입니다. 이 세상의 신, 더러운 귀신, 악한 귀신, 거짓말 귀신, 연약의 귀신, 질병의 귀신 등으로 오염된 환경을 맑히기 위해서는 성령의 강한 바람이 불어 와야 되는 것입니다.

귀신의 오염된 바람이 꽉 들어차서 우리를 부패하고 더럽고 세속적으로 만드는 것을 깨끗하고 정결하고 거룩하게 만들기 위해서는 성령의 맑은 바람이 강하게 불어와야만 되는 것입니다. 성령바람이 불어오면 이 오염된 모든 귀신바람을 다 쫓아내버리고 마는 것입니다. 오늘날 사람들은 겉으로 보기에는 눈부신 과학문명을 이루어 놓았지만 실상 마음속은 시궁창 같습니다. 시기, 분노, 질투, 교만, 탐욕, 공포, 불안, 절망, 좌절, 미움, 음란 등으로 가득 채워 있습니다.

이런 오염된 마음을 어떻게 맑힐 수가 있겠습니까? 성령 바람이 불어오면 변화되게 되는 것입니다. 성령이 임하시면 마음에서부터 이 더러운 것들이 사라지고 믿음, 소망, 사랑, 의, 평강, 희락이 가득하게 되는 것입니다. 그렇기 때문에 우리의 운명과 환경을 변화시킬 수 있는 것은 예수 그리스도의 보혈로 씻고 성령바람이 우리 속에 불어와야만 되는 것입니다. 성령임재만이 믿음, 소망, 사랑, 평강을 가져오고 마음에 기쁨이 충만하게 하는 것입니다.

로마서 14장 17절에 "하나님의 나라는 먹는 것과 마시는 것이 아니요 오직 성령 안에 있는 의와 평강과 희락이라"고 말한 것입니다. 로마서 15장 13절에 "소망의 하나님이 모든 기쁨과 평강을 믿음 안에서 너희에게 충만하게 하사 성령의 능력으로 소망이 넘치게 하시기를 원하노라" 성령이 오시면 소망이 넘치게 되는 것입니다.

1904년 전후하여 웨일스와 아일랜드에 굉장한 성령부흥이 일어났습니다. 수 만 명의 사람들이 회개하고 예수를 믿게 되었습니다. 그 결과로 이 웨일스나 아일랜드의 술집, 도박장, 극장, 당구장이 다 문을 닫고 각종 사회악이 자취를 감추었습니다. 급기야 감옥까지 텅텅비어 경찰관이 할 일이 없는 지경에 이르게 되었습니다. 북아일랜드의 조선소 직공들은 부흥회를 통해 성령의 역사를 체험했습니다.

그러자 죄를 공개적으로 회개하는 일들이 벌어졌습니다. 그 결과 훔쳐갔던 물건을 반환 했는데, 너무 많이 반환을 하기 때문에 회사에서 훔친 물건 돌아온 것을 수용하기 위해서 큰 창고를 지어야만 했습니다. 탄광지대에서는 광부들 사이에 자주 일어났던 다툼이 사라졌습니다. 석탄을 나르는 당나귀까지도 성령의 은혜를 받았다는 것입니다. 왜냐하면, 전에는 탄광의 광부들이 당나귀를 때리고 발로 찼는데, 성령의 역사로 성령 받은 광부들은 당나귀를 쓰다듬어 주고 사랑해 주고, 발길로 안찼기 때문에 당나귀조차 성령의 은혜를 받았다고 했습니다.

미국 플로리다주의 팬사콜라에는 해군비행장이 있답니다. 그래서 군인들이 많이 왕래하였고 그들을 상대로 한 매춘업이 성행하였다고 합니다. 이 지역은 동성연애와 마약중독과 주술로 인해 죄악이 만연한 것으로 알려져 있습니다. 그런데 1995년 브라운스빌 하나님의 성회 교회가 이 지역에 들어와 성령의 놀라운 부흥의 운동이 일어났습니다.

그래서 사람들이 브라운스빌 교회에 아침부터 저녁까지 들어와서 예배를 드리고 줄을 서서 있었습니다. 온 도시가 성령으로 변화를 받게 된 것입니다. 그 결과 많은 범죄자들이 회개하고 그리스도께로 돌아왔습니다. 또 술주정뱅이들과 마약중독자들로 붐비던 거리가 변화되기 시작했습니다.

1996년 플로리다주 전체의 청소년 범죄율이 1% 증가하는 하면 이 브라운스빌은 오히려 13%나 떨어졌습니다. 성령부흥이 시작 된지 6개월 만에 전체 범죄율은 브라운스빌에서 17%나 줄어든 것입니다. 범죄의 탁한 공기가 신선한 성령의 맑은 공기로 바꾸어졌기 때문인 것입니다. 태풍이 불어와서 바다가 뒤끓는 것을 보았을 것입니다. 파도가 치고, 바다가 뒤엎어집니다. 배들이 파선을 당하고 고난을 겪기 때문에 사람들은 이런 태풍을 싫어합니다.

그러나 자연은 이 태풍을 가져와야만 바다에 생기를 불어 넣을 수 있는 것을 알기 때문에 태풍이 불어오는 것입니다. 태풍으로 바닷물이 정화됩니다. 지구에서 끊임없이 오염된 물이 강을 통해서 바다에 들어오니 바닷물이 썩습니다. 그러나 태풍으로 물이 막 뒤엎어지고 흔들리므로 그 썩어져 가는 물이 전부 맑게 정화가 되는 것입니다. 그리고 그 태풍을 통해서 공기 중에 산소가 바닷물 속에 녹아 들어가기 때문에 생선과 조개와 해초가 살고 식물들이 살아갈 수 있게 되는 것입니다.

그러므로 거대한 폭풍우가 불어 닥쳐 바람이 바다를 뒤엎어 놓으면 종국적으로 바다에 생명을 주고 부패를 방지하는 정화기능을 하여 참으로 유익한 일이 되는 것입니다. 이처럼 성령의 바람이 한번 우리에게 불어 닥치면 우리가 정화되고 하나님의 생명으로 충만하게 되는 것입니다. 힘으로도 능으로도 안 되지만 성령바람이 불어오면 성령바람으로 말미암아 모든 귀신바람 다 물러갑니다. 모든 오염은 사라지고 생기로 충만하고 신선함으로 충만하고 건강으로 충만한 심신이 되어 버리고 마는 것입니다.

2. 불의 혀같이 임하신 성령님

오순절 날에 성령은 불의 혀같이 임했다고 말한 것입니다. 불의 혀같이 임했다. 불은 어두움을 밝힙니다. 성령께서는 어두운 인간의 마음속에 빛 되신 예수님을 나타내십니다. 요한복음 1장 4절에 "그 안에 생명이 있었으니 이 생명은 사람들의 빛이라"고 말했습니다. 요한복음 8장 12절에 "예수께서 또 말씀하여 이르시되 나는 세상의 빛이니 나를 따르는 자는 어둠에 다니지 아니하고 생명의 빛을 얻으리라"고 말한 것입니다.

성령께서 빛 대신 예수님을 우리에게 모셔오는 것입니다. 예수님이 우리 마음속에 들어오므로 우리 어두운 마음이 밝아지는 것입니다. 어떠한 청년이 제게 와서 이런 질문을 했어요. "목사님! 예수님과 마귀와의 거리가 얼마나 멉니까? 예수님이 우리에게 오는데 거리, 시간이 얼마나 걸리며 마귀가 우리에게서 나가는데 시간이 얼마나 걸립니까?" 그래서 "여보시오. 예수님과 성령엔 시간과 공간의 차이가 없습니다. 예수님이 오는데도 시간과 공간의 차이가 없고 마귀가 떠나가는데도 시간과 공간의 차이가 없습니다.

예를 들어 말하면 방안에 들어가서 캄캄한데 스위치를 올려 빛이 오면 순식간에 환해지고 어두움은 어디 갔습니까? 온데간데없이 사라지지 않습니까? 그러나 불을 탁 끄면 순식간에 어두움이 방에 꽉 들어찹니다. 빛은 예수님이고 예수님이 오시자마자 마귀는 사라져 버립니다. 그러나 예수님이 떠나가자마자 마귀는 들어오는 것입니다. 예수님과 마귀 사이에 거리가 없습니다. 시간적 차별이 없습니다.

그러므로 항상 예수님을 모시고 살면 마귀는 떠나가 버립니다. 그러나 예수님이 떠나가면 순식간에 마귀가 들어가서 도적질하고 죽이고 멸망시키는 일을 한다고 알려 주었습니다." 우리가 하나님의 밝은 빛 가운데서 살아가려면 언제나 빛 되신 예수님을 모셔야 되는데 예수님이 우리 속에 들어오시는 것은 성령을 통해서 들어오시는 것입니다. 성령님을 항상 인정하고 환영하고 모시어 드리고 의지하면 성령이 빛 되신 예수님을 우리 마음속에 모셔 들이고 예수님이 계신 이상 마귀의 어두움은 떠나가고 사망의 세력은 물러가는 것입니다.

또한 성령이 불같이 임했다는 것은 불은 더러운 것을 태웁니다. 성령께서는 육체의 소욕을 태우는 것입니다. 우리는 다 아담과 하와의 혈통을 통해서 태어난 이상 구원받지 못한 사람들은 모두 다 부패한 사람들입니다. 심성이 부패해서 사람의 수양과 도덕으로는 고칠 수가 없습니다. 구원받고 나도 육체의 부패한 소욕이 늘 우리에게 있어서 우리의 신앙을 대적하는 것입니다.

갈라디아서 5장 19절로 21절에 "육체의 일은 분명하니 곧 음행과 더러운 것과 호색과 우상 숭배와 주술과 원수 맺는 것과 분쟁과 시기와 분냄과 당 짓는 것과 분열함과 이단과 투기와 술 취함과 방탕함과 또 그와 같은 것들이라 전에 너희에게 경계한 것 같이 경계하노니 이런 일을 하는 자들은 하나님의 나라를 유업으로 받지 못할 것이요 "라고 말한 것입니다.

예수 믿는 사람이 믿기 전에는 세상에 취하여 술 취하고 방탕하고 음란하고 세속을 따라 살아도 마음에 까딱없었어요. 자기 타당 화를 하고 살았어요. 그러나 예수를 믿고 난 다음 성령이 들어오시면 사태가 달라지는 것입니다. 성령은 육신의 소욕을 불태웁니다. 정욕을 불태웁니다. 성령이 오면 양심의 가책이 불타는 것 같습니다. 죄를 짓고 편안하지 않습니다. 잠이 오지 않습니다. 회개를 해야 되는 것입니다. 주님께 통회하고 자복해야 마음에 평안이 다가오는 것입니다.

그렇기 때문에 성령이 오시면 우리의 속에 있는 육신의 정욕, 안목의 정욕, 이 세상 자랑을 불태우는 것입니다. 우리가 더욱 하나님 안에서 평안을 구하려면 우리의 모든 육신의 정욕, 안목의 정욕, 이 세상 자랑을 성령님께 내어 놓고 성령님이 불태워 주기를 원해야 되는 것입니다. 우리 집안에 쓰레기가 가득 차 있으면 온갖 파리들이 다가오고 냄새가 납니다. 어떻게 합니까? 쓰레기를 태워 버리면 파리도 안 오고 냄새도 나지 않습니다.

우리 속에 육신의 정욕, 탐욕과 욕심이 있으니까 마귀도 다가

오고 온갖 부정, 부패로 썩은 냄새가 나지만 우리가 성령께 의지해서 다 불태워 버리면 깨끗해집니다. 하나님의 성령은 태우는 불인 것입니다. 우리에게 와서 우리의 정욕과 탐욕을 불태워 주시고 더러움을 청소해 주시는 것입니다. 이러므로 항상 성령님께 나의 모든 탐심과 욕심과 정욕을 불태워 달라고 기도하면 성령께서 이를 불태워 주시고 우리를 정결케 만들어 주시는 것입니다.

그리고 여기에 성령은 불로만 임하는 것이 아니라 불의 혀로 임했다고 한 것입니다. 혀는 말하는 것 아닙니까? 성령께서 불의 혀로 임했다는 것은 우리가 성령의 불을 받으면 불같은 증인이 된다는 것입니다. 혀가 불이 붙어서 열심히 전도하게 된다는 것입니다.

사도행전 1장 8절에 "오직 성령이 너희에게 임하시면 너희가 권능을 받고 예루살렘과 온 유대와 사마리아와 땅 끝까지 이르러 내 증인이 되리라 하시니라"고 말씀한 것입니다. 성령이 오면 혀가 불같이 뜨거워지는 것입니다. 불같이 뜨거워지니 말 안하고 견딜 수가 있어요? 왜 성령 받은 교회, 성령 받은 성도들이 열심히 전도하고 교회가 확장하고 자랍니까? 모두 다 혀에 불을 받았기 때문입니다. 그래서 앉으나 서나 집에나 시장터에서나 계속 전도합니다. 그러므로 성령 충만한 교회 성령 받은 성도들을 통해서 하늘나라가 확장되고 교회가 성장하는 것입니다.

감리교의 창설자 요한 웨슬레는 원래 미국의 선교사로 떠났으나 선교에 실패해서 영국으로 돌아오게 되었습니다. 그가 탄 배가 템스강 한 가운데서 풍랑을 만나 거의 침몰할 위기에 처할 때

요한 웨슬레는 겁이나 죽을 지경입니다. 그는 선교까지 갔다가 돌아오면서도 아직 중생의 체험을 못했습니다. 극도로 공포에 처했는데 같이 배를 타고 돌아오는 모라비안 선교사와 그 가족들은 그 풍랑가운데 찬송을 부르고 기도를 하고 박수를 치고 기뻐합니다.

"도대체 저 사람들은 어떻게 해서 저렇게 되었을까?" 굉장히 마음에 충격을 느꼈습니다. 요행으로 배가 파산하지 않고 영국에 돌아오고 난 다음에 별로 할 일이 없으니까 이럭저럭 시간을 보내다가 하루는 그가 런던의 올더스케이트라는 곳에서 조그만한 기도모임이 있어 참석했는데 그곳에서 루터의 로마서 강해 서론을 읽고 있었습니다. 믿음으로 말미암아 죄를 용서받고 의롭다 함을 받는다는 그 말씀을 듣다가 갑자기 마음이 뜨거워지면서 성령의 불이 요한 웨슬레 속에 임했습니다.

요한 웨슬레 속에 성령의 불로 임하여지자 기쁨이 넘치고 소망이 넘치고 두려움이 다 사라졌습니다. 그는 즉시로 느꼈습니다. "아~ 그 파산할 배에 탔던 모라비안 성도들이 그 위기에서도 기뻐하고 즐거워하고 찬송을 부른 것은 성령을 받아서 그랬구나." 그래서 요한 웨슬레는 그날 이후에 온 영국을 돌아다니면서 목숨을 바치고 위대한 믿음을 가지고 전도해서 영국을 변화시켰습니다.

그는 후년에 말하기를 "내가 평생에 복음을 전한 것은 항상 내 마음속에 성령의 설레이는 불길이 있어서 그 성령의 설레이는 불길 때문에 쉬지 않고 전도할 수 있었다."고 말한 것입니다. 오늘날 성령이 임하시면 우리 마음속에 설레이는 불길이 되는 것입니다. 성령의 불이 혀처럼 설레이기 때문에 우리가 가만히 있을 수가 없습니다. 혀에 불이 붙었으니 어떻게 가만히 있겠습니까? 앉으나 서나 예수 그리스도는 구주라고 전도할 수밖에 없게 되는 것입니다.

성령의 불을 받으면 운동력이 생깁니다. 가만히 앉아 있지를 못하게 됩니다. 밖으로 나가서 담대하게 예수 그리스도를 증거하게 됩니다. 성령께서 복음을 전도하게 합니다.

3. 충만하게 임하신 성령님

여기에 마가 요한의 다락방에 모인 사람들이 모두 다 성령으로 충만했다고 말했습니다. 성령은 우리와 함께 거하시고 우리 안에 들어오시고 또 우리 위에 임하시면 충만하게 되는 것입니다. 우리와 함께 거하시는 성령은 우리에게 감화와 감동과 변화를 가져오고 끊임없이 하나님 아버지와 예수께로 성령님이 이끌어 주시는 것입니다.

요한복음 14장 26절에 "보혜사 곧 아버지께서 내 이름으로 보내실 성령 그가 너희에게 모든 것을 가르치시고 내가 너희에게 말한 모든 것을 생각나게 하리라"고 말씀한 것입니다. 늘 성령의 감화 강동이 있어야 우리가 죄악의 수렁에 빠지지 않고 이 세상을 살아갈 수 있어요. 한 노인수도사가 젊은 사업가에게 말했습니다. "물고기가 마른땅에서 죽듯이 자네도 세상에 뒤엉키면 파멸하게 되네. 물고기는 물로 돌아가야 되고 자네는 성령께로 돌아가야 해" 그 사업가는 아연실색하면서 말했습니다. "그러면 제가 사업을 그만두고 수도원으로 돌아가란 말입니까?" 그 노인은 다시 말했습니다. "분명히 그런 것은 아니야. 내가 하는 말은 사업은 그대로 붙들고 있어도 언제나 함께 계시는 성령님을 의식하고 인정하고 환영하고 모시어 드리고 의지하고 있으면 성령이 언제나 너를 세속에 빠지지 않게 만들어 준다."고 말했던 것입니다.

성령은 우리에게 끊임없이 신령한 영향력을 발휘하는 것입니다. 항상 하나님 생각하고 예수님을 섬기도록 성령은 우리 마음속에 감화와 감동을 주시는 것입니다.

그리고 또 성령이 우리 마음속에 들어와 계시면서 우리를 거듭나게 하고 내적 변화를 가져오고 영적생명을 주며 열매를 맺게 해주시는 것입니다.

갈라디아서 5장 22절로 23절에 "오직 성령의 열매는 사랑과 희락과 화평과 오래 참음과 자비와 양선과 충성과 온유와 절제니 이같은 것을 금지할 법이 없느니라"라고 했는데 사람이 만든 열매가 아닙니다. 성령의 열매입니다. 우리가 애쓰고 힘쓴다고 맺어지는 것이 아니라 성령이 오시면 우리 속에서 이런 열매를 맺도록 인도하여 주시는 것입니다.

저는 고재봉에 대한 이야기를 읽어 보았습니다. 한때 우리 한국사회를 뒤흔들어 놓았던 어마어마한 흉악범 사형수 고재봉입니다. 그는 이웃집 라디오를 훔쳤는데 이웃집에서 그것을 고발해서 잡혀 들어가 감옥살이를 하고 원한을 품고 나와서 도끼로 이

윗집 사람을 부부, 어린아이 다 몰살시켰습니다. 그 결과로 체포되어 재판을 받고 사형언도를 받고 사형수가 되어 감옥에 갇혔는데 너무나 포악해서 그 사람 근처에 갈수가 없습니다. 교도관들도 근처에 못갑니다. 한번은 교도소장이 고재봉이 어떻게 있는지 보려고 창살사이로 얼굴을 들였다가 고재봉이가 쏜살같이 일어나서 손가락으로 눈을 찔러서 쓰러진 적도 있습니다. 이와 같이 흉악한 고재봉이가 되어서 아무도 그 근처에 가려고 하지 않았는데 어떠한 예수 믿는 사람이 고재봉이를 방문해서 성경책 한권을 주었습니다. 그는 이렇게 말합니다. "나도 당신처럼 죽을 수밖에 없었던 죄인이었으나 이 성경을 읽고 구원을 얻었습니다. 그러니 당신도 성경을 한번 읽어 보십시오." 고재봉이가 별 도리도 없고 독방에 혼자있으니까 성경을 읽기 시작했습니다. 또 읽고, 또 읽다가 성령의 감동을 받아 눈물을 흘리고 회개하고 예수님을 구주로 모시고 보혈로 씻었습니다. 혼자서 기도하다가 성령충만함을 받았습니다. 성령이 충만해지자 고재봉이가 변화되었는데 그 표정이며 행동 그 모든 것이 부드러워지고 사랑이 넘치게 되었습니다. 가장 포악했던 사형수 고재봉이 가장 온유한 사람으로 변화되었습니다. 이처럼 큰 인격적인 변화를 가져오니 소문이 온 교도소에 꽉 들어찼고, 자나 깨나 예수 믿고 구원받으라고 전도를 했습니다. 그래서 형무소에 있던 재소자 2천 명 중에 1,800명이 예수를 믿고 구원을 받게 된 것입니다. 온 형무소가 교회가 되어 버리고 만 것입니다. 흉악범, 살인범이 회개하고 성령받자 성령의 열매로 이렇게 사랑이 충만하고 온유하고 은혜로운 사람으로 변화된 것입니다. 사형이 집행되기 전에 마지막 기도를 드리는 목사님이 목이 메어 기도를 끝맺지 못하자 그는 기도를 이어 받아 이렇게 마무리 지었습니다. "사랑하시는 하나님 아버지, 저를 구원하신 하나님! 감옥에 있는 모든 영혼들을 구원해 주시고 군 장교는 장교가 되기 전에 먼저 크리스챤이 되게 해주시며, 저를 사형 집행하는 사수도 저를 주님께 보내기 위하여 총을 쏘는 것이니 용서해 주옵소서. 제가 세상에서 지은 죄를 용서받고 주님을 뵙게 되었으니 감사 찬송 드립니다." 마지막으로 그는 나라와 민족을 위해 기도한 후에 하늘가는 밝은 길이 내 앞에 있으니하고 찬송을 부르면서 총살형을 당했습니다. 복수심에 불타 한 가족을 몰살시켰던 흉악범이 예수를 영접하고 성령을 받고 난 다음에 천사와 같이 변화된 것입니다. 사람의 힘으로는 속사람을 변화시킬 수 없습니다. 오직 성령만이 속사람을 변화시켜 영적 생명을 누리고 열매를 맺게 하는 것입니다. 우리가 거룩하고 참되고 의롭게 되기 위해서는 성령 충만해야 되는 것입니다. 성령이 오셔야 우리로 하여금 천사처럼 변화 받게 만들어 주는 것입니다.

4. 성령의 은사와 열매를 맺게 하는 성령님

우리는 성령을 충만히 받으면 성령의 은사와 성령의 열매를 체험하게 되는 것입니다. 성령이 우리에게 충만히 임하면 성령을 통해서 놀라운 하나님의 은사가 우리 생애 속에 나타나게 되는 것입니다.

고린도전서 12장 8절로 11절에 보면 "어떤이에게는 성령으로 말미암아 지혜의 말씀을, 어떤이에게는 같은 성령을 따라 지식의 말씀을, 다른이에게는 같은 성령으로 믿음을, 어떤이에게는 한 성령으로 병 고치는 은사를, 어떤이에게는 능력 행함을, 어떤이에게는 예언함을, 어떤이에게는 영들 분별함을, 다른이에게는 각종 방언 말함을, 어떤이에게는 방언들 통역함을 주시나니 이 모든 일은 같은 한 성령이 행하사 그 뜻대로 각 사람에게 나눠 주시느니라"

성령이 오시면 하나님 성령은 각자의 특징을 따라서 성령이 전하는 대로 은사를 주시지요. 하나님께서는 어떠한 사람에게는 필요한 지혜의 말씀을 주셔서 문제를 해결하게 해주시고, 어떠한 사람에게는 감춰진 것을 깨닫게 해주시는 지식의 말씀을 주셔서 모르는 것을 알게 해주시고, 다른 사람은 성령의 역사와 마귀의 역사를 분별하는 영분별의 은사도 주시고, 어떤 사람에게는 은사의 방언, 어떤 사람은 통역하게 하시고, 어떤 사람은 예언도 주시고, 어떤 사람에게는 병 고치는 은사도 주시고, 또 기적을 행하는 은사도 주시고, 믿음의 은사도 주시고, 또 다른 사람들에게는 교회에서 봉사하는 은혜를 주십니다.

그것은 로마서 12장 6절로 8절에 "우리에게 주신 은혜대로 받은 은사가 각각 다르니 혹 예언이면 믿음의 분수대로, 혹 섬기는 일이면 섬기는 일로, 혹 가르치는 자면 가르치는 일로, 혹 권위하는 자면 권위 하는 일로, 구제하는 자는 성실함으로, 다스리는 자는 부지런함으로, 긍휼을 베푸는 자는 즐거움으로 할 것이니라” 이러한 직분도 하나님의 성령이 우리에게 은사로 주시는 것입니다. 성령이 은사를 주시면 기발한 일이 일어나요.

미국에 카네이션 밀크 회사는 세계적인 밀크 회사입니다. 카네이션 밀크 회사는 밀크만 파는 것이 아니라 온갖 종합적인 물건을 만들어 파는 회산데 그 부사장이 하루는 새벽기도를 하는데 갑자기 성령이 그 마음속에 지혜의 말씀을 주시고, 지식의 말씀의 은사를 주셨습니다. 뭐라고 하시냐면 “얼마 있지 아니하면 달러가 절하가 될 것이고 독일의 마르크화가 비싸질 것이니 빨리 모든 달러를 청산해서 마르크화를 사라” 기도하는데 성령이 그렇게 말해요. 그래서 그는 사무실에 와서 전 세계 지회사에 연락을 했습니다.

달러화를 다 팔고 마르크화로 바꿔라. 그러니까 지회사에서 전부 다 “우리 부사장 돌았지 않았느냐? 갑자기 왜 달러를 다 팔고 마르크화로 바꾸라 하냐?” 소동해도 그러나 부사장의 명령이라 다 달러를 팔고 마르크로 바꾸었습니다. 그런데 한 열흘이 지나고 난 다음에 닉슨 대통령이 달러화를 절하시켰습니다. 가치를 낮추어 버렸습니다. 그리고 마르크화는 높아졌습니다. 그러니 달러화가 가치가 떨어지고 마르크화는 높아졌잖아요. 달러로서 마르크를 사놓았으니 앉아서 돈이 쏟아지게 된 것입니다. 아예 호박이 넝쿨째 떨어졌습니다.

그러니까 온 회사 사원들이 다 “우리 부사장님 천재다. 어떻게 그것을 알았느냐?” 그리고 FBI 조사도 받았습니다. “혹시 닉슨 대통령하고 속이 통한 것 아닌가! 달러를 절하하기 열흘 전에 어떻게 달러 절하할 줄 알고 달러를 다 팔아서 마르크화로 샀느냐!" 그런 의심까지 받은 적이 있습니다. 그러나 닉슨 대통령과 통한 것이 아니라, 닉슨 대통령의 마음을 꿰뚫어 보고 있는 성령과 통했던 것입니다. 그러니 하나님이 문을 열면 닫을 자가 없고 닫아 놓으면 열자가 없습니다. 하나님이 복을 줄려면 하루아침에 팔자를 고쳐 놓을 수가 있는 것입니다.

이분은 너무 돈을 많이 벌고 회사에 공로를 많이 세워서 크게 배당금을 받고 더 이상 일할 필요가 없어 은퇴하고 말았습니다. 이런 기적이 일어난 것을 보고 과연 하나님의 성령의 은사가 임하면 이렇게 놀라운 역사가 일어나는구나 하는 것을 제가 체험한 것을 읽어 보았습니다.

에베소서 4장 12절에 보면 "이는 성도를 온전케 하며 봉사의 일을 하게하며 그리스도의 몸을 세우려 하심이라"각각 은사를 주어서 성도를 도와주고 교회의 몸을 세우려고 하는 것입니다.

베드로전서 4장 10절에 "각각 은사를 받은 대로 하나님의 각양 은혜를 맡은 선한 청지기 같이 서로 봉사하라"하나님께서 은사를 준 것은 그 은사를 가지고 자기 개인적으로 사용하라는 것이 아니라, 그리스도의 성도를 돕고 몸 된 교회를 섬기라고 주신 것입니다. 하나님의 성령 충만하면 성령께서 은사를 주시기 때문에 우리가 은사도 충만하도록 구할 뿐 아니라 그 무엇보다도 예수 믿는 사람은 성령의 열매를 맺어야 되는 것입니다.

성령이 오셔서 인격적인 열매를 맺으십니다. 오늘 예수 믿는 사람들이 사회 지탄을 받는 것은 예수는 열심히 믿지만은 인격적인, 도덕적인, 윤리적인 열매를 맺지 않고 있는 것입니다. 예수 그리스도를 믿으나 그 행위 속에 믿는 자처럼 빛과 소금이 되지 못한다는 것입니다. 세상과 똑같이 부정과 부패를 함께 하고 세속에 물들어 흘러가면 우리 예수 믿는 사람으로서 세상사람 앞에 다를 것이 무엇이겠습니까? 어두움 가운데는 빛이 되어야 되고 썩어가는 데는 소금이 되어야 될 것인데 같이 어두워지고 같이 썩어지면 우리 그리스도교회가 아무런 덕이 없을 것입니다.

오늘 우리 한국에 1,200만 성도가 있지만 한국사회에 빛과 소금이 되지 못했기 때문에 한국교회가 한국국민들에게 감화, 감동을 주지 못하고 한국 국민들의 심정을 움직이지 못합니다. 우리 교회가 빨리 회개하고 성령의 열매를 맺도록 우리가 간구해야 되는 것입니다.

성령께서는 우리가 간구하고 기도할 때 우리를 통하여 인격적인 열매를 맺게 해주는 것입니다. 성령의 열매는 "사랑과 희락과 화평과 오래 참음과 자비와 양선과 충성과 온유와 절제니 이 같은 것을 금지할 법이 없느니라"고 말한 것입니다. 이런 역사는 성령이 오셔서 우리의 인격적인 변화를 갖다 주고 인격적인 열매를 맺게 해주는 것입니다.

우리가 예수 믿고 가장 위대하고 중요한 것은 중생하고 성령 충만한 세례를 받고 난 다음 성령의 은사만 역사할 뿐 아니라, 성령의 열매를 맺어 변화 받은 남편이 되고, 변화 받은 아내가 되고, 변화 받은 자녀들이 되고, 변화 받은 시민이 되고, 변화 받은 국민이 되어야 되는 것입니다.

예수 믿는 사람이 사람들 앞에서 이런 열매가 나타나야 사람들이 보고 예수님이 살아 계시는구나, 참으로 하나님의 위대한 능력이 임하였구나 하고 감화, 감동을 받을 수가 있는 것입니다.

이것은 성령의 열매입니다. 우리가 태어날 때부터 스스로 자연적으로 된 열매가 아닙니다. 예수 믿고 구하면 성령이 와서 가나의 혼인잔치에 물이 변하여 포도주로 만든 것처럼, 우리에게 변화를 갖다 주어서 이러한 열매를 맺게 만들어 주는 것입니다. 우리는 성령으로 말미암아 변화 받아야만 되는 것입니다. 변화받지 아니하면 안 됩니다. 우리는 매일매일 영광에서 영광으로 변화를 받아야 하나님께 영광이 되고 온 세계의 빛이 될 수가 있는 것입니다.

21장 성령님이 성도를 인도하시는 방법

(롬 8:12-16)"그러므로 형제들아 우리가 빚진 자로되 육신에게 져서 육신대로 살 것이 아니니라. 너희가 육신대로 살면 반드시 죽을 것이로되 영으로써 몸의 행실을 죽이면 살리니 무릇 하나님의 영으로 인도함을 받는 사람은 곧 하나님의 아들이라. 너희는 다시 무서워하는 종의 영을 받지 아니하고 양자의 영을 받았으므로 우리가 아빠 아버지라고 부르짖느니라. 성령이 친히 우리의 영과 더불어 우리가 하나님의 자녀인 것을 증언하시나니"

세상에 어린아이가 태어나면 제일 먼저 배우는 것이 부모와의 대화입니다. 처음에는 몇마디 언어를 배워서'엄마', '아빠'몇마디 대화를 합니다. 그러나 세월이 흘러가면 점점 어휘가 풍성해짐과 동시에 깊이 있는 대화를 할 수 있게 되는 것입니다. 이와 같이 우리 예수 믿는 사람도 처음 예수를 구주로 모시게 되면 하나님의 자녀로 태어나게 되는 것입니다. 처음 자녀로 태어나게 되면 몇마디 언어밖에 할 줄 모릅니다. 그렇기 때문에 하나님께 기도할지라도 "하나님 감사합니다."라는 말 밖에 나오질 않습니다. 어떤 분이 제게 와서 말하기를 "목사님, 저는 예수 믿는데 기도하려고 엎드리면 입이 딱 달라붙어서 아무 말도 나오지 않고, 겨우 나오는 말이'하나님 감사합니다.'라는 말 밖에는 전혀 나오질 않습니다."라고 합니다.

그것은 왜냐하면 이제 갓 태어났는데 어떻게 말을 많이 하겠다는 것입니까?'엄마', '아빠'밖에 못하는데, 그때는 그저 "감사합니다."라는 말만 자꾸 해야 됩니다. 그러나 세월이 흘러가면 점점 기도의 어휘가 많아져서 유창한 기도를 하게 됩니다. 하나님에 대한 말씀도 깊이 있게 깨달아져서 하나님과 깊은 신앙의 대화가 이루어지고 신앙이 성장되는 것입니다.

이와 같이 하나님께서는 당신께서 구출하셔서 하나님 백성으로 지명한 사람들에게 성령을 주셔서 그때로부터 대소사 인간 생활에 성령으로 인도해 주시는 것입니다. 사람들이 성령의 인도를 많이 받지 못하는 이유는 그들이 성령의 인도라고 말하면 무슨 기상천외로 꿈이나 환상이나 하늘에서 벼락치는 음성이나 이런걸 들어야 성령의 인도를 받는 줄로 오해를 하고 있는 것입니다.

그렇기 때문에 그들이 성령의 인도를 받으려면'저 같이 신앙이 옅은 사람이, 또 저 같이 아직 신령하지 못한 사람이 무슨 성령의 인도를 받을 수 있겠습니까?'이렇게 불신앙을 가지고 있기 때문에 성령께서 인도하지 아니하는 것입니다. 하늘나라는 믿음으로 일어나는 것이지 믿음이 없이는 하나님을 기쁘시게 못하기 때문에 아무 일도 일어날 수 없는 것입니다. 하나님께서는 가장 평범한 생활 중에 가장 평범한 우리 같은 사람을 인도하시기를 원하시는 것입니다.

왜냐하면 하나님의 성령이 우리 속에 와 계신 것은 그냥 와서 방학을 하시려고 오신 것이 아닙니다. 성령이 오신 것은 우리를 인도하기 위해서 오신 것입니다.

1. 성령의 인도함을 받아야 하나님의 아들이다.

우리가 깨달아야 할 것은 하나님의 성령으로 인도함을 받는 그들이 곧 하나님의 아들이라고 말한 것입니다. 이러므로 하나님의 아들이 된 사람이면 그 누구를 불문하고 성령의 인도를 받을 자격이 있고 권리가 있는 것입니다. 그런데 하나님의 성령의 인도를 어떻게 받을까요? 성령 인도를 받으려면 우리의 모든 지성을 다 버리고, 이성을 다 버리고 성령으로 몽롱하게 되어서 '주여! 인도하여 주시옵소서' 마치 죽은 사람처럼 이렇게 해서 성령의 인도를 받는 것입니까? 대부분의 사람들은 성령의 인도를 받으려면 자기 지성도 버려야 됩니다. 자기 이성도 버려야 됩니다.

그래서 완전히 몽롱한 상태에 들어가야 성령의 인도를 받는 줄 알고 있는데 그러한 상태는 신비주의인 것입니다. 이것은 대단히 위험한 것입니다. 하나님께서 우리를 만드실 때 우리의 지성을 만들어 주셨습니다. 우리에게 지혜를 주시고 이성을 주신 것은 이걸 내버리라고 주신 것이 아닙니다. 우리의 지성과 이성은 사용하라고 주신 것입니다. 이러므로 하나님의 성령께서 우리를 인도하실 때 가장 평범하게 우리 속에 와서 계신 성령님은 성령님의 지성을 우리의 지성에 주셔서 깨달음을 통하여 인도하시는 것입니다. 우리가 성령으로 말미암아 깨달음이 오는 것입니다.

사람들은 제게 묻습니다. "병자를 위해서 기도 한 다음에 '옆구리가 나았습니다.' '발이 나았습니다.' '암이 나았습니다.' '눈이 보입니다.'라고 선포를 하시는데 어떻게 그렇게 말할 수 있습니까?

뭐 그것이 눈에 보입니까? 그렇지 않으면 환상이 나타납니까? 음성이 들립니까?"이런 질문을 많이 합니다. 가끔 그럴 때가 있지만은 99.9 퍼센트는 성령님이 깨닫게 해주십니다.

갑자기 마음속에, 제 감동 속에 여기에 암환자가 나왔다고 깨달아집니다. 여기에 간질병이 나왔다고 깨달아 집니다. 갑자기 제 지성 속에 여기에 폐병이 걸린 사람이 이 시간에 고침 받았다고 저에게 깨달아 지는 것입니다. 성령은 우리의 지성을 무시하지 않습니다. 우리의 지성에 하나님께서 성령의 지성으로 깨닫게 해주셔서 깨달음을 통하여 성령이 인도해 주시는 것입니다.

그렇기 때문에 범사에 성령의 인도를 받으려면 성령님을 인정하고 환영하고 모셔드릴 뿐만 아니라 문제가 생겼을 때 "성령이여 내게 깨달음을 주시옵소서. 이것이냐 저것이냐 깨달음을 주시옵소서. 이 길이 옳으냐 저 길이 옳으냐 깨달음을 주시옵소서. 어느 것이 하나님의 뜻인지 깨달음을 주시옵소서." 깨달음을 바라고 기도할 때 하나님의 성령께서 우리에게 빛을 비추어서 깨닫게 해주십니다. 그 깨달음대로 순종하고 걸어가면 성령의 인도를 받는 것이 되는 것입니다.

이러므로 대소사 성령의 인도를 받는 것이 그렇게 어렵지 않습니다. 저는 지금까지 목회를 해오면서 하나님께서 무슨 꿈이나 환상이나 음성으로 저에게 계시해 주신 것은 지극히 적습니다. 거의 모든 일에 하나님께 엎드려서 성령의 인도를 간절히 바랄 때 성령께서 저의 마음에 깨달음, 감동을 주셨습니다. 그러므로 무슨 감동도 젖혀버리고 이성도 젖혀버리고, 그렇게 해서 무슨 몽롱한 입신 상태에서 계시를 받는 그런 것은 없습니다.

그런 것은 신비주의지 그것은 성령의 인도라고 볼 수 없는 것입니다. 하나님의 성령은 인격자이기 때문에 우리에게 인격적으로 인도하셔서 우리의 인격을 무시하지 않습니다. 우리가 기도할 때 성령께서 깨달음을 주셔서 이 길이 하나님의 길이라는 것을 알고 걸어가게 만들어 주시는 것입니다. 그러므로 누구든지 하나님의 성령 앞에서 성령의 인도를 받을 수가 있는 것입니다.

그 다음 성령께서는 또한 우리의 감정을 통하여 인도하시는 것입니다. 대소사에 하나님의 성령은 우리의 감정을 무시하지 않습니다. 어떠한 사람들은 "신앙 안에 들어오면 감정을 무시해 버려야 한다" 이렇게 말합니다. 저는 그런 사람들 웃기는 소리를 한다고 생각합니다. 왜냐하면 감정을 젖혀버린 사람은 사람이 아닙니다. 사람은 모두 다 감정을 가지고 삽니다.

희노애락의 감정이 없는 사람은 목석이지 그게 어디 사람입니까? 우리의 생활에는 끝없는 감정속에서 살아갑니다. 기뻐하고, 성내고, 슬퍼하고, 즐거워하는 이 감정, 희노애락의 감정, 이것을 어떻게 사람과 불리할 수 있는 것입니까? 신앙이라는 것은 찬송을 부르는 것도 감정이요, 감사하는 것도 감정이요, '아멘', '할렐루야'하는 것도 감정이요, 감정을 무시하고 이성만 가지고 신앙을 가질 수는 없는 것입니다.

하나님께서는 성령의 역사로써 우리 감정을 순화시킵니다. 성령은 감정을 가지고 계십니다. 그렇기 때문에 성령이 우리 감정을 통해서 인도하십니다. 성령이 우리의 감정을 성령의 감정과 화합하게 하는 것입니다. 그래서 순종하게 하는 것입니다. 또한 어떠한 일을 위해서 기도할 때 안 될 일은 하나님의 성령께서 우리 마음속에 거센 거부 반응을 일으키는 것입니다. 막 싫어지고 미워지고 불안해지고 그렇게 되는 것입니다. 거부 반응이 일어납니다. 저는 그럴 때가 많습니다.

어떠한 일을 하려고 할 때 인간적으로 생각할 때 모두 좋다고들 하는데 기도를 하면 마음속에 거부 반응이 일어납니다. '싫다, 이거 하면 안 된다' 마음이 불안해집니다. 그런 일에 과거에 제가 그럼에도 불구하고 인정에 끌려서 손을 대었다가 백전백패를 했습니다. 아주 그냥 큰 실망을 했습니다. 그러므로 하나님의 성령께서 우리 감정에 거부 반응을 일으켜서 불안해지고 싫어지고 미워지고, 크게 싫은 반응이 일어나는 것입니다.

우리가 기도할 때 그러한 거부 반응이 일어나면 이것은 하면 안 되는 것입니다. 그러나 성령께서 긍정적인 반응을 주실 때는 마음에 소원이 일어납니다. 성경의 빌립보서에도 하나님께서 "자기의 기쁘신 뜻을 위하여 너희로 소원을 두고 행하게 하시나니." 하였습니다. 마음속의 뜨거운 소원이 일어나고, 거기에 보태져서 평안하고, 기쁨이 오고, 확신이 오고, 마음이 끌립니다. 기도할 때마다 그런 일이 일어납니다. 그러면 그 길을 택해야 됩니다.

그래서 하나님께서는 지성에 깨달음을 주시고 감정에는 거부 반응이나 긍정적인 반응을 통해서 하나님의 뜻을 보여 주십니다. 그 다음에 이제 우리는 결단을 내리게 되는 것입니다. 자아의 의지를 하나님께 굴복시켜 맡기면 주님 뜻이 임하여서 성령으로 우리의 마음속에 선택의 결정을 내리게 되는 것입니다.

이것이 다 마음속에 결정되어서 하나님의 뜻을 알고, 우리가 일어나서 눈에는 아무 증거 안보이고 귀에는 아무 소리 안 들리고 손에는 잡히는 것 없어도, 조금도 좌우로 흔들리지 아니하고 앞으로 앞으로 나아갈 수 있는 그러한 힘이 생겨나는 것입니다. 이렇기 때문에 오늘 이 시간에 성령의 인도를 받는다고 해서 기상천외의 무엇을 바라고 어떤 신령한 사람이 되어야만 성령의 인도를 받는다고 생각하지 마십시오.

하나님의 성령은 바람같이 우리 가운데 와서 지금 우리 속에 와 계시는 것입니다. 주님께서 말씀하시기를 "내가 너희를 고아와 같이 버려두지 아니하고 너희에게로 오리라, 내가 아버지께 구하겠으니 그가 또 다른 보혜사를 너희에게 주사 영원토록 너희와 함께 있게 하시리니"라고 말씀하신 것입니다. "성령은 너희 안에 거하실 것이라"고 말씀했으므로 오늘 이 시간에 우리 안에 계십니다. 바람을 보지 못해도 바람을 숨쉬고 사는 것처럼 성령을 보지 못해도 우리는 성령을 마시고 삽니다.

성령이 우리 속에 계셔서 우리의 지성을 통하여 우리의 감정을 통하여 우리의 의지의 결단을 통하여 가장 평범한 가운데서 가장 조용한 가운데서 우리를 매일 매일 대소사에서 인도하기를 원하시고 계신 것입니다. 그렇기 때문에 우리가 하나님의 아들이면 오늘날 평범한 생활 가운데서 늘 성령의 인도를 기대하며 성령님의 인도를 받고 살아야 합니다. 그렇게 할 때 우리의 생애 속에 하나님의 뜻이 줄기차게 성취될 수 있을 것입니다.

2. 성령께서 가장 집중적으로 인도하는 것

하나님의 성령께서 우리를 인도하는 중 가장 집중적으로 인도하는 곳이 있습니다. 우리의 대소사 생활을 초월해서 성령께서 가장 집중적으로 인도하는 곳이 있습니다. 이것이 어느 교회일까요? 아닙니다. 교파입니까? 아닙니다. 그러면 교단입니까? 아닙니다. 그럼 사람입니까? 아닙니다. 그런 곳으로 성령이 인도한다면 그건 성령이 아닙니다. 성령이 인도하는 곳은 갈보리 십자가에 못 박힌 예수께로만 인도하는 것입니다. 성령은 자기 자신도 자랑하지 않습니다.

성령께서는 하나님의 아들 나사렛 예수 그리스도로만 자랑하게 하는 것이요. 성령이 예수 그리스도를 비추어서 예수 그리스도의 십자가에서 고난당한 의미를 우리가 깨달아서 그것이 우리의 것이 되도록 만들어주는 것이 성령께서 가장 집중적으로 우리를 인도하는 길인 것입니다. 이러므로 하나님의 성령께서는 우리를 예수 그리스도의 십자가 밑으로 끌고 와서 죄 사함의 의미를 깨닫게 해주시는 것입니다.

죄 사함 받는다고 하니까 뭐 윤리적, 도덕적인 죄, 그래서 살인하고 간음하고 도둑질하고 그리고 이웃을 거짓 증거한 죄, 이런 죄만 죄인 줄 아는데, 물론 그것도 심각한 죄이지요. 그러나 그런 것은 용서받을 수 있는 죄인 것입니다. 가장 무서운 죄가 있습니다. 멸망 받는 죄가 있습니다. 이 죄만은 용서받지 못하는 죄가 있습니다. 그것은 예수를 믿지 않는 죄인 것입니다. "죄에 대하여라 함은 저희가 나를 믿지 아니함이요" 우리 주 예수께서 오셔서 우리의 모든 과거와 현재와 미래의 죄를 다 한 몸에 짊어지시고 십자가에 올라가서 몸 찢고 피 흘려서 청산했습니다.

이 예수 그리스도를 구주로 모시어 드리고 그 죄사함을 받아들이지 아니하면 이것이 가장 무서운 죄입니다. 그러므로 세상에 멸망하는 죄는 예수를 믿지 않는 죄 때문에 멸망하는 것입니다. 이렇기 때문에 하나님의 성령께서는 오셔서 "예수께서 어떻게 우리 죄를 청산했는가?" 이것을 깨닫게 해주시고 예수를 통해서 우리의 일생의 죄가 청산을 받습니다. 죄 없이함을 입으며, 의롭다 함을 입습니다.

그래서 하나님 앞에 부끄러움 없이 설 수 있는 자격자가 되는 것을 성령은 우리에게 비추어 주십니다. 우리가 예수를 받아들임으로 죄 용서함을 받고 의인이 되도록 하는 이것을 깨닫게 하시려고 성령은 집중적으로 우리를 이끌어 주시는 것입니다.

그 다음에는 성령께서는 성령 충만의 의미를 깨닫게 해주시는 것입니다. 우리는 이 세상에 살면서 마음에 목마르고 갈급하며 살았었습니다. 사랑과 희락과 화평도 없었으며, 믿음과 소망과 사랑도 없었으며, 기쁨도 없이 메마른 광야를 지나가는 것 같은 탄식을 하고 살았었습니다. 그러나 이제는 그렇게 살 필요가 없다고 성경은 말합니다. 예수 그리스도의 터진 옆구리에서 물과 피가 쏟아 나오듯이 주님은 말씀합니다. "누구든지 목마르거든 내게로 와서 마시라 나를 믿는 자는 성경에 이름과 같이 그 배에서 생수의 강이 흘러나리라"고 하셨으니 오늘날 예수 앞에 나오면 성령의 생명수가 넘치게 나온다는 사실을 성령은 깨닫게 하려고 애를 쓰고 있는 것입니다.

그렇기 때문에 이제 목마른 생활, 광야를 지나는 생활 같은 버림받은 심정에 꽉 들어찬 삶을 살지 말고, 예수께로 나와서 성령의 충만함을 받아 성령의 그 생수가 강같이 흐르는 곳에서 살기를 원하시는 것입니다.

성령은 또한 우리에게 예수 그리스도 앞에 나와서 치료의 의미를 깨닫게 하는 것입니다. 우리는 병든 세계에서 삽니다. 병든 사회, 병든 가정, 병든 남자, 병든 여자, 마음도 육체도 다 병들어 있습니다. 약하게 병들고 강하게 병든 차이는 있지마는 모두 다 심각하게 병들어 있습니다. 그러나 오늘날 예수 그리스도는 이 땅에 오셔서 치료자로서 왔다는 사실을 성령은 깊이 깨닫게 하려고 하는 것입니다. 예수님의 1/3의 사역은 치료하는 데에 있었으며, 예수님께서 "저가 우리 연약한 것을 친히 담당하시고 병을 짊어지셨도다"고 하시기 위해서 병을 짊어지셨습니다.

"그가 채찍에 맞음으로 우리가 나음을 입었도다."고 말했습니다. 이 치료의 사실, 이 진실함을 성령은 우리에게 깨닫게 하기를 원합니다. 그래서 우리의 마음속에 병에 대한 두려움과 공포를 다 젖혀버리길 원합니다. 병을 누더기 벗어 버리듯이 믿음으로 벗어 버리고 일어나게 하려고 합니다. 성령은 이것을 깨닫게 하시려고 우리에게 오셔서 십자가 밑에서 이것을 비춰 주시는 것입니다.

이러므로 죄의 용서를 받은 우리들은 부활의 첫 열매인 건강을 영속에, 마음속에, 육체 속에 받아들여야 되는 것입니다. 예수님은 우리의 생애 속에 치료자로서 오늘도 이 시간에 손을 내밀어 역사하고 계신 것입니다.

그리고 성령께서는 우리의 마음에 인도하고 비춰서 이제 더 이상 저주에서 살 필요가 없다는 것을 보여주는 것입니다. 아담과 하와가 하나님을 반역하고 에덴에서 쫓겨났었을 때 땅은 저주를 받아 가시와 엉겅퀴를 내며, 이마에 땀을 흘려야 먹고사는 처참한 저주의 삶 속에 인생은 떨어졌습니다. 모두 다 쫓겨났기 때문인 것입니다. 버림받았기 때문인 것입니다.

그러나 성령께서는 예수 그리스도의 십자가를 쳐다보게 해서 그리스도의 십자가를 통해서, 쫓겨난 땅에서 다시 하나님께 영접함을 받게 됩니다. 미움 받은 처소에서 사랑을 받게 됩니다. 버림받은 처소에서 다시 용납함을 받게 됩니다. 하나님의 품에 안기게 됩니다. 저주받은 자리에서 이제는 하나님의 축복을 받은 자리에 들어오게 되었다는 사실을 깨닫게 하여 주시는 것입니다.

성경은 말씀하기를 "나무에 달린 자마다 저주 아래 있는 자라"고 말한 것입니다. 여호와의 저주받은 자만이 나무에 달린다고 했는데 "그리스도께서 우리를 위하여 저주를 받은바 되사 율법의 저주에서 우리를 속량하셨으니 기록된바 나무에 달린 자마다 저주 아래 있는 자라 하였음이라"했었습니다.

이러므로 성령께서는 우리에게 그 십자가를 가리킵니다. "너를 대신해서 예수께서 저 나무에 달려서 저주를 받았으므로 이제는 저주가 너와 상관이 없이 하나님의 축복이 너에게 임하였으므로 버림받은 땅에서 하나님의 용납 받은 땅으로 들어가며 그리고 미움에서 사랑으로, 이제는 저주에서 축복으로 변화되었다"는 것을 성령께서 보여주시기를 원하시는 것입니다.

그래서 우리의 마음속에 더 이상 가난의식, 저주의식, 패배의식, 버림받은 의식, 절망의식을 다 누더기처럼 벗어버리고 그리스도 안에서 하나님의 예비한 은총과 축복의 새사람이 되기를 원하시고 있는 것입니다.

그리고 성령께서는 우리를 통해서 그리스도를 보여주십니다. 예수께서 십자가에 그처럼 처참하게 못 박힌 것은, 이 죄 짓고 불의하며 추악하고 저주받고 절망적인 누더기 같은 인생을 십자가에서 다 청산해 버리고, 이제 우리가 그리스도를 통해서 주님이 지으신 새 하늘과 새 땅과 새 예루살렘으로 인도할 것을 약속해 주는 것입니다. 그렇기 때문에 성령께서 우리에게 가르쳐 주시는 것은 "너희가 이 땅에 사는 것은 행인과 나그네같이 사는 것이다. 모든 인생은 풀과 같고 그 영화는 풀의 꽃과 같아 풀은 시들고 꽃은 떨어지되 여호와의 말씀은 세세토록 있도다"

이러므로 우리 주 예수 그리스도를 통해서 전개될 새 하늘과 새 땅과 새 예루살렘, 눈물과 근심과 탄식과 죽음과 이별하는 것이나 곡하는 것이 없는 새로운 삶의 세계가 우리 앞에 있으니 그를 위해서 준비하라는 것을 성령께서는 우리에게 집중적으로 깨닫게 해주시는 것입니다. 그렇기 때문에 우리가 성령의 인도를 받으면 성령께선 우리를 가장 집중적으로 인도해서 십자가 밑에서 그리스도를 깨닫고 새사람이 되게 합니다. "그런즉 누구든지 그리스도 안에 있으면 새로운 피조물이라 이전 것은 지나갔으니 보라 새것이 되었도다."고 고린도후서 5장17절에 말하고 있는 것입니다.

그러나 오늘날 일부 사람들이 교회에 와서 성령을 인정하고 환영하고 모시어 드리지 아니합니다. 성령이 없는 교회는 예수 그리스도와 그 십자가에 속한 그 은총을 설교하지 않습니다. 철학이나 과학이나 세상 윤리나 도덕이나 자유주의 신학이나 설명합니다. 인본주의적인 예배의식 속에 인간을 끌어 놓습니다. 그래서 성령과 그리스도가 없는 교회를 만들어 놓고 있는 것입니다. 오늘날 수많은 교회가 십자가는 달고 있지마는 성령이 없는 교회가 되어갑니다.

그리고 그리스도의 대속의 은총 없이 인간의 종교, 인간의 수단, 인간의 방법, 인간의 지혜로써 세상 이야기만 가득 채워 놓는 이러한 교회가 많이 있습니다. 그렇기 때문에 우리가 정신 차리지 아니하고 잘못하면 올바른 신앙 속에 있는 줄 알고 있다가 심판 날에 버림받는 처참한 환경을 보게 될 것입니다. 하나님의 성령은 인간의 학문이나 철학이나 인간의 과학이나 인간의 신학으로 이끌지 않습니다.

하나님의 성령은 예수 그리스도와 그 십자가에 못 박힌 것으로 우리를 이끌어 주시는 것입니다. 이 때문에 바울 선생은 예수 그리스도와 그 십자가에 못 박힌 것 이외는 내가 알지 않기로 결심했다고 말씀한 것입니다. 이렇기 때문에 오늘 이 시간에 하나님의 성령으로 말미암아 우리의 옛 사람을 누더기처럼 벗어버리고 새 사람을 입어야 합니다. 죄 용서함 받은 사람, 성령의 생수를 마신 사람, 치료받은 사람, 저주에서 해방을 얻어 축복 속에 들어온 사람, 그리스도의 왕국에 속한 사람으로서 자기의 새로운 처지와 신분과 자기의 이미지를 받아들여서 새 사람이 되려고 노력하시기를 바랍니다.

그렇지 않고 밤낮 교회에 나와서 설교할 때 입 벌리고 잠이나 자고, 교회 뜰이나 밟고 의자나 닳게 하는 그러한 신앙을 밤낮 열심히 해서 무슨 소용이 있습니까? 성령의 가르침을 받아서 그리스도 안에서 새 사람이 되어서 새 믿음과 새 말과 새 노래와 새 생각을 가지고 나갈 수 있어야 될 것입니다.

3.성령은 열매 맺는 신앙생활로 인도한다.

성령님으로 깨달음을 받은 자를 주님께서 이제는 대외적으로 열매 맺는 생활로 인도하는 것입니다. 하나님의 성령께서는 이제 변화 받은 사람에게 변화된 삶이 다가오게 하는 것입니다. 우리의 생활 속에 성령은 천국을 가져와서 의와 평강과 희락의 열매를 맺게 합니다. "하나님의 나라는 먹는 것과 마시는 것이 아니요 오직 성령 안에서 의와 평강과 희락"에 있습니다. 죄를 버리고 의롭게 살며, 추를 버리고 거룩하게 살며, 의의 열매가 맺어지게 합니다. 마음속에 평화가 강물처럼 넘치도록 해줍니다.

항상 어떠한 경우에도 성령으로 기뻐함으로 열매 맺도록 성령께서 이끌어 주십니다. 우리에게 긍정적인 믿음을 주셔서 눈에는 아무 증거 안보이고 귀에는 아무 소리 안 들리고 손에는 잡히는 것 없어도 말씀 위에 서서 '믿습니다.'하며 나가도록 성령께서 우리들에게 힘을 주십니다. 적극적인 소망을 주셔서 내일은 오늘보다, 다음 달은 금번 달보다, 영원한 미래는 영원한 찬란한 소망이 있는 것을 우리가 깨달아서 낙심하지 않고 부정적이 되지 않도록 이끌어 주십니다.

창조적인 사람으로 이끌어 주셔서 내가 사랑하고 싶은 사람만 사랑하는 것이 아니라, 적극적으로 나아가서 미워하는 사람도 버림받는 사람도 사랑하며 나아가서 그리스도를 전하게 성령은 만들어 주시는 것입니다.

그뿐 아니라 성령은 그리스도의 몸된 교회를 세웁니다. 이 교회는 심령(무형)교회와 지상(유형)교회를 모두 말하는 것입니다. 하나님께서는 성령을 보내셔서 교회를 세우게 하신 것입니다. 이러므로 성령은 우리를 통해서 교회를 세우는 것입니다. 하나님께서 가장 관심을 가지는 것이 교회를 세우는 것입니다. "내가 이 반석 위에 내 교회를 세우리니 음부의 권세가 이기지 못하리라" 했었습니다. 그렇기 때문에 이 세상 사람들이 온갖 죄를 다 지어도 용서 받지마는 그리스도의 몸 된 교회를 훼파하면 하나님께서 저를 멸하십니다.

성경은 뭐라고 말합니까? "누구든지 하나님의 성전을 더럽히면 하나님이 그 사람을 멸하시리라 하나님의 성전은 거룩하니 너희도 그러하니라."고 말씀하는 것입니다. 오늘날 성전을 더럽히면 하나님이 저를 멸하십니다. 그리스도의 몸 된 교회는 성전인 것입니다. 성전을 더럽히면 하나님이 저를 멸하겠다고 하신 것입니다. 이렇기 때문에 하나님은 집중적으로 성령을 보내서 우리를 통하여 교회를 세웁니다.

하나님이 교회를 얼마나 사랑하시는지 한번 볼까요? 에베소서 5장 29절에 보면 "누구든지 언제든지 제 육체를 미워하지 않고 오직 양육하여 보호하기를 그리스도께서 교회를 보양함과 같이 하나니"사람들은 배고프면 먹이지요, 추우면 옷 입히지요, 병들면 병원에 가서 치료해 주지요, 그리고 피곤하면 자기 몸을 재우지요, 남이 공격하면 막지요, 사람은 결사적으로 자기 몸을 보육합니다. 그런데 이 성경은 말하기를 "누구든지 언제든지 제 육체를 미워하지 않고 양육하며 보호하기를 그리스도께서 교회를 보양함 같이 하나니" 예수 그리스도께서는 우리의 심령 교회와 자기 교회가 복음을 듣고 믿음이 자라고 성령의 능력을 받게 하고 믿음이 성장하게 하고 성령의 열매를 맺게 하는 것입니다.

이렇기 때문에 오늘날 성령은 장로님, 권사님, 안수집사님, 서리집사님, 혹은 평신도, 혹은 교회학교 교사들, 성가대들, 평신도, 누구를 불문하고 우리를 사용해서 예수 그리스도의 몸 된 교회를 세우려고 하시는 것입니다. 이러므로 오늘날 성령으로 충만하고 성령의 인도를 받는 사람은 그리스도의 몸 된 교회에 결코 상처를 입히지 않습니다. 교회는 예수 그리스도의 눈에 보이는 몸인 것입니다. 그리스도의 몸에 상처를 입히면 하나님께서 저를 멸하여 버리고 마는 것입니다.

이 교회는 바로 하나님이 거하실 처소요, 예수님의 몸이요, 우리와 함께 영원히 거할 천국을 건설하는 것입니다. 에베소서 2장 20절로 22절에 보면 "너희는 사도들과 선지자들의 터 위에 세우심을 입은 자라 그리스도 예수께서 친히 모퉁잇돌이 되셨느니라. 그의 안에서 건물마다 서로 연결하여 주 안에서 성전이 되어 가고 너희도 성령 안에서 하나님이 거하실 처소가 되기 위하여 그리스도 예수 안에서 함께 지어져 가느니라."

그러므로 우리는 계속해서 성령과 더 어울려 그리스도의 교회를 지어갑니다. 영적으로 지어가고, 우리 그리스도의 교회를 더 능력으로 키우고, 이런 일에 우리 성령으로 말미암아 우리는 세우는 일에 종사해야 되는 것입니다.

그리고 성령께서는 이제 우리를 세워서 증거의 사명을 하도록 인도해 주시는 것입니다. 주님께서 마지막으로 우리에게 부탁한 말씀이 마가복음 16장 15절에 "또 가라사대 너희는 온 천하에 다니며 만민에게 복음을 전파하라"고 말한 것입니다. 온 천하까지 다니면서라도 만민에게 복음을 증거하라고 했으니 내 형제와 이웃은 말할 필요 없이 증거 해야 될 것입니다.

사도행전 1장 8절에 "오직 성령이 너희에게 임하시면 너희가 권능을 받고 예루살렘과 온 유다와 사마리아와 땅 끝까지 이르러 내 증인이 되리라"고 말한 것입니다. 그러므로 성령은 증인의 영인 것입니다. 성령이 오시면 우리가 입을 열어서 우리 가족, 친지, 형제들에게 증거하지 아니할 수 없습니다. 예수가 그리스도라는 것을 증거하고, 그가 죽었다가 살아서 우리를 구원한 것을 증거하고, 이제 곧 종말이 다가오며 하나님의 새 하늘과 새 세계가 다가온다는 것을 우리는 증거 하도록 성령께서 우리를 통해서 인도하십니다.

만일 예수를 10년이나 20년 동안 믿었는데 아직까지도 입을 열어 증거하지 못한다면 이것은 성령이 그 속에 계시지 않기 때문인 것입니다. 성령이 있는 사람치고 말을 잘하든 못하든 상관할 필요 없이 증거하지 않는 사람은 없습니다. 증거해서 상대방이 그것을 받아들이든 안 받아들이든 그것은 우리로서 알 수가 없습니다. 내 증거를 듣고 믿든 안 믿든, 그것은 내 책임이 아닙니다. 그러나 내가 할 일은 적어도 예수가 그리스도요, 구주라는 것을 증거 하는 것은 내가 마땅히 해야 될 일인 것입니다. 하나님의 성령께서 역사하시면 이와 같이 대외적으로 열매를 맺게 합니다. 사랑과 희락과 화평의 열매만 맺는 것이 아니라, 믿음, 소망, 사랑의 열매만 맺는 것이 아니라, 우리 예수 그리스도의 몸 된 교회를 세우는 열매를 맺고 나아가서 사람들에게 전도하고 증거하는 열매를 맺게 되는 것입니다. 초대교회에는 성령이 충만할 때 그들은 목숨을 바쳐서 다 증거 했습니다. 사도들마다 그리스도를 증거 하다가 그들의 목숨을 잃었습니다. 그래도 증거를 그치지 않았습니다.

이것은 성령은 증거의 영이신 것입니다. 그렇기 때문에 오늘 내가 성령으로 충만 한가 안 한가를 알아보려면 간단합니다. 성령이 충만한 사람은 증거 하지 않고 견디지 못합니다. 아무리 자기가 성령 충만하다고 해서 앉아서 방언을 말하고 온갖 성령의 은사를 가졌다 할지라도 증거 하지 않는다면 그것은 참된 성령의 충만이라고 볼 수 없는 것입니다. 성령 충만의 가장 참된 증거, 성령 충만의 가장 위대한 증거는 증거에 있습니다.

나가서 예수가 그리스도라는 것을 증거할 때 그 사람은 성령이 같이 계신 사람이며, 이것을 잘 할 때 성령이 충만한 사람인 것입니다. 예수를 전도하지 않는 성령은 있을 수가 없습니다. 예수를 전도하지 않는 성령 충만이 무슨 성령 충만인 것입니까? 저도 그렇습니다. 성령이 충만할 때는 전도하고 싶어서 못 견딥니다.

그래서 그냥 만나는 사람마다 예수는 그리스도라고 전도하고 설교하는데, 시험이 들어 가지고서 기도도 안하고 성령의 충만이 싹 가라 앉으면 그만 전도하고 싶지 않습니다. 사람을 만나도 입이 딱 달라 붙어가지고 전도하기 싫고 말이죠, 그러고 난 다음 "뭐 나도 시험이 들면 지옥 갈텐데 너는 누구에게 전도한단 말이냐"이런 생각이 쑥 들어오는 것입니다.

이러므로 우리가 성령이 충만한가 안 한가는 전도에 달렸다는 것을 알아야 됩니다. 그리스도를 믿는 사람들은 모두 다 성령의 사람들입니다. 예수를 믿으시면'아멘'하세요. 그러면서 마음으로 이렇게 외치십시오. "나는 성령의 사람입니다"성경은 말하기를 그리스도의 영이 없는 사람은 그리스도의 사람이 아니라고 했습니다.

우리는 다 그리스도의 영을 가진 성령의 사람들이요, 보통 사람들이 아닙니다. 세상 사람들은 다 정욕의 사람들이지만 우리들은 다 성령의 사람들인 것입니다. 그러므로 우리들은 성령으로 살고 성령으로 행하고 성령의 능력으로 부활하게 됩니다. 이러므로 성령님을 인정하고 환영하고 모시어 드리고 의지하십시오. 하나님은 보좌에 계시고, 그 아들 예수 그리스도는 모든 일을 다 완성하시고 보좌 우편에 계십니다.

성령은 그리스도가 십자가에 못 박혀 이루신 그 공로를 아버지의 뜻을 따라 우리에게 나누어주십니다. 우리를 돌보아주고 회개시키고 성장시키기 위해서 어머니가 갓난 어린애를 품에 안고 무릎에 앉히고 젖을 먹이고 기저귀를 갈아 주듯이 성령은 우리를 돌보고 키우기 위해서 우리와 같이 계시고 우리와 함께 승천하실 제3위의 하나님이신 것입니다. 이러므로 이 성령 없이는 영원히 살아날 수 없고, 성장할 수도 없고, 자라날 수도 없으며 승리의 신앙생활도 할 수가 없습니다.

왜냐하면 어머니 없이 어린아이가 자랄 수 없는 것처럼, 아무리 놔두어도 키우는 어머니 없이 살아갈 수가 없는 것처럼, 아무리 예수를 믿어도 성령의 역사 없이 그 사람이 신앙적으로 성장하고 발전하고 자랄 수가 없는 것입니다. 이렇기 때문에 성경에는 예수께서 말하기를"또 누구든지 말로 인자를 거역하면 사하심을 얻되 누구든지 말로 성령을 거역하면 이 세상과 오는 세상에도 사하심을 얻지 못하리라"고 말한 것입니다.

이러므로 성령께서 교회와 우리 신앙생활에 얼마나 중요한 지위를 가지고 계시다는 것을 알아야 될 것입니다. 이 성령은 어머니같이 다정하게 우리와 영원히 같이 계시면서 오늘 우리에게 말씀으로 증거 해주신 대로 우리를 인도하여 주십니다.

22장 성령으로 살고 성령으로 행하는 법

(갈 5:16-26)"내가 이르노니 너희는 성령을 따라 행하라 그리하면 육체의 욕심을 이루지 아니하리라. 육체의 소욕은 성령을 거스르고 성령은 육체를 거스르나니 이 둘이 서로 대적함으로 너희가 원하는 것을 하지 못하게 하려 함이니라. 너희가 만일 성령의 인도하시는 바가 되면 율법 아래에 있지 아니하리라. 육체의 일은 분명하니 곧 음행과 더러운 것과 호색과 우상 숭배와 주술과 원수 맺는 것과 분쟁과 시기와 분냄과 당 짓는 것과 분열함과 이단과 투기와 술 취함과 방탕함과 또 그와 같은 것들이라 전에 너희에게 경계한 것 같이 경계하노니 이런 일을 하는 자들은 하나님의 나라를 유업으로 받지 못할 것이요. 오직 성령의 열매는 사랑과 희락과 화평과 오래 참음과 자비와 양선과 충성과 온유와 절제니 이같은 것을 금지할 법이 없느니라. 그리스도 예수의 사람들은 육체와 함께 그 정욕과 탐심을 십자가에 못 박았느니라. 만일 우리가 성령으로 살면 또한 성령으로 행할지니 헛된 영광을 구하여 서로 노엽게 하거나 서로 투기하지 말지니라."

하나님은 우리에게 성령으로 살고 성령으로 행하는 성도를 축복하십니다. 제가 시화에서 교회를 개척 할 당시에 이정자라는 노인을 전도하였습니다. 제가 노인정에 갔다가 무릎이 아파서 제대로 걸어 다니지 못하는 이분에게 예수 믿으면 무릎도 낫고 천국도 갈 수 있다고 하여 전도를 했습니다. 그래서 예수를 믿고 저희 교회에 등록을 하였습니다. 거의 매일 제가 예수 이름으로 안수기도를 했습니다. 그래서 무릎이 나았습니다. 세례도 받았습니다.

그리고 십일조에 대하여 알려주었습니다. 십일조를 아주 착실하게 잘했습니다. 무엇보다 무릎이 나았으니 치료비가 들지 않아서 좋다고 했습니다. 이제 전에 살던 서울에 마음대로 다닐 수가 있어서 아주 좋다고 저에게 늘 감사를 했습니다. 그래서 제가 무릎을 고쳐주신 것은 예수님이십니다. 예수님에게 감사하라고 일러주었습니다. 그렇게 믿음 생활을 잘하다가 저희 교회가 갑자기 서울로 이전을 하게 된 것입니다. 정말 저는 많이 울었습니다. 열심히 전도해서 성도들을 다 모셔온 분들입니다.

그런데 그런 분들을 두고 서울로 올라오려니 마음이 너무나 아팠습니다. 그래서 울었습니다. 정말 목사는 한 곳에서 교회를 해야지 이전하는 것은 좋지 못한 것이라는 것을 알았습니다. 이전을 하려고 이삿짐을 다 싸가지고 차에다 싣고 있었습니다. 그런데 이분이 오신 것입니다. 이 분이 오셔서 하는 말이 목사님 그동안 고마웠습니다. 그러면서 주머니에서 봉투를 세 개를 내놓는 것입니다. 하나는 십일조 모아둔 것이고, 하나는 감사헌금이고, 하나는 가시다가 시원한 음료수라도 사서 드시라고 하면서 봉투를 주는 것입니다. 그러면서 이렇게 말합니다. 서울에 가시거든 성도들에게 십일조를 하라고 알려주세요. 제가 목사님의 말씀을 듣고 십일조를 하기 시작을 했습니다. 그랬더니, 돈이 자꾸 들어오는 것입니다. 십일조가 자꾸 늘어나는 것입니다.

저의 자식들의 형편이 풀리니 용돈을 자꾸 올려줍니다. 그래서 어떤 때는 한 달에 150만원을 용돈으로 받았습니다. 그래서 재미가 있어서 한 푼도 떼어먹지 않고 십일조를 했습니다. 그리고 제가 서울에 집이 하나 있는데 서울시와 행정 처리가 잘 못되어 매주 마다 서울에 올라가서 데모를 했습니다. 그런데 그것이 하나님의 마음에 합한 것이 못되어 양심에 가책이 와서 그만 두었습니다. 그러니 지금은 마음이 편하고 좋습니다.

예수 믿는 사람이 양심에 가책이 오는 것을 하면 안 됩니다. 목사님 저의 간증을 서울에 있는 성도들에게 꼭 해주세요. 이분이 예수를 믿고 성령을 받으니 내적인 갈등이 생긴 것입니다. 그래서 성령의 역사에 순종한 것입니다.

예수님을 믿기 전에는 영이 죽어 있고 하나님의 법을 알지 못하고 있었으므로 육의 노예가 되어 살았기 때문에 내적 갈등이 없었습니다. 그러나 예수를 믿고 영이 살아나고 하나님의 법을 깨달게 되면 육과의 투쟁이 시작됩니다. 그러므로 영과 육의 갈림길에서 고통을 당하는 것입니다. 영육간의 갈등이 없는 사람은 구원을 얻지 못한 사람입니다. 그러나 영과 육의 갈등이 있다는 것은 구원을 받았다는 증거가 되기도 하는 것입니다. 우리의 신앙의 성장에는 끊임없이 육의 사람을 십자가에서 죽여 버리고 신령한 사람으로 장성하는 것이 신앙의 성장 요소인 것입니다.

1. 육의 사람의 특성

우리 육의 사람은 어떠한 사람인지 육의 사람의 특성을 성경이 우리에게 보여 주는 것을 살펴보고 육의 사람이 다가올 때 그를 대적하고 물리쳐야 되겠습니다. 우리는 끊임없이 육신에 둘려서 살고 있기 때문에 육의 사람, 우리를 도적질하고 죽이고 멸망시키는 마귀와 손을 잡고 우리 속사람을 죽이려고 하는 육의 사람의 공격은 끊임없이 다가옵니다. 그러므로 우리가 먼저 우리 원수가 누구인지를 알고 대적해야겠습니다. 성경은 이렇게 말하고 있습니다.

육의 사람의 성품은 먼저 음행이 그 성품에 처음 나타나는 것입니다. 음행이란 무질서한 성적인 행위로서 성생활을 부부에 한정하지 않고 방종 하는 것을 음행이라고 말합니다. 육의 사람의 나타남은 벌써 음행으로 시작되고 더러운 것입니다. 생각과 말과 행동이 부도덕하고 음탕합니다. 이러므로 육의 사람들은 끊임없이 육과 마귀의 유혹을 받아서 생각과 말과 행동이 부도덕하고 음탕함 속에 있습니다. 세상을 섬기거나 세상을 사랑하여 세상에 무릎을 꿇는 것도 음행에 속합니다.

그리고 호색합니다. 무절제하게 성적 욕망에 빠져서 그것을 추구하다가 몸도 마음도 가산도 탕진하는 그러한 삶을 삽니다. 육의 사람은 우상숭배를 합니다. 하나님 이외의 자연이나 인간이 만든 것을 신으로 섬깁니다. 그러므로 무엇이든지 복 받는다면 해 앞에도 달 앞에도 물 앞에도 나무나 돌 앞에도 굽신거리는 이것이 육의 사람인 것입니다. 육의 사람은 술수를 행합니다. 육신적으로 주술을 통해 운명과 환경을 변화시키는 행위인 것입니다. 입으로 주술을 외우면 운명이 변화되고 복이 온다고 생각하고 있습니다.

육의 사람은 원수를 맺습니다. 화해를 거부하고 대적합니다. 오늘날 세상에 이렇게 미움과 원한이 꽉 들어차고 조금만 하면 원수가 되는 것입니다. 육의 사람이 살아 있기 때문인 것입니다.

육의 사람은 분쟁을 잘 합니다. 이해가 상반하여 다툽니다. 이해와 타협과 양보가 없습니다. 요사이 우리 한국에 노사 분쟁 같은 것은 육의 사람들이 모여서 그렇게 싸웁니다. 조금이라도 서로 이해하고 타협하고 양보가 있으면 문제가 해결될 것인데 이해가 상반하면 좌우간 남은 죽고 나는 살아야 된다는 그러한 욕심 가운데서 서로 분쟁을 합니다. 육의 사람입니다.

그리고 육의 사람은 시기합니다. 남이 잘 되는 것을 마음에 쓰디쓴 마음을 품고 좋아하지 않습니다. 육의 사람은 분을 냅니다. 미움이 폭발하여 공격적이 되는 것입니다. 요사이는 걸핏하면 공격적이 되어서 분을 내어서 사람을 패 죽입니다. 육의 사람의 행위인 것입니다.

그리고 육의 사람은 당을 짓습니다. 파당을 지어서 화합을 깨뜨립니다. 조금만 하면 파당을 지어서 서로 대결하고 싸웁니다. 육의 사람은 분리합니다. 본처에서 떨어져 나가 협력을 거부합니다. 자기 마음에 맞지 않아도 대다수가 좋아하면 그것에 따라 가야 하는 것이 민주주의 원칙입니다. 그러나 육의 사람은 분리합니다. 자기 뜻대로 안되면 사분오열이 되어서 물어 찢습니다.

육의 사람은 이단을 따라 갑니다. 말씀의 근원적인 진리를 벗어나서 암적 조직체가 되는 것이 이단인데, 이 이단이란 하나님의 성경의 정상적인 가르침을 떠나서 자기의 욕심을 좇아 새로운 단체를 결성하고 따라나가나 종국에는 멸망당하고 말 것입니다.

육의 사람은 투기합니다. 자기보다 더 사랑을 받거나 인정을 받거나 성공하는 것을 마음속에 극히 시기합니다. 육의 사람은 술 취함 속에 삽니다. 술 취함이란 이성이 마비되어 정상적인 말과 행위를 잃어버립니다. 성경에는 술 취하지 말라 이는 방탕한 것이라고 말씀하셨습니다. 술이 취하면 방탕하게 되고 생활을 파탄에 이르게 합니다.

그리고 육의 사람은 방탕합니다. 방탕이란 무질서, 무절제한 생활로 인격을 상실해 버린 것을 말합니다. 성경은 말씀하시기를 이와 같은 일을 하는 자들은 하나님의 나라를 유업으로 받지 못할 것이라고 말했습니다. 그러므로 육에 잡혀서 사는 사람들은 절대로 하늘나라를 유업으로 받지 못하고 또 하늘나라를 이해 못합니다. 왜냐하면 육이란 마귀의 노예입니다.

그러므로 육과 마귀는 손을 잡고 우리 인생들을 도적질하고 죽이고 멸망시킵니다. 육은 일어나서 마귀와 손을 잡고 영적인 사람을 철저히 짓밟아 버리고 노예화하고 그리고 죽이려고 하는 것입니다. 이렇기 때문에 우리는 이 육으로 둘러 싸여 있는 이상 우리의 원수가 구만리 장천 멀리 있는 것이 아니라 24시간 우리를 둘러싸고 있습니다. 육은 마귀와 손을 잡고 끊임없이 우리에게

도전해 오는 것입니다.

그러나 예수 그리스도가 십자가에 못 박힐 때 육신을 갖고 십자가에 못 박아 육을 죽이고 장사해 버리고 신령한 사람으로 부활한 것처럼 우리가 예수를 구주로 믿을 때 우리의 육은 십자가에 죽은 것입니다. 그러므로 우리는 끊임없이 예수 그리스도로 말미암아 이 육을 십자가에 계속 못 박아야 됩니다. 이것은 하루 이틀 만에 완성되는 것이 아닙니다. 계속해서 육은 십자가에 못 박고 예수 그리스도로 말미암아 부활의 생명인 신령한 속사람이 일어나야 되는 것입니다.

이렇기 때문에 이 육과의 싸움은 우리의 육으로서는 절대로 안 됩니다. 예수 믿고 하나님의 성령을 우리에게 보내 주셨기 때문에 성령이 눈에 안 보이지만 성령의 능력을 의지하지 않고는 이 육의 일을 멸하고 신령한 신앙생활을 절대로 못합니다. 우리가 추운 날이나 더운 날이나 교회에 와서 영과 진리로 예배를 드리는 것은 육의 모든 반발을 이기고 교회에 와 있다는 이 자체가 우리 속에 성령이 계시기 때문에 그렇게 된 것입니다.

우리 생각으로는 우리 자신 스스로가 이곳에 왔다고 생각하지만 그렇지 않습니다. 성령께서 우리 속에 계셔서 우리를 붙잡아서 우리로 하여금 신령한 사람이 육을 정복하고 일어날 수 있도록 도와주었기 때문에 그런 것입니다. 이러므로 성령으로 말미암지 않고는 예수를 주라고도 할 수 없고 성령으로 말미암지 않고는 하나님 아버지를 부를 수도 없고 성령으로 말미암지 않고는 육을 이기고 신앙생활을 계속 할 수 없습니다.

이렇기 때문에 우리 예수 믿고 난 다음에 하나님이 우리 속에 보내 주신 이 성령님을 우리는 늘 인정하고 환영하고 모시어 드리고 성령께 의지해야 합니다. 성령이 없는 사람은 비가 없는 구름, 불이 없는 화로와 같습니다. 열매 없는 나무와 같습니다.

그러므로 성령 없이는 종교적인 의식이나 형식은 가지고 있을지 몰라도 생명은 없습니다. 그렇기 때문에 성령 없는 수많은 사람들이 교회에 왔다 갔다 하면서 교회 밖에 나가서는 예수 안 믿는 사람과 똑같이 육의 생활을 합니다. 세상에서 썩어진 생활을 하고 어둡고 캄캄한 생활을 합니다. 그 사람은 종교는 있어도 영적으로 죽은 사람이요 육의 사람이 살아서 있습니다. 종교가 그런 사람을 구원하지 못합니다. 그러한 사람은 종교를 가졌을지라도 필경은 멸망하고 마는 것입니다.

신령한 사람이 일어나서 성령의 힘을 입어 육의 사람을 정복하고 육의 사람을 죽이고 생활하면 이러한 사람은 어느 곳에 가도 빛이 되고 소금이 됩니다. 이러한 사람의 종국은 영원한 영광이요, 영생인 것입니다.

2. 성령의 사람 속에 나타난 특성

우리가 이 성령의 도우심을 받아서 성령의 사람이 되면 성령의 사람 속에 나타난 특성은 무엇인가 알아봐야 할 것입니다. 육의 사람의 특성을 알았은즉 성령의 사람의 특성은 무엇인가? 성령의 사람은 사랑의 사람입니다. 사랑이란 남을 귀중히 여기고 섬기는 것을 말합니다. 나를 섬겨달라고 내 중심으로 사는 이기주의는 성령의 사람이 아닌 것입니다. 성령의 사람은 사랑의 사람입니다. 그래서 남편은 아내를 아내는 남편을 부모는 자식을 자식은 부모를 또 이웃을 섬기는 삶, 귀중히 여기는 삶 이것이 사랑의 삶인 것입니다.

성령의 사람은 또한 희락의 사람입니다. 그 마음속에 소원이 있어요. 성령이 계시므로 그 뱃속에 늘 즐거움이 있습니다. 기도를 통해서 슬픔과 고통은 십자가에 맡겨 버리고 늘 마음에 즐거움이 있습니다. 제가 강단에 앉아서 보면 찬송을 부를 때 많은 사람들의 얼굴이 환해서 기쁨을 가지고 찬송을 부르는가 하면 어떠한 사람은 입이 길게 나와서 기쁨이 하나도 없는 사람이 있습니다. 그는 성령의 사람이 아닐 수도 있습니다. 성령의 사람은 희락이 있습니다.

성령의 사람은 화평의 사람입니다. 마음속에 평안이 있어서 세상에 많은 요란함이 있더라도 하나님께 늘 맡기고 의지하기 때문에 그 영혼의 깊숙한 속에 평화가 있는 것입니다. 성령의 사람은 오래 참습니다. 성급하게 언어, 행동하지 않습니다. 육의 사람은 성급하게 언어 행동을 하고 파괴적이지만 성령의 사람은 오래 참습니다.

그 다음 성령의 사람은 오래 자비심을 갖습니다. 불쌍히 여깁니다. 이웃이 헐벗고 굶주리고 고통당하는 것을 함께 마음으로 짐을 지고, 육신으로 함께 짐을 지고, 고통을 당하면 최선을 다해서 협조하고, 도와주려는 자비심을 가지고 있습니다. 남이야 죽든 말든 나만 살면 되지 뭐 남에게 관심을 가질 것 뭐냐? 이것은 육의 사람의 행동인 것입니다.

성령의 사람은 양선한 사람입니다. 착한 마음을 가지고 있지요. 육의 사람은 간사하거나 악합니다. 아주 악한 행동을 합니다. 그러나 성령의 사람은 아주 양선 합니다. 착한 마음을 가지고 있습니다.

그 다음에 성령의 사람은 충성스럽습니다. 배신을 하지 않고 마음을 다해 받들어 섬깁니다. 육의 사람은 배신합니다. 자기에게 많은 사랑을 베풀고 은혜를 베푼 사람도 자기 이해에 부딪치면 눈물도 없이 배신하고 돌아서는 것이 육의 사람입니다. 그러나 성령의 사람은 그렇지 않습니다. 성령의 사람은 사랑을 받고 은혜를 입었으면 자기에게 여간 불리하고 어려운 일이 다가온다 할지라도 그는 충성스러워서 배신하지 않고 마음을 다 해서 받들어 섬기는 이것이 바로 충성스러운 마음입니다. 성령의 사람의 마음인 것입니다.

성령의 사람은 온유합니다. 따뜻하고 유순하며 잘 길들여진 성품을 가지고 있습니다. 사납고 무서운 육의 사람과 다릅니다. 따뜻하고 유순하며 잘 길들여진 성품을 가진 사람이기 때문에 성령의 사람과 같이 있으면 마음이 편안해요. 성령의 사람과 같이 있으면 마음이 즐거워요. 그러나 육의 사람과 같이 있으면 마음이 불안해요. 편안하지 못합니다. 고통스럽습니다.

성령의 사람은 절제합니다. 도나 분수를 잘 지켜 행하는 것입니다. 우리가 다 예수 믿고 우리의 육을 정복하고 우리의 속 사람

신령한 사람이 일어나서 절제하며 살아야 합니다.

성령의 사람은 남의 허물을 감추어 주는 사람입니다. 거사라인의 지방에 귀신 들린자가 옷을 벗고 자기 몸을 해하며 무덤가에서 살았습니다. 누가 옷을 벗기었습니까. 귀신이 옷을 벗긴 것입니다. 이와 같이 마귀는 수치를 드러내어 사람을 망신시키는 것입니다. 교회에서도 마찬가지입니다. 악한 영의 영향을 받는 성도는 남의 허물을 드러내어 망신시킵니다. 그러므로 우리는 성도가 말하는 것만 보아도 그 사람이 성령의 사람인가. 마귀의 영향을 받고 사는 사람인가 알 수가 있는 것입니다.

거라사인의 지방에 귀신 들린 자가 예수님을 만나니 옷을 입고 수치를 가렸습니다. 그래서 정신이 온전하여 져서 가정으로 돌아갔습니다. 에덴동산에서 마귀가 하와를 미혹하여 선악과를 먹게 했습니다. 하와가 선악과를 먹고 자기 남편인 아담에게 주니 아담이 받아먹었습니다. 선악과를 받아먹고 나니 자신들이 벌거벗은 것이 보였습니다. 그래서 무화과나무 잎으로 앞치마를 해서 입었지만 얼마가지 못했습니다. 무화과나무 잎으로 수치를 가리기는 역부족 이었습니다. 그래서 하나님이 짐승을 잡아 가죽으로 옷 입혀서 수치를 가리게 해주었습니다.

이와 같이 하나님은 우리의 수치를 가려 주시는 것입니다. 성령의 사람은 성도들의 수치를 가려주는 것입니다. 우리들은 수치를 가려 주는 성령의 사람들이 되어야 합니다. 성령의 사람은 무엇을 하든지 하나님의 영광을 위하여 하는 성도입니다. 위대한 성가 곡을 많이 작곡한 조셉 하이든에게는 하루는 어떠한 사람이 질문했습니다.

"선생님은 그 놀라운 음악을 작곡하는 영감을 어디에서 얻습니까?" 그러자 하이든은 "나는 기도할때마다 '하나님, 하나님이 내 삶의 주인이십니다. 하나님이 내게 지혜를 주셔서 내가 아름다운 음악을 작곡하게 되면 이것은 하나님의 영광을 위해서 작곡한 것이므로 하나님의 영광을 위해서 이 음악을 주님께 드릴 것입니다.'라는 기도를 드립니다."

그가 작곡한 천지창조는 성경 창세기와 존 밀턴이 쓴 실낙원에 근거하여 만든 위대한 곡입니다. 이 곡이 비엔나에서 공연되던 그날 그는 몸이 너무나 아파서 2층 발코니 뒤에서 쭈그리고 앉아 있었습니다. 그날 지휘자는 하이든의 천지창조를 정말 감동적이고 멋있게 지휘했습니다.

연주가 끝났을 때 청중은 모두 일어나서 박수갈채를 하고 앉을 줄을 몰랐습니다. 그러나 그 지휘자는 박수치는 청중을 중지 시키면서 "날보고 하지 마시고 저 발코니 뒤에 쭈그리고 앉아있는 저 하이든 저분이 이 곡을 작곡했습니다." 사람들은 다시 고개를 돌려서 하이든을 바라보며 일제히 일어나 박수를 쳤습니다.

그러나 하이든은 엄숙한 얼굴로 청중들의 박수를 중단시켰습니다. "이 박수는 제가 받을 수 없습니다." 그리고 그는 하늘을 가리키며 이런 유명한 말을 했습니다. "나는 아무것도 아닙니다. 하나님께서 하셨습니다. 이 모든 것은 하늘로부터 온 것입니다. 하나님께서 나의 연약함을 아셨기 때문에 하나님께서 나에게 지혜를 주셨습니다. 그분께만 영광을 돌리십시오."

하나님께만 우리가 영광을 돌리면서 살아야 됩니다. 그렇기 때문에 "하늘에 계신 우리 아버지여 이름이 거룩히 여김을 받으시옵소서. 자고, 깨고, 먹고, 마시고, 일하고, 성공하는 모든 것은 하나님께로부터 온 것이므로 모두 하나님께 영광을 돌려야지 그 영광을 우리가 가로채면 도적질하는 사람이 되고 마는 것입니다.

그렇기 때문에 우리의 기도의 시작을 잘해야 되는 것입니다. 하나님은 하늘에 계시기 때문에 높이 쳐다보고 경배하고 받들어야 될 하나님인데 그러나 그분이 우리 친 아버지십니다. 그분으로 말미암아 내가 태어났고 그분을 위해서 살고 그분을 섬기기 위해서 나는 존재한다." 나의 모든 삶은 그분을 존귀하게 하고 그이름을 영화롭게 하기 위해서 살아가고 있다는 근본적인 마음의 자세가 올바르게 이루어져야만 되는 것입니다. 모두 하나님의 영광을 드러내기 위하여 하나님의 지혜를 구하면 하나님이 우리에게 지혜를 주셔서 이 어려운 불경기도 넉넉하게 이기고도 남게 하십니다.

성령의 사람은 긍정의 성도입니다. 당신은 자신을 스스로 누구라고 생각하십니까? 두말할 필요 없이 긍정적이고 건강한 자아상은 개인의 성공과 행복을 결정하는 핵심요소 중 하나입니다. 자기가 스스로 생각하는 자기 개념이 그토록 중요한 이유는 우리가 스스로 생각하는 대로 말하고 행동하고 반응한다는 데 있습니다. 심리학적 증거에 따르면, 우리의 행동은 자아상과 깊이 연결되어 있습니다. 우리는 마음에 품은 이미지 이상으로 성공할 수 없습니다. "나는 제대로 할 줄 아는 게 하나도 없어." "내가 그것을 어떻게 해" "나는 능력 있는 사람이 될 수 없어." "나는 되는 것이 하나도 없어" 이런 부정적인 자아상을 가진 사람의 대화 속에는 늘 이런 생각이 따라다닙니다. 반면 하나님과 같은 시각으로 자신을 바라보는 사람은 만족한 삶을 살아갑니다.

자신이 하나님의 형상을 따라 창조되었고, 하나님이 자신에게 영화와 존귀로 관을 씌우셨음을 분명히 알기 때문입니다. 하나님이 주신 권세를 알기 때문입니다. 자아상을 바꾸시기를 바랍니다. 누구든지 말씀과 성령의 역사로 거듭나면 자신의 자아상을 바꿀 수 있습니다. 그 방법은 이렇습니다. 먼저, 하나님의 의견에 동의하십시오. 하나님이 우리를 강하고 담대한 사람으로, 큰 영광과 용기가 있는 성도로 보고, 기대한다는 사실을 명심하시기 바랍니다. 하나님은 우리를 이방나라 왕보다도 큰 자로 여기십니다. 믿으셔야 합니다.

이런 하나님의 시각으로 자신을 바라보시기 바랍니다. 변명 따위는 이제 그만하고 믿음으로 나아가 하나님이 명령하신 일을 행하시기를 바랍니다. 우리도 할 수 있습니다. 우리가 강해서가 아니라 우리의 주인이신 하나님이 대단히 강하시기 때문입니다. 우리는 스스로 나약하고 부족하다고 포기하여 하나님의 큰 능력을 체험하지 못할 수 있습니다. 그런데도 하나님은 우리를 사용하고 계십니다. 하나님이 완벽한 사람만 사용하려 하신다면 누가 감히 하나님 앞에 설 수 있겠습니까? 자신의 약점을 보지 말고, 천지 만물을 초자연적으로 섭리하고 계시는 하나님만 바라보시기를 바랍니다.

자신의 신분과 가치를 제대로 아시기를 바랍니다. 우리의 신분은 하나님의 자녀이고 하나님이 가지신 초자연적인 권세를 가지고 있습니다. 하나님은 우리의 두 걸음을 보십니다. 하늘에 계신 아버지는 우리를 이렇게 보십니다. 우리가 쓰러지고 넘어지는 순간이나 실수하는 순간은 보지 않으십니다. 우리가 쓰러지고 넘어져도 실수를 털고 일어나 다시 재기하여 성공하는 것을 미리 보십니다. 하나님은 우리의 두 걸음을 보시고 우리가 잘한 일을 보십니다. 하나님은 우리의 최고의 순간을 기대하시는 것입니다. 우리는 자주 실수를 합니다. 그리고 해서는 안 될 행동도 합니다.

이때는 하나님과 우리가 상처를 준 사람에게 용서를 구하고 회개해야 하지만, 언제까지 자책하며 죄책감 속에 빠져 있어서는 곤란합니다. 우리는 항상 앞으로 나아가며, 자신감 있게 고개를 들고 살아야 합니다. 현재의 우리는 하나님이 원하시는 만큼 완성된 것이 아닙니다. 우리는 지금 '완성되어 가고 있는 작품'이기 때문입니다. 그래서 하나님은 우리에게 완벽을 요구하지 않습니다. 하나님은 우리가 부족한지 잘 아십니다. 우리가 하나님의 방식으로 자신을 보려면 자신의 내면에 있는 가치를 제대로 알아야 합니다. 자신의 내재 가치를 판단할 때는 자신이 얼마나 많은 성과를 거두었는지, 남이 나를 어떻게 대하는지, 내가 얼마나 인기 있고 성공했는지를 기준으로 삼지 말아야 합니다.

3. 신령한 사람, 성령의 사람이 되기 위해

우리가 신령한 사람, 성령의 사람이 되기 위해서는 어떻게 해야 될까요? 우리가 알아야 될 것은 우리가 예수를 믿었다는 것은 하나의 종교를 받아들인 것이 아니라 완전히 옛 사람은 죽고 새 사람으로 살아났다는 것을 알아야 합니다. 누구든지 그리스도 안에 있으면 새로운 피조물이라 이전 것은 지나갔으니 보라 새것이 되었도다. 아예 육의 사람은 십자가에 못 박아서 죽어버렸습니다.

그러므로 지나간 때의 주인이 육의 사람입니다. 육의 사람은 지나간 때의 주인입니다. 옛날, 예수를 믿기 전에는 육의 사람이 완전히 주인 노릇해서 우리를 붙잡아서 마음의 욕심과 육신의 정욕대로 끌고가고 마귀의 종이 되게 만들었는데 십자가를 통하여 이 육의 사람을 우리는 죽여 버리고, 성령으로 말미암아 우리는 속 사람이 살아났습니다. 신령한 하늘의 사람으로 살아 일어나게 된 것입니다. 그러므로 이제 예수 믿는 우리들에게는 이 신령한 사람이 우리의 삶의 주인인 것입니다. 육의 사람이 주인이 아닙니다. 신령한 사람이 주인입니다. 이 주인이 성령의 힘을 얻어서 육의 사람, 마귀의 종이된 육의 사람이 올 때 이를 쳐서 물리쳐야 되는 것입니다.

그러므로 갈라디아서 5장 1절에 "그리스도께서 우리로 자유케 하려고 자유를 주셨으니 그러므로 굳세게 서서 다시는 종의 멍에를 메지 말라"고 말하는 것입니다. 종의 멍에를 다시 메지 마라.

다시 육의 노예가 되고 마귀의 종이 되지 마라. 그렇게 말하고 있는 것입니다. 주께서 십자가를 통해서 육의 사람을 멸하고 마귀를 정복했기 때문에 예수를 믿고 신령한 사람이 주인으로 살아 일어나고 신령한 사람은 하나님의 성령의 힘을 입어서 사는 것입니다.

그리고 이 신령한 사람은 그 가슴속에 하나님의 길과 하나님의 법을 바로 새겨서 굳세게 잡고 있어야 되는 것입니다. 하나님의 길이라는 것은 바로 예수님의 길이 아닙니까. 예수님께서 십자가에서 용서받는 길 성령 충만 받는 길, 병 고침 받는 길, 그리고 축복 받는 길, 영생 얻는 길로써 우리에게 들어오는 것입니다. 예수님이 바로 우리의 길인 것입니다.

그러나 이 길을 바로 가자면 이 길을 지켜 주는 하나님의 계명과 성령의 법이 필요한 것입니다. 우리나라가 잘 살려면 군대가 있어서 대적을 막아 줘야 하는 것처럼, 우리가 예수 믿고 하나님의 축복의 길에 들어섰으면 이 길에서 떠나지 않도록 지켜줄 군대가 필요한 것입니다. 그 군대가 바로 하나님의 계명이요, 성령의 법인 것입니다. 오늘날 많은 사람들이 예수를 믿고 구원받는 길에만 들어서서 자기를 지킬 수 없으므로 육체가 들어오고 마귀가 들어와서 그만 은혜의 길에 있는 우리들을 좇아내 버리고 길 잃어 버린 자가 되고 도로 멸망 받게 하는 때가 많습니다.

그러나 우리 속에 예수 믿고 우리가 길을 가졌으면 이 길을 지켜줄 수 있는 군대인 하나님의 계명과 성령의 법이 우리 마음을 지켜야 되는 것입니다. 우리가 계명을 지키므로 구원을 받는 것은 아닙니다만 계명이 우리를 지켜 주는 것입니다. 그러므로 하나님의 십계명과 성령의 법이 우리의 마음을 점령해서 원수로부터 우리를 지켜 주는 것입니다. 계명의 법과 성령의 법 이것이 바로 죄와 사망의 법에서 우리를 해방시켜 주는 것입니다.

그렇기 때문에 오늘날 우리는 예수만 믿을 뿐 아니라 마음으로 십계명도 외워야합니다. 성령님을 인정하고 환영하고 모시어 드려야 합니다. 성령께 의지해서 계명과 성령이 우리를 둘러 진치고 우리를 지켜 주어서 우리가 그리스도의 길에서 떠나가지 않도록 그렇게 만들어야만 하는 것입니다.

그리고 우리가 혹시 죄를 범하면 곧장 회개해야 합니다. 요한일서 2장 9절에 "만일 우리가 우리 죄를 고백하면 저는 미쁘시고 의로우사 우리 죄를 사하시며 모든 불의에서 우리를 깨끗케 하실 것이라"고 말씀하고 있는 것입니다. 한시라도 신속히 회개해서 육체와 마귀가 틈타지 못하도록 해야 되는 것입니다.

그리고 우리는 성령 충만한 삶을 살아야 되는 것입니다. 성령으로 살면 성령으로 행하라고 했는데 성령으로 사는 생활이란 말씀이 충만한 삶이요 기도가 충만한 삶인 것입니다. 우리가 성실하게 하나님 말씀을 늘 공부하고 읽고 말씀을 듣고 기도하기를 힘쓰면 말씀 충만, 기도 충만하면 그것이 바로 성령 충만으로 이어지는 것입니다.

그래서 하나님의 성령이 우리와 같이 계시고 우리가 늘 성령님께 예배드리고 인정하고 환영하고 성령께 의지하면 계명과 성령이 우리를 예수 그리스도의 은혜의 길속으로 걸어가게 만들어 주는 것입니다. 그 나라와 그 의를 구하게 해 주시고 영혼이 잘됨같이 범사에 잘되며 강건한 삶을 살 수 있도록 우리를 마귀와 육체와 세상에서 지켜 주는 것입니다. 우리는 천국에 올라갈 때까지 부활의 몸을 입을 때까지 육체 안에서 신음하며 끝없이 투쟁을 계속 해야만 합니다.

조금이라도 자만하거나 방심하면 옛 주인 육의 사람이 마귀와 손을 잡고 우리를 종으로 삼으려고 우는 사자와 같이 덤벼드는 것입니다. 우리는 항상 이 육체를 쳐서 십자가를 통하여 복종시키고 성령을 의지하므로 신령한 삶을 계속 살아야 되는 것입니다. 그렇게 할 때 우리는 참으로 빛과 소금이 되어 우리 주 예수님을 기쁘시게 할 수 있는 마음의 준비가 될 수 있습니다. 우리는 이 땅에서 육으로 태어났지만 그대로 있으면 멸망하고 맙니다. 예수를 믿어 영으로 다시 태어나야 되는 것입니다.

그래서 하나님의 자녀가 됩니다. 이것은 육신으로나 사람의 뜻으로 태어나는 것이 아닙니다. 하나님으로 태어난 속사람, 영의 사람, 신령한 사람으로 우리는 다시 태어납니다. 그리고 이 신령한 사람은 예수를 중심으로 삽니다. 예수의 길에 서서 살아 나갑니다. 예수의 길속에 바로 용서가 있고 성령 충만이 있고 필요도 있고 축복도 있고 천국도 있습니다. 예수의 길에서 우리가 살아나갈 때 끊임없이 육이 쳐들어오고 마귀가 우리를 도로 넘어뜨리려고 할 때 우리를 지켜주는 군대가 바로 하나님의 계명이요 성령의 법인 것입니다. 우리가 하나님의 계명으로 무장하고 하나님의 성령으로 무장하고 있으면 이 모든 육과 마귀를 쳐서 복종시켜 영광스러운 승리의 삶을 살게 되는 것입니다.

23장 성령의 불로 충만함을 받는 비결

(행 4:28-31)"하나님의 권능과 뜻대로 이루려고 예정하신 그것을 행하려고 이 성에 모였나이다. 주여 이제도 그들의 위협함을 굽어보시옵고 또 종들로 하여금 담대히 하나님의 말씀을 전하게 하여 주시오며, 손을 내밀어 병을 낫게 하시옵고 표적과 기사가 거룩한 종 예수의 이름으로 이루어지게 하옵소서 하더라. 빌기를 다하매 모인 곳이 진동하더니 무리가 다 성령이 충만하여 담대히 하나님의 말씀을 전하니라."

성도의 권세는 성령으로 나타나는 것입니다. 성도가 권세 있는 삶을 살아가려면 성령강림 사건을 바르게 알고 몸으로 느껴야 합니다. 성령강림은 초대교회를 탄생시켜 예수님의 지상명령인 땅 끝까지 주님의 복음을 증거 하는 역사를 시작하게 하여 우리도 예수님을 믿고 구원받고 영원한 하나님의 축복을 받게 되었습니다. 초대 오순절에 임한 성령의 역사는 이 땅에 주님이 오시는 그 날까지 계속적으로 이루어질 것입니다. 오늘은 저와 여러 성도님들을 통해서 역사해 나갈 것이며, 이후에는 우리의 자녀들과 믿음의 후손들을 통해서 계속 역사해 갈 것입니다. 성령의 충만함으로 위로부터 내리는 능력을 받아 권세 있는 성도가 되시기를 소원합니다.

베드로는 오순절 날 성령의 충만함을 받은 후에 초대교회를 이끌어 가는 사도가 되었고 예수님의 말씀대로 그의 반석 위에 교회가 세워진 것입니다. 사도행전 19장에서 에베소에 있는 성도들에게 사도 바울은 너희가 믿을 때에 성령을 받았느냐 고 물었을 때에 저희들은 우리는 성령이 있음도 듣지 못하였노라 고 말했습니다. 우리는 성령을 알고 있습니다. 그러나 알고는 있고 말들은 하지만 그 능력을 따라 살아가지 못한다면 우리도 신앙인으로 연약할 수밖에 없고 실패할 수밖에 없습니다. 예수님의 말씀대로 성령의 충만함을 받아야 합니다. 더욱이 엘리사가 엘리야에게 갑절의 영감을 구하였던 것처럼 지금보다 갑절의 영감을 구하여 성령의 충만함을 받아야 만이 이 시대를 믿음으로 승리하게 할 수 있을 것입니다. 초대 오순절 날에 임하는 성령의 역사의 모습을 통해 성령의 역사가 무엇인 것을 바로 알고 그 때에 임한 성령의 역사를 우리도 강하게 받아 초대교회의 성도들과 같은 삶을 살아가야 할 것입니다.

1. 성령은 급하고 강한 바람 같은 소리로 임하였다.

오순절 날에 임한 성령이 첫 번째로 보이신 모습은 홀연히 하늘로부터 급하고 강한 바람 같은 소리가 있어 저희 앉은 온 집에 가득하며 라고 2절에 말씀하고 있습니다. 세상에는 여러 가지의 바람이 있습니다. 자연에서 발생하는 바람도 있고, 한 시대를 이끌어 가는 바람들이 있습니다. 우리 사회에서 말하는 치마 바람, 얼짱 바람, 성형수술 등 많은 붐이 일어나는 것을 말하기도 합니다. 그러나 세상의 이런 바람들은 많은 부작용을 낳곤 합니다. 하나님이 창조하신 이 세계를 파괴하는 결과를 가져오는 심각한 현상이 일어나는데 이 바람의 원인은 자기중심적인 것에서부터 일어나는 것입니다. 그러나 성령의 바람은 그 근원지가 바로 하늘에서부터 일어난 바람이라는 것입니다. 하늘에 계시는 우리 아버지 하나님께서 주시는 바람으로서 급하고 강한 바람 같은 소리가 있어 저희 앉은 온 집에 가득하게 하는 바람인 것입니다.

첫째로 생기의 바람을 보내신 것입니다. 하나님께서 인간을 창조하실 때에 다른 모든 피조물들은 말씀으로 창조하셨습니다. 그러나 우리 인간은 하나님께서 친히 흙으로 지으시고 생기를 그 코에 불어넣으시니 사람이 생령이 되었다고 말씀하고 있습니다. 오순절 날에 임한 성령의 바람은 바로 죄로 인하여 죽어 있고, 믿음의 연약함으로 좌절되어 있는 우리의 심령 속에 불어넣어 주는 생기의 바람이며, 생명의 바람인 것입니다.

예수님은 사랑하는 제자들과 자기를 따르는 백성들의 심령을 너무나 잘 알고 계셨습니다. 예수님의 말씀을 배우고 행하는 모든 것을 보았지만, 인간의 어떤 의지를 가지고는 예수님이 허락하신 선교의 사명과 말씀대로 살아가는 힘이 없다는 말입니다. 그래서 하늘로부터 주시는 보혜사 성령님의 능력을 저희들에게 불어 넣어주심으로 이 모든 사명을 감당케 하신 것입니다.

그래서 제자들은 이 생기의 바람 즉 능력의 바람을 다시 부어 주심으로 작은 어린 아이 앞에서도 예수님을 모른다고 부인하던 제자들이 자기들이 거하던 다락방의 문을 박차고 일어나 예수님의 말씀을 증거 하기 위하여 예루살렘과 온 유다와 사마리아와 땅

끝까지 복음을 증거 하기 위하여 일어나 모든 영혼을 구원하기 위하여 일어날 수가 있게 된 것입니다. 그래서 복음이 먼 데 있는 우리에게도 들려져서 우리가 믿음으로 구원받게 되는 축복을 받게 된 것입니다. 예수님은 오늘도 우리 성도들에게 이 생기의 바람 즉 능력의 바람을 부어 주셔서 연약해 있는 우리의 심령이 새 힘을 얻어 세상의 모든 환경과 싸워 승리하는 성도가 되시기를 원하고 계십니다. 우리의 가정이, 우리의 교회가, 우리의 사업이, 이 민족이 다시 크게 부흥하고 잘 되기를 원하고 계십니다. 구약 에스겔 골짜기에 임한 성령의 바람이 이 모든 것을 잘 가르쳐 주고 있습니다. 여호와께서 권능으로 에스겔에게 임하시고 그 신으로 에스겔을 데리고 가서 골짜기 가운데 두셨는데 거기 뼈가 가득하였습니다. 에스겔을 그 뼈 사방으로 지나게 하시기로 본즉 그 골짜기 지면에 뼈가 심히 많고 아주 말라있는 것을 보았습니다.

하나님께서 에스겔에게 말씀하시기를 인자야 이 뼈들이 능히 살겠느냐 말씀하실 때 에스겔이 대답했습니다. 주 여호와여 주께서 아시나이다. 또 에스겔에게 말씀하셨습니다. 너는 이 모든 뼈에게 대언하여 이르기를 너희 마른 뼈들아 여호와의 말씀을 들을 지어다 주 여호와께서 이 뼈들에게 말씀하시기를 내가 생기로 너희에게 들어가게 하리니 너희가 살리라 너희 위에 힘줄을 두고 살을 입히고 가죽으로 덮고 너희 속에 생기를 두리니 너희가 살리라 또 나를 여호와인 줄 알리라 하셨다 하라.

이 말씀을 들은 에스겔은 하나님의 명을 좇아 대언했습니다. 대언할 때에 소리가 나고 움직이더니 이 뼈, 저 뼈가 들어맞아서 뼈들이 서로 연결이 되었습니다. 에스겔이 또 보니 그 뼈에 힘줄이 생기고 살이 오르며 그 위에 가죽이 덮이나 그 속에 생기는 없었습니다. 또 에스겔에게 말씀하셨습니다. 인자야 너는 생기를 향하여 대언하라 생기에게 대언하여 이르기를 주 여호와의 말씀에 생기야 사방에서부터 와서 이 사망을 당한 자에게 불어서 살게 하라 하셨다 하라. 하나님의 명령을 들은 에스겔이 그 명대로 대언하였더니 생기가 그들에게 들어가매 그들이 곧 살아 일어나서 서는데 극히 큰 군대더라 고 기록하고 있습니다.

대언할 때에 소리가 나고 움직이더니 이 뼈, 저 뼈가 들어맞아서 뼈들이 서로 연결이 되고, 그 뼈에 힘줄이 생기고, 살이 오르며, 그 위에 가죽이 덮이었지만 그 속에 생기는 없었습니다. 모습만 갖추어진 몸에 생기를 불어넣어 줄 때에 살아 일어나는 역사가 일어난 것입니다. 말씀을 통해서 우리의 신앙의 모습이 만들어지는 것과 생기를 불어 넣어 살아 일어나는 것 어느 것도 중요하지 않은 것이 없습니다. 예수님께서 3년 동안 말씀으로 제자들을 양육하신 후에 성령을 부어 주신 것입니다. 우리 성도들이 말씀을 통해서 예수님을 나를 구원하시는 주님으로 영접을 했습니다. 그러므로 이제 예수님이 원하는 힘있는 성도가 되어 주님의 일을 감당하시기를 원하기 위해서는 성령의 역사 속에서 우리에게 보여 주었던 생기의 성령, 즉 능력의 바람이 내 심령 속에 임하기를 소원하고 간절히 기도하는 가운데 성령의 충만을 받아야 할 것입니다.

이 생기의 바람이 우리 가운데 오실 때에 바로 우리는 마른 뼈들이 살아 일어나는 것처럼, 믿음의 제자리를 찾지 못했던 우리를 다시 힘있는 성도의 모습으로 회복시켜 주실 것입니다. 우리의 신앙이 이제는 회복되어야 합니다. 하나님의 형상을 회복하게 될 것입니다. 우리의 가정이 하나님의 사랑으로 회복될 것입니다. 우리의 교회가 초대교회의 모습으로 회복될 것입니다. 성령의 역사는 우리의 영혼과 육체의 모든 것을 회복시켜 주십니다.

둘째로 바람과 같은 성령이 임하시면 일하는 역사가 일어납니다. 강한 바람과 같은 소리가 있어 저희 앉은 온 집에 가득하며 라고 했습니다. 성령의 충만함을 받은 제자들은 가만히 있을 수가 없었습니다. 주님의 명령을 받았던 몸들이기에 주님의 주신 사명을 위하여 일하게 된 것입니다. 성령이 충만한 성도는 일할 수밖에 없습니다. 성령이 임하셨던 그 때에 경건한 유대인이 천하 각국으로부터 와서 예루살렘에 우거하고 있었는데 이 성령의 급하고 강한 소리가 나매 큰 무리가 모여 각각 자기의 방언으로 제자들의 말하는 것을 듣고 소동하였다고 했습니다. 성령의 소리는 성도들이 하나님의 사명을 잘 감당하기 위하여 움직이는 소리인 것입니다. 에스겔이 말씀을 대언할 때에도 이 뼈 저 뼈가 움직였다고 했습니다. 바람은 움직일 수밖에 없습니다. 성령의 충만함을 받은 사람이 주님의 일에 어찌 손을 놓고 있겠습니까? 먼저는 내 심령 속에 역사하시는 소리가 있어야 합니다. 회복되는 역사인데 회개의 역사입니다. 예수님을 바로 만난 사람들은 먼저 회개가 일어났습니다. 베드로는 물고기를 그물이 찢어질 정도로 잡은 후에 예수님 앞에 엎드려 '나는 죄인입니다' 라고 고백했습니다. 주님을 떠났던 나, 사명을 알면서도 제대로 감당하지 못했던 나, 충성 봉사하지 못했던 나를 돌아볼 때 통회 자복하는 역사가 일어나게 될 것입니다. 그리고 외적으로는 복음을 전하는 소리가 나야 합니다. 성령 충만함을 받은 즉시 나가서 복음을 전했습니다. 이 소리를 듣고 많은 사람들이 형제들아 우리가 어찌할꼬 라고 회개하고 주님께 돌아오는 역사가 일어난 것입니다.

교회에서나 내 심령 속에서는 첫째로 외치는 소리가 있어야 합니다. 즉 회개하는 소리, 기도하는 소리, 찬양을 드리는 소리, 성경 말씀을 읽는 소리, 복음을 전하는 소리가 늘 들려야 합니다. 둘째로 생활의 소리가 있어야 합니다. 즉 생활 속에서 예수님을 나타내야 합니다. 그래서 하나님의 주시는 축복의 소리를 들어야 합니다. 아브라함이 복의 근원이 되었던 것처럼 성도들이 축복받는 소리가 다른 사람들 가운데서 일어나야 합니다.

2. 불의 혀같이 임하신 성령이다.

성령의 역사하심을 말할 때 흔히 불같은 성령이라고 표현을 하게 됩니다. 이 시간 이 자리에 나의 머리와 나의 심령 속에 오순절에 임했던 성령이 불의 혀와 같이 임하는 역사가 일어나고 있는 줄로 믿습니다. 예수님께서 간절히 원하셨던 것이 있습니다. 내가 불을 땅에 던지러 왔노니 이 불이 이미 붙었으면 내가 무엇을 원하리오(눅12:49). 예수님께서 그렇게 원하셨던 불 즉 성령의 뜨거운 불길이 우리의 심령 속에 활활 타오르는 역사가 있어야 합니다.

첫째로 뜨거운 성령의 불은 어두움을 밝혀줍니다. 하나님께서
천지를 창조하실 때에 제일 먼저 빛을 창조하셨습니다. 땅이 혼
돈하고 공허하며 흑암이 깊음 위에 있고 하나님의 신은 수면에 운
행하시니라 하나님이 가라사대 빛이 있으라 하시매 빛이 있었고
라고 말씀하고 있습니다. 우리도 죄악으로 어두움의 주관자에 속
하여 생명의 빛을 잃었습니다. 그러나 예수님은 이 땅에 빛으로
오셨습니다. 요한 사도는 이 일에 대하여 "그 안에 생명이 있으니
이 생명은 사람들의 빛이라 빛이 어두움을 비취되 어두움이 깨닫
지 못하더라." 고 증거 하셨습니다. 이 세상을 떠나신 예수님은 성
령님을 밝은 빛으로 이 땅에 보내신 것입니다.

이 빛이 되신 예수님을 바울 사도는 다메섹 도상에서 만나게
되었습니다. 바울은 율법을 믿으면서도 율법이 증거하고 있는 메
시아이신 예수님을 몰랐습니다. 그리고 예수님을 믿는 사람들을
박해하고 잡아오려고 다메섹으로 가다가 정오의 빛보다 밝은 빛
가운데 나타나신 예수님을 만나게 된 것입니다. 하나님을 믿으면
서도 그의 아들을 박해하려는 것은 그의 마음은 어두움 가운데 있
었기에 자기가 가는 길을 알지 못하고 문자적인 율법에 얽매여 예
수님을 알 수 없었던 것입니다. 그러나 빛이 되신 예수님을 만나
는 순간 마음의 문이 열리고 예수님을 그의 삶의 인도자와 목자
로 삼게 되었습니다. 그 후에 예수님의 말씀을 따라 다메섹 성으
로 들어가 그 성에 사는 경건한 아나니아의 기도를 통해서 성령의
충만함을 받았습니다. 성령의 충만함을 받은 바울은 자신이 가는

길만 바로 간 것이 아니라 많은 사람들을 예수님 안으로 들어오게 하였습니다. 그래서 바울 사도는 에베소서 5장 14절에 잠자는 자여 깨어서 죽은 자들 가운데서 일어나라 그리스도께서 네게 비춰시리라 고 말씀하고 계십니다. 성령이 밝은 빛으로 우리에게 임하시면 어두움과 죽음의 그늘에 있는 우리의 심령이 새로와지고 갈 길을 바로 알고 그의 인도를 받게 되는 축복을 받게 될 것입니다. 또한 실패한 인생을 성공의 길로 인도해 주실 것입니다. 파괴되어 가는 가정을 회복시켜 주실 것입니다. 파탄에 있는 사업을 일으켜 주실 것입니다. 성령은 우리의 갈 길들을 바로 인도해 주시기 때문입니다. 성령의 인도를 받으시기를 축원합니다.

둘째로 성령의 불은 태우는 능력, 소멸하는 능력, 정화의 능력이 있습니다. 신명기 4장 24절에 네 하나님 여호와는 소멸하는 불이시오 라고 말씀하셨습니다. 영적인 의미에서 볼 때 소멸하는 불은 헛된 것을 태우는 불입니다. 구약 시대에는 더러운 것을 제하는 결례라는 법이 있는데 이 결례는 모든 지저분한 것을 불살라 깨끗케 하는 예법입니다. 엘리야의 제단에 불이 임하여 제물과 돌과 흙과 물을 태움처럼 우리의 심령에 있는 모든 더러운 것들을 성령의 뜨거운 불로 태워 모두 소멸케 하고 우리를 거룩하게 정화시켜 주시는 것입니다. 이사야가 자신의 죄를 고백하자 "스랍들이 성전에 핀 숯불을 대며 보라 이것이 네 입에 닿았으니 네 악이 제하여 졌고 네 죄가 사하여졌느니라." 고 말씀하셨습니다.

한국 교회의 부흥의 역사를 보면 1907년 평양의 장대현 교회에서 열렸던 부흥 사경회 때입니다. 길선주 목사님은 1906년부터 새벽기도회를 만들어 열심히 기도했습니다. 1907년 부흥 사경회를 열고 열심히 기도하며 은혜 받기를 사모했습니다. 그러나 기도의 응답이 없고 부흥 사경회도 냉랭한 가운데 마칠 시간이 되어왔습니다. 은혜를 받기위하여 애쓰던 중에 마지막 날 뜨거운 성령의 불길이 임했습니다. 뜨거운 성령의 불길이 임하자 기도하는 도중에 일어나 큰 소리로 하늘을 향하여 나는 아간과 같은 도둑이올시다. 라고 외치고 자기가 불의한 생각을 가지고 남의 돈을 가로챈 사실을 성도들 앞에 회개를 했습니다. 그는 고백을 하면서 나 때문에 이 기도회에 우리 성도들에게 은혜가 임하지 않았습니다. 라고 했습니다. 그러자 많은 성도들도 마루를 치며 회개하면서 눈물과 참회가 일어나는 기도회가 되었습니다. 이 날 장대현 교회 기도회에 임한 성령의 역사는 전국적으로 퍼져 나갔으며, 장대현 교회는 조직적으로 전도운동이 일어나 2사람씩 짝을 지어 축호 전도를 하게 되었고 그 결과 평양이 성시화 되면서 한국 교회의 부흥이 시작된 것입니다. 성령의 역사는 우리의 죄를 자복하게 하고, 더러운 죄 성을 알게 하여 회개하게 함으로 하나님의 강권적인 역사가 일어나게 하는 능력이 되는 것입니다.

셋째로 성령의 뜨거운 역사는 뜨거운 열을 발생케 합니다. 불의 기능은 무엇보다도 뜨겁게 하는 능력입니다. 성령의 뜨거운 능력을 체험하게 되면 하나님을 뜨겁게 사랑하고, 섬기고, 기도하고, 찬양하며, 전도하며, 헌신하되 열심을 다해 주님의 일을 하게 됩니다. 뿐만 아니라 나 자신을 사랑하고, 가정과 교회와 이 민족과 이 시대를 사랑하여 하나님의 나라가 임할 때까지 자신에게 주신 사명을 감당할 수 있는 능력 있는 성도가 될 수 있습니다.

성령의 뜨거운 불길이 내 마음 속에 임하면 예수님을 위하여 일하지 않고 가만히 있을 수 없습니다. 엠마오로 내려가던 두 제자가 예수님과 동행하면서 가르쳐 주신 말씀을 들을 때에 마음이 뜨거워지는 것을 느꼈기에 다시 예루살렘으로 돌아가서 예수님은 과연 부활하셨으며 자기들에게 나타나 보이셨다고 증거 했습니다. 성령 충만한 초대교회는 모이기에 힘 썼습니다. 날마다 성전에 모였습니다. 우리에게도 주일 예배, 저녁 예배, 삼일 기도회, 새벽 기도회, 구역 예배, 철야 예배에 모이기를 힘쓰는 역사가 일어나게 될 것입니다.

성령이 임하여 우리의 마음이 뜨거워지면 하나님의 말씀을 뜨겁게 사모하게 될 것입니다. 시편 19편 10절에 "금 곧 많은 정금보다 더 사모할 것이며 꿀과 송이 꿀보다 더 달도다." 라고 고백했습니다. 하나님의 말씀을 묵상하고 사모하여 그 말씀대로 살게 될 것이고, 말씀을 사모하고 행하는 자들에게 하나님께서 축복으로 채워 주실 것입니다. 성령이 임하여 감사하는 마음이 뜨거워질 것입니다. 감사는 은혜의 산실이요 신앙의 적극적인 표현이며, 천국의 상징입니다. 또한 감사는 중생의 체험자가 고백할 수 있는 최고의 가치이며, 신앙의 인격자만이 할 수 있는 표현입니다. 감사하는 마음에는 절대적으로 사단이 틈을 탈 수 없습니다. 축복은 감사의 문을 통해서 우리에게 들어온다는 것을 잊어서는 안 됩니다. 감사는 축복을 낳게 되고 축복은 또 감사를 낳게 되는 것입니다. 그래서 감사가 넘치면 축복도 쌓을 것이 없도록 넘치게 부어 주실 것입니다. 이 모든 일들은 성령 충만하여 뜨거운 감사를 넘치게 함으로 받을 수 있다는 것을 바로 알기를 축원합니다.

성령의 불은 우리의 심령을 따뜻하게 해 줍니다. 냉혹한 현실을 바라보면 얼어붙을 수밖에 없는 현실이지만 얼어붙은 마음을 성령의 뜨거운 불로 녹여 주셔서 따뜻한 마음을 가지고 이 시대와 사람들을 바라보며 저들을 불쌍히 여겨 중보의 기도를 드릴 수 있는 성령의 사람이 되게 해 주실 것입니다. 냉혹한 현실을 하나님의 사랑으로 녹여 저들을 주님의 품으로 돌아오게 할 수 있는 사람은 바로 성령의 뜨거운 능력을 체험한 성도들입니다. 우리가 그 사명을 감당해야 할 것입니다.

3. 성령이 말하게 하심을 따라 다른 방언을 말하게 한다.

성령이 임하였을 때 나타난 현상의 세 번째는 새 방언의 역사였습니다. 예수님께서 마가복음 16장 17절에 "믿는 자에게 이런 표적이 따르리니 곧 저희가 내 이름으로 귀신을 쫓아내며 새 방언을 말하며" 라고 말씀해 주셨습니다. 말씀이 육신이 되어 오셨던 예수님께서 천국으로 올라가시면서 믿는 성도들에게 새로운 말의 능력을 부어 주신 것입니다.

하인의 중풍병을 고쳐달라고 왔던 백부장은 말씀의 능력을 아는 군인이었습니다. 그는 예수님에게 "주여! 내 집에 들어오심을 감당치 못하겠사오니 다만 말씀으로만 하옵소서 그리하면 내 하인이 낫겠삽나이다." 라고 고백을 했습니다. 이 말을 들은 예수님은 백부장을 칭찬하시면서 "가라 네 믿음대로 될찌어다 하시니 그 시로 하인이 나으니라." 고 기록하고 있습니다.

말의 힘을 보여주는 좋은 예가 있습니다. 예수님을 십자가에 못 박으라는 이스라엘 백성들을 향하여 빌라도는 손을 씻으며 "이 사람의 피에 대하여 나는 무죄하니 너희가 당하라"고 했습니다. 그러자 이스라엘 백성들은 "그 피를 우리와 우리 자손에게 돌릴찌어다." 라고 말을 했습니다. 그 말의 결과는 어떻게 되었습니까? 얼마 후 이스라엘은 로마에 의해 철저히 파괴되어 나라 없는 백성이 되었고, 그들의 후손들은 전 세계로 흩어져 사는 유랑민이 되었을 뿐만 아니라 많은 민족에 의해 유대인들은 학대와 살해의 대상이 되어 많은 후손들이 강제 노동, 학살을 당하게 된 것입니다.

성령의 충만함을 받은 성도들은 성령의 역사를 통해 새 방언을 말하게 하는 능력을 얻게 됩니다. 12명의 정탐꾼들이 가나안 땅을 정탐하고 돌아와서 10명의 정탐꾼들은 들어갈 수 없다고 보고했지만 여호수아와 갈렙은 모세와 백성들 앞에서 우리 곧 올라가서 그 땅을 취하자 능히 이기리라고 했습니다. 그 까닭은 그들의 보호자는 그들에게서 떠났고 여호와는 우리와 함께 하시느니라고 한 것입니다. 그 믿음대로 여호수아와 갈렙은 가나안 땅에 들어갈 수 있었습니다. 또 베드로와 요한이 성전 미문 앞에 앉아있는 나면서부터 앉은뱅이된자에게 나사렛 예수의 이름으로 일어나 걸으라고 명령했을 때 일어나 걸으면서 하나님께 찬양을 드렸습니다. 저들에게 만이 아니라 믿는 자들에게 새 방언을 말할 수 있다고 했습니다. 그러므로 나 자신을 향하여서도, 내 가정과 기업과 교회를 향하여서 새 방언 즉 믿음의 말을 할 수 있도록 허락받은 사람들이 바로 성령 충만한 성도들입니다. 예수님의 이름으로 기도하고, 믿음으로 입을 넓게 열 때 채워 주실 것입니다.

왜 말의 단절이 생겼습니까? 언어의 단절은 바벨탑의 사건입니다. 인간이 하나님과 같이 높아지려는 욕심이 가져온 결과입니다. 그러나 성령의 임재를 통해서 방언으로 말하게 되었고 그 결과 모든 사람들이 한 소리로 하나님의 큰일을 말함을 다 같이 듣게 된 것입니다. 그래서 새 방언을 통해서 하나님과 대화가 되고, 내 이웃과 대화가 되는 축복을 얻게 된 것입니다. 우리의 입술로 하나님의 큰일을 말할 수 있고, 다른 사람들에게는 소망의 말을 할 수 있는 말의 힘을 가지고 있습니다. 이제 남을 축복하는 말을 할 수 있습니다. 위대한 능력을 소유한 성도들임을 깨닫고 축복을 위하여 사용하시기를 바랍니다. 이제 성령의 능력을 받고 살아야 합니다. 바람과 같이 임하셔서 죽어가는 우리의 심령에 생기를 불어 넣어 주셨습니다. 살아있는 사람은 움직일 수밖에 없습니다. 주님을 위하여 움직이는 소리, 기도와 찬양의 소리, 전도하는 소리가 이 세상에 들려지도록 성령의 능력으로 움직이는 성도가 됩시다. 불과 같이 임하여 나의 가는 길이 빛이 되어 바른 길로 인도함을 받고, 죄악된 모든 것을 성령의 불로 소멸하고, 우리의 심령이 뜨거워져서 가정과 교회와 이 민족의 부흥의 불길이 되어야 합니다.

이 책을 통해 예수님이 땅끝까지 전파 되기를 소원합니다.
(출판으로 인한 이익금은 문서선교와 개척교회 선교에 사용합니다.)

성령의 불로 불세례 받는 법

발 행 일 l 2014.02.11초판 1쇄 발행

지 은 이 l 강요셉

펴 낸 이 l 강무신

편집담당 l 강무신

디 자 인 l 강무신

교정담당 l 원영자/최옥희

펴 낸 곳 l 도서출판 성령

신고번호 l 제22-3134호(2007.5.25)

등록번호 l 114-90-70539

주   소 l 서울 서초구 방배천로 4안길 20(방배동)

전   화 l 02)3474-0675/ 3472-0191

E-mail l kangms113@hanmail.net

유   통 l 하늘유통. 031)947-7777

ISBN l 978-89-97999-19-4 부가기호 l 03230

가   격 l 18,000원